REVISTA DE DIREITO MERCANTIL
industrial, econômico e financeiro

132

Publicação do
Instituto Brasileiro de Direito Comercial Comparado
e Biblioteca Tullio Ascarelli
do Departamento de Direito Comercial
da Faculdade de Direito da Universidade de São Paulo

Ano XLII (Nova Série)
outubro-dezembro/2003

MALHEIROS
EDITORES

REVISTA DE DIREITO MERCANTIL
industrial, econômico e financeiro

Nova Série — Ano XLII — n. 132 — outubro-dezembro de 2003

REVISTA DE DIREITO MERCANTIL
publicação trimestral de
MALHEIROS EDITORES LTDA.
Rua Paes de Araújo, 29, conjunto 171
CEP 04531-940
São Paulo, SP - Brasil
Tel. (011) 3078-7205
Fax: (011) 3168-5495

Diretor Responsável: Álvaro Malheiros
Diretora: Suzana Fleury Malheiros

Assinaturas e comercialização:
CATAVENTO DISTRIBUIDORA DE
LIVROS S.A.
Rua Conselheiro Ramalho, 928
CEP 01325-000
São Paulo, SP - Brasil
Tel. (011) 289-0811
Fax: (011) 251-3756

Supervisão Gráfica: Vânia Lúcia Amato
Composição: *Scripta*

SUMÁRIO

DOUTRINA

FUNÇÃO SOCIAL DO CONTRATO: PRIMEIRAS ANOTAÇÕES
— CALIXTO SALOMÃO FILHO 7

THE SARBANES-OXLEY ACT AND THE RULES APPLICABLE TO FOREIGN COMPANIES: THE POSSIBLE IMPACTS ON THE CAPITAL MARKETS
— ANDREA FERNANDES ANDREZO 25

ATUALIDADES

OS TÍTULOS DE CRÉDITO E O CÓDIGO CIVIL VIGENTE
— JOÃO LUIZ COELHO DA ROCHA 55

DO EXERCÍCIO DO DIREITO DE VOTO DAS AÇÕES PREFERENCIAIS COM DIVIDENDO DIFERENCIADO
— JORGE LOBO 60

O PROTESTO DE TÍTULO DE CRÉDITO EM QUE CONCORDATÁRIO FIGURA COMO DEVEDOR DIRETO
— VINÍCIUS JOSE MARQUES GONTIJO 64

O ACORDO GERAL SOBRE O COMÉRCIO DE SERVIÇOS (GATS) E O TURISMO SUSTENTÁVEL
— HEE MOON JO 77

ALIENAÇÃO DA EMPRESA NA FALÊNCIA E SUCESSÃO TRIBUTÁRIA
— HUMBERTO LUCENA PEREIRA DA FONSECA 87

OS FUNDOS DE INVESTIMENTO EM DIREITOS CREDITÓRIOS À LUZ DAS ALTERAÇÕES PROMOVIDAS PELA INSTRUÇÃO CVM 393
— JOÃO PAULO F. A. FAGUNDES 96

O CONTROLE DO ESTADO EM SETORES ESTRATÉGICOS
— LUIS ANTONIO SEMEGHINI DE SOUZA e MARCELO COSAC 106

ESPAÇO DISCENTE

I — Textos Diversos

CONTRATOS COLIGADOS
— JOSÉ VIRGÍLIO LOPES ENEI 111

A SOCIEDADE EUROPÉIA: COMENTÁRIOS E REPRODUÇÃO DO REGULAMENTO 2.157/2001
— CARLOS EDUARDO VERGUEIRO ... 129

II — Textos de Direito e Economia

O CONTRATO PRELIMINAR, O NOVO CÓDIGO CIVIL E A ANÁLISE ECONÔMICA DO DIREITO
— THEREZA MARIA SARFERT FRANCO MONTORO ... 151

CONTRATO PRELIMINAR — BREVE ANÁLISE DOS ARTS. 462 A 466 DO CÓDIGO CIVIL
— MARIA BEATRIZ LOUREIRO DE ANDRADE MARQUES ... 156

TEORIA DOS JOGOS: POR UMA PROPEDÊUTICA À ELABORAÇÃO RACIONAL DA DECISÃO
— LUCIANO DE CAMARGO PENTEADO ... 160

ALGUNS CONCEITOS ELEMENTARES DE TEORIA DOS JOGOS. Uma análise sucinta de aspectos potencialmente relevantes
— ESTEVAN LO RÉ POUSADA ... 166

JURISPRUDÊNCIA COMENTADA

SERVIÇOS PÚBLICOS ESSENCIAIS (ÁGUA) FORNECIDOS POR EMPRESA CONCESSIONÁRIA — DIREITO AO CORTE POR FALTA DE PAGAMENTO
— HAROLDO MALHEIROS DUCLERC VERÇOSA ... 177

TEXTOS CLÁSSICOS

A ATIVIDADE DO EMPRESÁRIO
— TULLIO ASCARELLI (tradução de ERASMO VALLADÃO A. E N. FRANÇA) ... 203

COLABORAM NESTE NÚMERO

ANDREA FERNANDES ANDREZO

Mestre em Contabilidade (USP) e em Direito (*Columbia University*). MBA Gestão Financeira e Risco (FIPECAFI/USP). Mestranda em Direito Comercial (USP). Advogada (PUC/SP). Contadora (USP)

CALIXTO SALOMÃO FILHO

Professor Titular de Direito Comercial da Faculdade de Direito da Universidade de São Paulo — USP

CARLOS EDUARDO VERGUEIRO

Mestrando em Direito Comercial pela Faculdade de Direito da Universidade de São Paulo — USP

ERASMO VALLADÃO A. E N. FRANÇA

Professor-Doutor de Direito Comercial da Faculdade de Direito da Universidade de São Paulo — USP

ESTEVAN LO RÉ POUSADA

Mestrando em Direito Civil pela Faculdade de Direito da Universidade de São Paulo — USP

HAROLDO MALHEIROS DUCLERC VERÇOSA

Mestre e Doutor em Direito Comercial pela Universidade de São Paulo. Professor de Direito Comercial das Faculdades de Direito da USP e da FAAP. Membro do Centro de Mediação e Arbitragem da Câmara do Comércio Brasil-Canadá. Consultor

HEE MOON JO

Doutor em Direito pela Universidade de São Paulo — USP. Professor do Curso de Pós-Graduação da Universidade de Franca (UNIFRAN). Coordenador do NUPAZ (Núcleo de Pesquisa sobre Conflito e Justiça) da Universidade São Francisco (USF). Advogado e Árbitro Comercial do *Korea Commercial Arbitration Board*

HUMBERTO LUCENA PEREIRA DA FONSECA

Mestre em Direito Comercial pela Universidade Federal de Minas Gerais — UFMG. Mestre em Direito pela *New York University*. Ex-Procurador do Banco Central do Brasil. Consultor Legislativo de Direito Comercial e Econômico do Senado Federal

JOÃO LUIZ COELHO DA ROCHA

Professor de Direito Comercial da Pontifícia Universidade Católica do Rio de Janeiro — PUC/RJ. Advogado

JOÃO PAULO F. A. FAGUNDES

Bacharel em Direito pela Pontifícia Universidade Católica de São Paulo — PUC/SP. Mestre em Direito (LL.M) pela *Northwestern University School of Law*. Advogado em São Paulo

JORGE LOBO

Livre Docente em Direito Comercial pela Universidade Estadual do Rio de Janeiro — UERJ. Advogado

JOSÉ VIRGÍLIO LOPES ENEI

Mestre em Direito (LL.M) pela Universidade de Virginia, EUA. Mestrando em Direito Comercial pela Universidade de São Paulo — USP. Advogado em São Paulo

LUCIANO DE CAMARGO PENTEADO

Professor Titular de Direito Civil na Faculdade de Direito de São Bernardo do

Campo. Mestre em Direito Civil pela Universidade de São Paulo — USP. Advogado em São Paulo

Luis Antonio Semeghini de Souza

Mestre em Direito Comercial Internacional pela *Notre Dame University*, Inglaterra

Marcelo Cosac

Advogado

Maria Beatriz Loureiro de Andrade Marques

Doutoranda da Pós-Graduação da Faculdade de Direito da Universidade de São Paulo — USP. Advogada em São Paulo

Thereza Maria Sarfert Franco Montoro

Mestranda em Direito Comercial pela Faculdade de Direito da Universidade de São Paulo — USP. Advogada em São Paulo

Vinícius Jose Marques Gontijo

Doutorando e Mestre em Direito Comercial pela Faculdade de Direito da Universidade Federal de Minas Gerais — UFMG. Professor no Mestrado da Faculdade de Direito Milton Campos, na Graduação da Faculdade de Direito da UFMG e na Graduação e Pós-Graduação *Lato Sensu* da Faculdade de Direito da Pontifícia Universidade Católica de Minas Gerais — PUC/MG. Advogado

Doutrina

FUNÇÃO SOCIAL DO CONTRATO: PRIMEIRAS ANOTAÇÕES

CALIXTO SALOMÃO FILHO

I — O caminho da função social: dos bens às relações. II — A essência da função social. III — Os interesses protegidos pela função social do contrato: a) A noção de interesses institucionais na teoria constitucional; b) Expansão do conceito de garantias institucionais: as normas de proteção; c) O conceito tradicional de interesses difusos; d) Interesses difusos e garantias institucionais; e) Interesses institucionais e função social. IV — Conclusão: o sentido da função social do contrato.

A função social, presente como princípio jurídico em muitas constituições ocidentais desde a célebre previsão da Constituição de Weimar, sofre uma notável evolução no século XX que influencia profundamente sua aplicação atual. Deve necessariamente ser lembrada no momento em que o novo Código Civil propõe uma nova e interessante extensão do conceito.

I — O caminho da função social: dos bens às relações

Como mencionado, a função social da empresa tem origens históricas muito interessantes. A referência mais influente à expressão *função social* diz respeito à propriedade. Trata-se da famosa fórmula do art. 153 da Constituição de Weimar — *Eigentum verpflichtet* (a propriedade obriga).

Aplicada durante muitos anos em sociedades ainda fortemente agrárias (como a brasileira), em que a propriedade dos bens de raiz era sinônimo de poder econômico, e por outro lado a propriedade dos bens de consumo era relação de grande relevância social, influenciou fortemente interpretações restritivas do direito de propriedade, capazes de, em certas ocasiões, submetê-lo ao interesse púbico (como no caso das desapropriações). A ligação da função social ao interesse estatal nessas hipóteses fazia com que sua aplicação ocorresse exclusivamente em presença de previsão legal expressa — o que, evidentemente, reduzia em muito sua influência.

Cedo fica evidente, na própria teoria constitucional, que a abrangência do termo tinha de ser ampliada. Passando a empresa a representar o principal motor do sistema econômico, influencia de forma crescente as relações sociais. De início, em vários ordenamentos, inexistindo a previsão legal expressa sobre a função social da empresa, fez-se necessário que a doutrina distinguisse entre formas diversas de propriedade (bens de consumo e bens de produção), identificando os últimos ao controle da empresa,[1] para atribuir-lhe força aplicativa.

1. Cf. F. K. Comparato, "Função social da propriedade dos bens de produção", in *RDM* 63/71 e ss., 1983.

De outro lado, é interessante notar que, especialmente na teoria constitucional, a função social, uma vez admitida sua extensão para a empresa, passa a justificar a própria atribuição de direitos fundamentais às pessoas jurídicas. Assim é que, por exemplo, no direito alemão o reconhecimento e atribuição da liberdade de associação à pessoa jurídica (como forma de proteção contra a dissolução imotivada) tem historicamente como contrapartida o reconhecimento de sua função social.[2] O ponto alto e efeito mais significativo dessa evolução está, sem dúvida, no famoso *Mitbestimmungsurteil*, em que o Tribunal Constitucional alemão reconheceu a constitucionalidade das leis de participação operária nas grandes empresas alemãs.[3]

No Brasil, a idéia da função social da empresa também deriva da previsão constitucional sobre a função social da propriedade (art. 170, III). Estendida à empresa, a idéia de função social da empresa é uma das noções de talvez mais relevante influência prática na transformação do direito empresarial brasileiro. É o princípio norteador da "regulamentação externa" dos interesses envolvidos pela grande empresa. Sua influência pode ser sentida em campos tão díspares como direito antitruste, direito do consumidor e direito ambiental.

Em todos eles é da convicção da influência da grande empresa sobre o meio em que atua que deriva o reconhecimento da necessidade de impor obrigações positivas à empresa. Exatamente na imposição de deveres positivos está o seu traço característico, a distingui-la da aplicação do princípio geral *neminem laedere*. Aí está a concepção social intervencionista, de influência reequilibradora de relações sociais desiguais.

Os exemplos se multiplicam. Não é este o local adequado para descrevê-los em detalhes, mas apenas na medida suficiente para demonstrar a ligação com a idéia central da função social. Assim é que no direito antitruste a idéia de repressão ao abuso de preços (art. 21 da Lei 8.884/1994) transformou-se em verdadeira obrigação positiva do monopolista de praticar preços competitivos.[4] No direito do consumidor a verdadeira revolução causada pela nova disciplina de responsabilidade pelos vícios do produto (art. 18 da Lei 8.078/1990) significa nada mais nada menos que estabelecer garantia legal adicional à garantia contratual em benefício do consumidor.

Finalmente, no direito ambiental, a idéia cappellettiana de recuperação dos prejuízos causados ainda que não haja dano sofrido (art. 225, § 2º, da Constituição Federal) é corolário da concepção da função social como deveres positivos e não mera obrigação de abstenção. Na prática, levou ao estabelecimento de diversas obrigações pontuais para as empresas, como obrigação de tratamento de resíduos sólidos, reciclagem de pilhas e pneumáticos etc. (Resoluções CONAMA 283, 257 e 258).

Essa influência legislativa ampla da função social da empresa revela que ao se desprender da propriedade e passar a se referir à empresa, sua disciplina transforma-se de algo fortemente ligado ao interesse estatal em uma disciplina ligada ao interesse de grupos afetados pelas atividades da empresa. Daí a possibilidade de influenciar a adoção de diversas disciplinas jurídicas externas à empresa, visando exatamente a proteção de grupos de interesses por ela afetados. De forma concentrada de extensão do intervencionismo estatal passa a influenciar disciplina difusa, voltada a proteger interesses de grupos sociais específicos.

Essa mudança não é ocasional. Decorre exatamente do fato de a função social

2. H. Wiedmann, *Gesellschaftsrecht*, Munique, Beck, 1980, p. 666.

3. "Mitbestimmungsurteil", in *BVerfGE* 50/290 (354).

4. C. Salomão Filho, "Tratamento jurídico dos monopólios em setores regulados e não regulados", in *Regulação e Concorrência — Estudos e Pareceres*, São Paulo, Malheiros Editores, 2001.

passar de uma limitação a uma situação estática de propriedade para um instrumento de controle das relações sociais — no caso da empresa das relações de dependência e hierarquia por ela geradas. A aplicação a relações jurídicas (interpessoais) e não mais apenas a situações estáticas de propriedade segue de resto a própria marcha do capitalismo, de progressiva e crescente divisão do trabalho e, portanto, de progressiva importância econômica das relações entre indivíduos e entre grupos sociais. É então a influência do comportamento individual sobre os interesses desses grupos sociais que passa a se referir o princípio da função social.

Afirmado esse princípio, aberto está o caminho para aplicação do princípio da função social não mais apenas às relações empresariais, mas a toda e qualquer relação da vida civil.[5] É o que se fez ao prever no art. 421 do novo Código Civil a idéia de função social do contrato. Evidentemente que então faz-se necessário preencher de conteúdo esse princípio geral, exatamente como feito algumas décadas atrás para a função social da empresa. É o que se procurará fazer de ora em diante.

II — A essência da função social

De há muito foi-se o tempo em que se pesquisavam e distinguiam essências pré-jurídicas. À exceção do ser humano e dos institutos jurídicos a ele ligados, poucos são os institutos que não tem sua gestação e nascimento na própria realidade social. Nada diverso ocorre com o princípio da função social.

Sua essência decorre da evolução de sua utilização na realidade histórica. É essa utilização que releva o valor nele embutido, com interpretado e formatado pela própria sociedade.

O caminho percorrido pela função social é muito revelador de sua essência. Ressaltam dois traços marcantes.

Em primeiro lugar, é bastante evidente que a estrutura de direito função imprime caráter bastante peculiar ao instituto. Introduz a obrigação na estrutura do direito subjetivo.[6] Essa característica essencial é demonstrada pelo fato que sua primeira, mais célebre e talvez mais fiel tradução jurídica tenha se dado em termos de obrigação pura e simples (o famoso "a propriedade obriga" da Constituição de Weimar).

É óbvio que essa atribuição de obrigação varia ao longo do tempo, e não poderia ser de outra forma. À crescente complexidade das relações jurídicas corresponde também uma montante necessidade de distinguir e destacar as obrigações que geram essas relações.

Em um primeiro momento, na relação estática de propriedade, pareceu possível que, (como se procurou demonstrar retro ao discorrer sobre a evolução do princípio

5. Como ressaltou O. Gomes em artigo clássico e pioneiro sobre a função do contato (em que faz referência à função social do contrato) é exatamente da afirmação da empresa como forma de acumulação de riqueza e da expansão de sua função que deriva muito do aumento da importância do contrato nas relações sociais e, em última análise, sua função social. E assim explica: "A empresa toma juridicamente a configuração de sociedade, isto é, como sociedade anônima — a notável invenção jurídica do capitalismo. Uma vez constituída passa a manter relações contratuais necessárias com os seus empregados, com os fornecedores, os distribuidores, os compradores, os financiadores e tantos outros de quem precise para perseguir seus fins, integrando o mercado. Muito mais do que a propriedade da fábrica ou da loja, importam, para o seu desempenho, o controle acionário, o *know-how*, o *leasing*, as operações de crédito e financiamento, os contratos, individuais e coletivos, de trabalho, os papéis da nova riqueza mobiliária (cambiais, células, apólices) representativos de direitos patrimoniais que não tem a natureza do direito de propriedade, direitos que constituem riqueza diretamente criada pelo contrato" — O. Gomes, "A função do contrato", in *Novos Temas de Direito Civil*, Rio de Janeiro, Forense, 1983, p. 101 (108-109).

6. É interessante a observação de P. Rescigno a esse respeito para quem o princípio da função social "sembra infatti rompere con la violenza il principio della estraneitá degli obblighi alla strutura del diritto soggetivo" (P. Rescigno, "Per un studio sulla proprietà", in *Rivista di Diritto Civile* I/45, 1972).

da função social) o próprio Estado estabelecesse as limitações ao direito de propriedade de maneira casuística. O princípio da função social da propriedade requereria, portanto, tradução legislativa específica. Essa característica da função social está bastante em linha com as características do direito a que se refere. Também o direito de propriedade decorre de uma definição legislativa específica que dá pouco ou nenhuma margem de manobra aos particulares (em relação aos poderes e direitos dela decorrentes).

Na medida em que essa realidade se transforma e a acumulação de capital deixar de ter por base a exploração dos bens de raiz (sociedade agrárias), passando a se fundar em relações comerciais e industriais mais complexas, a essência da obrigação contida no princípio da função social tem de se modificar. Pela boa e simples razão de que também se modifica o direito que esta limita. Do direito de propriedade passa-se a relações jurídicas. Em um primeiro momento aquelas envolvidas pela empresa e, em seguida, pelos contratos em geral.

Ora, nesse dois últimos casos não mais se trata de uma situação jurídica específica, com precisa previsão em lei. Existem, ao contrário, uma série de relações econômicas e sociais livremente (ou quase) estruturadas em torno de princípios jurídicos bastante gerais como livre iniciativa (empresa) e liberdade de contratação (contratos). Há, dentro desses parâmetros genéricos, bastante liberdade de organização na vida negocial. Conseqüentemente não faz sentido reduzir as obrigações decorrentes dessas relações àquelas decorrentes de regulamentação ou disciplina estatal — até porque, sendo grande o nível de liberdade, insuficientes seriam essas restrições.

Muito mais importante e interessante é prever obrigações em relação à esfera social afetada por essas relações. Foi isso que aconteceu com a função social da empresa e sem dúvida é isto que deverá acontecer com a função social do contrato. Exatamente como, no direito de propriedade, à definição legal precisa de seu conteúdo e forma correspondem obrigações (função social) dos titulares que devem ter seu conteúdo precisamente definido em lei, na empresa e no contrato à grande liberdade organizadora e estruturadora das relações jurídicas por elas envolvidas corresponde uma obrigação muito mais abrangente em relação à sociedade, que envolve a responsabilidade por todos os efeitos sociais dessas relações livremente organizadas.

Descrito dessa forma o princípio da função social é óbvio que em matéria de contratos o interesse desloca-se para a precisa definição desses efeitos sociais, que nada mais são que a identificação dos interesses de terceiros dignos de tutela e passíveis de serem afetados pelas relações contratuais. É o que se fará a seguir como prólogo à descrição da *fattispecie* e disciplina da função social do contrato.

III — Os interesses protegidos pela função social do contrato

Evidentemente não é tarefa fácil atribuir sentido jurídico específico ao termo *função*. Expressão genérica, plena de significado moral e social, a tendência natural é sempre no sentido de sua ampliação.

Em matéria contratual — mais do que em qualquer outra — é preciso preencher seu significado. É preciso dar ao princípio aspecto específico, pois dele depende a própria nova feição dos contratos. E o conhecimento dessa nova feição é imperioso para todos os participantes da vida econômica.

É também bastante evidente que o simples envolvimento da esfera de terceiros, mencionado acima, não é suficiente para definir e delimitar a função social. A expressão "interesse de terceiros" é por demais vaga para definir o objeto de tutela de princípio tão importante. Não se pode evidentemente imaginar que o contrato fique subordinado a qualquer grupo social cujos interesses são por ele afetados, mesmo que esse grupo tenha plenas condições ou até o dever de fazer frente a ou de proteger-se de tais efeitos.

Uma aproximação muito boa dos interesses dignos de tutela através do princípio da função social é dado pela teoria das garantias institucionais. Para entender como pode ser utilizada como parâmetro para a definição do âmbito de aplicação do princípio da função social do contrato é necessário de início compreender o seu significado.

a) A noção de interesses institucionais na teoria constitucional

No Estado moderno, não é mais possível admitir que existam apenas, de um lado, regras de proteção a direitos individuais econômicos e, de outro, apenas normas-objetivo, fins e objetivos do processo econômico. As primeiras, como, por exemplo, o direito de propriedade, típicas do Estado liberal, são insuficientes para atender às necessidades de natureza coletiva, típicas da sociedade atual. As últimas, dependendo fortemente de compatibilização e mediação de interesses às vezes até ideologicamente opostos (como ocorre, por exemplo, com os princípios da livre iniciativa e da justiça social) carecem freqüentemente de efetividade, sobretudo quando se trata de aplicá-los a agentes privados (visto que sua utilidade no direito público é indiscutível).[7]

Urge, então, reconhecer normas que incorporem valores, metaindividuais e sociais, exatamente para que não sejam mera extensão dos direitos individuais. Para tanto é imperioso admitir sua proveniência plurívoca, do Estado e das próprias relações interindividuais e sociais, historicamente consideradas.[8] E aqui está o caráter precipuamente institucional destas normas.[9]

7. É interessante notar que a maneira de conseguir atribuir eficácia aplicativa a esses princípios é exatamente utilizar o método de concretização, diretamente derivado da tópica e tão em voga na interpretação constitucional — v. a respeito P. Bonavides, *Curso de Direito Constitucional*, 4ª ed., São Paulo, Malheiros Editores, 1993, pp. 414 e ss. Ocorre que a utilização desse método, logicamente considerado, acaba por requerer uma incorporação de valores sociais no momento da interpretação. É o que ocorre, por exemplo, no momento da concretização dos princípios da Constituição brasileira, na obra de E. Grau, *A Ordem Econômica na Constituição de 1988 (Interpretação e Crítica)*, 2ª ed., São Paulo, Ed. RT, 1991, pp. 92 e ss.

8. O caráter histórico do reconhecimento dos valores socialmente aceitos já foi aqui mencionado e é admitido pelo próprio ordenamento jurídico ao considerar, por exemplo, o costume como fonte interpretativa (CC, art. 113). Note-se que é absolutamente irrelevante se a inserção dos valores sociais se faz no momento da emanação da norma ou de sua concretização (através da interpretação), no momento da aplicação v. a respeito desse processo de concretização (E. Grau, *O Direito Posto e o Direito Pressuposto*, 3ª ed., São Paulo, Malheiros Editores, 2000, p. 154).

9. Nesse ponto é fundamental deixar claro de que institucionalismo se está falando, dado o múltiplo uso feito do termo no direito e nas ciências sociais. A inspiração e razão imediata para o uso do termo *institucionalismo* está no institucionalismo constitucional dos juristas alemães que construíram a teoria das garantias institucionais a partir da interpretação das cláusulas sociais da Constituição de Weimar. Destaque especial ganha então a obra de Carl Schmitt. Para esse autor, as garantias institucionais aparecem como o grande elemento de reconhecimento dos corpos sociais intermédios, e, portanto, dos interesses supra-individuais e coletivos, reconhecidos na Constituição. Aí a grande diferença para a outra grande categoria constitucional reconhecida por C. Schmitt — os direitos fundamentais, estes sempre referidos ao indivíduo (cf. C. Schmitt, *Verfassungslehre*, 8ª ed., Berlim, Duncker & Humblot, 1993, pp. 170 e ss.). Note-se que para poder estabelecer essa distinção, Schmitt faz um longo, tortuoso e nem sempre coerente percurso filosófico que precisa ser mencionado. Apesar de grande mentor do institucionalismo constitucional, ele não adere totalmente ao institucionalismo filosófico-sociológico. Em geral adepto do decisionimo (forma encontrada para se opor ao positivismo sem se desvincular do dogma estatal, o que o levará mais tarde para as mãos da doutrina nazista) Schmitt só faz concessões ao institucionalismo filosófico na medida necessária para compatibilizá-lo com seu institucionalismo constitucional. Assim rejeita o sociologismo de Hauriou e aceita apenas em parte o institucionalismo de Santi Romano, rejeitando, sobretudo, o pluralismo por esse autor reconhecido de fontes do direito — v., a respeito de C. Schmitt e o institucionalismo, a importante obra de R. Porto Macedo, *C. Schmitt e a Fundamentação do Direito — A Formação do Decisionismo Institucionalista Schmittiano entre os Anos*

b) Expansão do conceito de garantias institucionais: as normas de proteção

Na doutrina alemã cedo operou-se a extensão do conceito de garantias institucionais para além do direito constitucional.[10]

A extensão tem sua origem no § 823 Abs. 2 BGB (Código Civil alemão). É com base nesse dispositivo que se cria a teoria das chamadas *Schutzgesetze* ou *normas de proteção*.[11] Nele, prevê-se que quando uma lei assim o declarar, o simples descumprimento de suas regras gerará direito de indenização para o prejudicado. O descumprimento da lei, que em geral representava um dano à coletividade, ganha então uma expressão concreta, passando a representar uma garantia para cada indivíduo.

Note-se que no reconhecimento concreto de que normas poderiam ser qualificadas como *Schutzgesetze*, o legislador alemão dirigiu-se àquelas cujo descumprimento era ao mesmo tempo lesivo ao interesse coletivo e ao interesse individual.[12] Só com relação a essas regras pareceu haver razão suficiente para qualificá-las como *Schutzgesetze*. O requisito da lesão individual ou a um grupo determinado é imperativo, pois da caracterização como *Schutzgesetz* nasce automaticamente o direito à indenização, sem necessidade de demonstração de qualquer nexo causal ou elemento subjetivo relacionado ao dano. Reconheceu-se o caráter de *Schutzgesetze*, então, às regras sobre meio ambiente e às regras concorrenciais. Essas normas, em que proteção do interesse coletivo e individual convivem — e são praticamente indivisíveis, passaram a ser qualificadas como protetoras de instituições, ou garantias institucionais no campo privado.[13]

1920 e 1940, São Paulo, Max Limonad, 2001, pp. 98 e ss. É fundamental notar, no entanto, que é exatamente no pluralismo de Santi Romano que está a justificação lógica mais consistente para o institucionalismo constitucional — v. a bela exposição desse pluralismo em Santi Romano, *L'Ordinamento Giuridico*, 2ª ed., Florença, Sansoni, 1946, pp. 35 e ss. Não é possível reconhecer garantias a certas instituições (famílias, comunidades locais, sindicatos) sem reconhecer que desses corpos sociais vêm influxos sociais e comportamentais importantes para a formação do direito. O momento em que esses influxos se tornam jurídicos é menos importante para a reflexão presente. O importante é que existem, são socialmente aceitos e acabam por ter reconhecimento jurídico.

10. Na verdade, entre os constitucionalistas alemães clássicos sempre se procurou diferenciar entre as garantias institucionais, que seriam aquelas típicas garantias constitucionais de direito público (separação de poderes etc.) das garantias de instituto, próprias do campo privado (*v.g.*, direito de propriedade) — v., nesse sentido, o trabalho clássico de C. Schmitt, "Freiheitsrechte und institutionelle Garantien der Reichsverfassung", in *Rechtswissenschaftliche Beiträge zum 25jährigen Bestehen der Handels-Hochschule Berlin*, Berlim, Heimar Hobbing, 1931, p. 1 (4). Na doutrina atual, em função do próprio esvanecer da distinção entre público e privado, sobretudo em certos campos como o do direito econômico, fala-se indistintamente em garantias institucionais — v., nesse sentido, utilizando o termo *Institution* para se referir à garantia da concorrência, V. Emmerich, in *Immenga — Mestmäcker GWB Kommentar*, Munique, Beck, 1992, sub § 35, Rdn. 16 e 17, p. 1.528.

11. Apesar de a tradução literal da expressão ser *lei de proteção*, entende-se que esta se refere a regras específicas, não sendo necessário que a inteira lei seja caracterizada como protetora no sentido aqui definido — v., nesse sentido, H. J. Mertens: "Als Gesetz wird in diesem Zusammenhang die Einzelnorm, nicht etwa der Normenbegriff insgesamt verstanden. Allerdings kann die 'rechtspolitische Stossrichtung' des Gesamtgesetzes für die Ermittlung des Schutzzweckes einer einzelnen Norm dieses Gesetzes von erheblicher Bedeutung sein" (in *Münchener Kommentar zum bürgerlichen Gesetzbuch, Schuldrecht — Besonderer Teil*, v. 3, Munique, Beck, 1986, sub § 823, Rdn. 140, p. 1.540).

12. R. Knöpfle em seu trabalho clássico sobre as *Schutzgesetze* assim exprime a diferença entre os interesses coletivos e os interesses por ela protegidos: "Das Individualinteresse ist dem Sozialinteresse im ersten Falle logisch gleichgeordnet, im zweiten nachgeordnet" — "Zur Problematik der Beurteilung einer Norm als Schutzgesetz im Sinne des § 823 Abs. 2 BGB", in *NJW* 1967, p. 697 (699).

13. É interessante notar que o conceito de *Schutzgesetz* desenvolvido para as garantias institucionais aplicadas ao campo privado é exatamente a conseqüência lógica da definição de garantias institucionais no campo do direito público. Com efeito, estas últimas devem ser defendidas no campo do direito privado quando for possível demonstrar que há afetação (dano) causado na esfera patrimonial individual. Daí a definição de *Schutzgesetz* a partir da

Da caracterização como *Schutzgesetz* decorrem algumas conseqüências importantes. A mais relevante para os objetivos da presente pesquisa refere-se à forma de apuração do prejuízo. Pode-se falar até mesmo em uma nova concepção de responsabilidade extracontratual. A primeira inovação nesse ramo, já bem conhecida, ocorrida na época da Revolução Industrial, visou à objetivação dos critérios de apuração de responsabilidade. Trata-se da hoje famosa "responsabilidade objetiva" existente em determinadas atividades.

O reconhecimento das *Schutzgesetze* permite dar vazão a uma segunda tendência ou a uma segunda necessidade. Trata-se da tendência à objetivação dos danos ou dos critérios de apuração dos prejuízos. É importante deixar claro logo de início que objetivação dos danos não se confunde em absoluto com atribuição de caráter sancionatório à responsabilidade extracontratual. O que ocorre é que, exatamente por se reconhecer a existência de um prejuízo institucional, existe algo a mais a ser reparado além dos (eventuais) prejuízos individuais. Para a reparação desse prejuízo, no entanto, não é possível estabelecer critérios definidos. É preciso, portanto, apurar o que é necessário para o ressarcimento do dano institucional ou, quando essa apuração não for factível, estabelecer critérios legais objetivos para determinação do valor.[14]

O conceito de *Schutzgesetz*, ou ao menos sua construção doutrinária ou jurisprudencial, traz consigo uma idéia muito fecunda para a discussão presente: a de que por trás e até a justificar a proteção dos interesses individuais ou individuais homogêneos dos grupos podem e devem estar outros interesses (institucionais). Como se verá, esses interesses não são apenas elementos de reforço da tutela civil, mas sim dignos de tutela própria. É o que ocorre na Alemanha, onde, ao lado da tutela derivada da definição como *Schutzgesetz*, é possível uma tutela institucional através da *Verbandsklage*.

c) O conceito tradicional de interesses difusos

Conceito que sem dúvida se embica com o de interesses institucionais é o de interesses difusos. Aliás, como se procurará demonstrar, é exatamente a parca compreensão das relações entre esses dois conceitos que tem gerado certas perplexidades com relação à aplicação do último.

Essas dificuldades de compreensão do sentido material do conceito de interesse difuso têm uma origem saudável. A doutrina processualista, no afã de encontrar novas formas de ampliação do acesso à justiça e participação popular através do processo, é quem está a se ocupar do tema.

Apesar de o tema de ampliação da legitimação processual para abranger uma série de diversos interesses não individuais já ser discutido há muito tempo em doutrina, e ser reconhecida, de diversas formas em diversos sistemas, a tratativa sistemática que, sem dúvida, mais influenciou o ordenamento brasileiro, foi realizada por um processualista italiano, M. Cappelletti, em seu tão citado trabalho *Formazioni Sociali e Interessi di Gruppo davanti alla Giustizia Civile*.[15] Ali o termo *interesses difusos* é usado de maneira bastante significativa. Ao tentar explicar

afetação conjunta da esfera coletiva (institucional) e individual e a clara manifestação de V. Emmerich sobre as normas concorrenciais: "So gesehen sind Institutionen und Individualschutz keine Gegensätze, sondern im Gegenteil nur zwei Seiten derselben Medaille, nähmlich des Schutzes der Freiheit und Gleichheit aller einzelnen als der Voraussetzungen jeder funktionsfähigen Privatrechts- und Wettbewerbsordnung" (in Immenga/Mestmäcker, cit., sub § 35, Rdn. 17, p. 1.528).

14. Ainda que não com expressa relação à proteção das instituições se manifestou o BGH já de há muito no sentido da aceitação de um *normativen Schadensbegriff* — v. *BGHZ* 43 (1965), p. 378 (381) — decisão de 27.4.1965.

15. In *Rivista di Diritto Processuale* 3/372, 1975.

a existência de um interesse que é, ao mesmo tempo, público e privado, ou seja, que interessa à coletividade e a cada um dos membros, o autor alinhava o termo *interessi difusi*.[16]

O renomado processualista italiano tenta intuir a natureza material do instituto. Para tanto, refere-se aos interesses difusos como interesses que estão entre o público e o privado.[17] Mais adiante ainda, sentindo a necessidade de dar uma conformação mais concreta e material ao instituto, o autor refere-se a uma verdadeira revolução no campo da responsabilidade civil, não se podendo falar, com relação aos interesses difusos em *dano sofrido* por algum indivíduo, mas sim de *prejuízo causado* a um grupo genérico de indivíduos. E exemplifica: se o juiz em uma demanda de proteção ao ambiente devesse indenizar apenas o dano ambiental produzido contra um determinando indivíduo (por hipótese, o autor), pouca eficácia teria essa medida. Para a empresa poluidora interessante seria continuar poluindo, já que a indenização devida seria sempre inferior ao valor que deveria ser despendido para deixar de poluir.[18]

As preocupações com o direito material, no entanto, parecem ter se esgotado no pioneirismo de Cappelletti. A partir daí, talvez até mesmo pelo desinteresse de civilistas e comercialistas, a evolução do instituto assumiu caráter predominantemente processualístico,[19] sobretudo na doutrina brasileira.[20] Demonstração cabal disso é a distinção pela processualística entre interesses coletivos e interesses difusos, distin-

16. "La nostra epoca, lo abbiamo già visto, porta prepotentemente alla ribalta nuovi interessi 'difusi', nuovi diritti e diveri che, senza essere pubblici nel senso tradizionale della parola, sono però 'colettivi': di essi nessuno é 'titolare', allo stesso tempo che tutti, o tutti i membri di un dato gruppo, classe, o categoria, ne sono titolari" (p. 372).

17. Cf. M. Cappelletti, *Formazioni Sociali*, cit., pp. 369 e ss.

18. Cf. M. Cappelletti, *Formazioni Sociali*, cit., p. 396.

19. Na importante e sempre citada obra *La Tutela degli Interessi Diffusi nel Diritto Comparato*, Milão, Giuffrè, 1976, que reproduz várias conferências proferidas sobre o tema no III Congresso da "Associazione Italiana di Diritto Comparato" (Salerno, 22-25.5.1975), esta tendência se faz bem clara. A maioria dos trabalhos sobre direito material sequer se referem ao conceito de interesses difusos. Os poucos que o fazem, ou mostram-se perplexos quanto ao verdadeiro conceito (v., nesse sentido, o trabalho sobre direito processual, de Anna de Vita, *Interessi Difusi e Interessi Collettivi: Ipotesi di Tutela Giurisdizionale nel Sistema Francese*, p. 349 (350), onde a autora afirma: "Ciò non implica una mia sostanziale chiarezza di idee sui concetti di 'ïnteresse collettivo' e di 'interesse diffuso', la cui precisazione aprioristica è inevitabilmente o troppo astratta o troppo generica"), ou então, elaboram conceitos de interesses difusos claramente ligados a medidas quantitativas. É o caso de G. Recchia que caracteriza os interesses difusos como uma subespécie dos interesses coletivos: "In relazione al rapporto tra interessi diffusi e comunità minori, è opportuno evidenziare come in calcuni casi i soggetti titolari dell'interesse diffuso appartengano ad una comunità bene individuabile (ad esempio, il sindacato, il partito, la comunità scolastica, etc.). In altri casi, invece, *l'interesse coletivo* è espressione di una collettività esistente, per cosi dire 'allo stato difuso', in quanto composta di una seria aperta e indeterminata di soggetti che hanno un interesse in comune da soddisfare" — *Considerazioni sulla Tutela degli Interessi Difusi nella Costituzione*, p. 27 (39). É apenas no trabalho de M. Villone que os interesse difusos ganham uma razoável, ainda que discutível, elaboração do ponto de vista material. Para o autor, na perspectiva material os interesse difusos são aqueles interesses de ordem política, caracterizados por um alto grau de litigiosidade (*conflittualità*), que são para o autor aqueles em que "i procedimenti mediativi del sistema politico non hanno ancora operato, o non hanno operato efficacemente", ou seja, aqueles interesses sobre os quais ainda não houve uma decisão política clara (o autor exemplifica: meio ambiente *vs.* desenvolvimentismo) — *La Collocazione Istituzionale dell'Interesse Diffuso — Considerazioni sul Sistema Statunitense*, p. 73 (78 e ss.). Na verdade, a atribuição de escolhas políticas aos Tribunais, típicas do sistema norte-americano (sobre o qual o autor se debruça) correspondem, nos sistemas romano-germânicos, a escolhas institucionais realizadas pelo poder legislativo ou pelos aplicadores-intérpretes da lei. Daí porque, corretamente transportada, a referida explicação "conflitual" dos interesses difusos não se diferencia muito da explicação "institucional" que no presente trabalho se defende.

20. É vasta, no Brasil, a literatura sobre os interesses difusos, toda ela, sem exceção, adotando noções processualísticas do instituto (J. C. Barbosa Moreira, "A ação popular no direito brasileiro", in

ção essa, diga-se de passagem, jamais reconhecida por Cappelletti.[21]

Nessa diferença está a consagração da tese processualística sobre os interesses difusos, consubstanciada no Código de Defesa do Consumidor (Lei 8.078, de 11.9.1990, CDC). Baseia-se, exclusivamente, na extensão subjetiva da lide. Afirma-se que, enquanto nos interesses coletivos há uma relação jurídica a ligar as partes demandantes entre si ou com a parte contrária, nos interesses difusos há apenas uma relação de fato (art. 81, I e II, do CDC).

É importante notar, em primeiro lugar, que essa diferença na própria sistemática do Código não tem — e nem poderia ter — qualquer relevância aplicativa. Basta observar o art. 103 do mesmo CDC. Esse dispositivo é o único a estabelecer uma aparente distinção prática entre as demandas para proteção de interesses coletivos e interesses difusos. No primeiro caso, a sentença seria proferida *ultra partes*; no segundo *erga omnes*. No primeiro caso, afirma-se que a sentença valerá para todos os membros do "grupo, categoria ou classe", sejam eles parte ou não na demanda. No segundo caso, a sentença produziria efeitos para todos.

Na verdade, ambos estão dizendo uma única coisa. Os efeitos da coisa julgada só se produzem e só precisam se produzir em relação a quem for titular *em tese* da relação jurídico-material subjacente. Para isso não é necessário criar uma diferença teórica. A extensão subjetiva da coisa julgada, operada pelas *ações coletivas* (termo genérico usado no art. 104 para caracterizar ambas as demandas), não faz desaparecer as condições da ação.

Em outras palavras, o que se quer dizer é o seguinte: tendo em vista — segundo a opinião aqui defendida — a errônea definição do conceito de *interesses difusos* do art. 81, o art. 103 ou (i) tem pouca utilidade ou (ii) conduz a resultados aplicativos claramente insatisfatórios.

O primeiro problema manifesta-se com relação às demandas individuais. O art. 103 não precisaria existir para impedir demandas individuais. Essas, se procurarem defender interesses "coletivos" (aqui no sentido genérico do art. 104, CDC, i.e., coletivos e difusos), não prosseguirão por falta de legitimidade para agir. Se forem propostas para ressarcir prejuízos individuais, são demandas diversas, às quais não se aplica o art. 103.[22]

O segundo problema é mais grave e manifesta-se com relação às demandas propriamente coletivas. Aí se revela a efetiva impropriedade do critério de definição dos interesses difusos. Imagine-se, em uma primeira hipótese, uma ação civil pública baseada em ilícito concorrencial.[23] Por hipó-

Temas de Direito Processual, 1ª série, 2ª ed., 1988, p. 110 e "A legitimação para a defesa dos interesses difusos no direito brasileiro", in *Temas de Direito Processual*, 3ª série, São Paulo, Saraiva, 1984, p. 183; A. Pellegrini Grinover, "A problemática dos interesses difusos", in *Tutela dos Interesses Difusos*, São Paulo, Max Limonad, 1984, p. 29 e "A tutela jurisdicional dos interesses difusos", in *Novas Tendências do Direito Processual*, Rio de Janeiro, Forense Universitária, 1990, pp. 137 e ss.; K. Watanabe, "Tutela jurisdicional dos interesses difusos: a legitimação para agir", in *Tutela dos Interesses Difusos*, São Paulo, Max Limonad, 1984, p. 85; v., para outras referências, *Código Brasileiro de Defesa do Consumidor — Comentado pelos Autores do Anteprojeto*, 2ª ed., Rio de Janeiro, Forense Universitária, 1992, sub. art. 81, p. 504, nota 11 (comentário de K. Watanabe).

21. V. M. Cappelletti, "Appunti sulla tutela giurisdizionale di interessi collettivi o difusi", in *Giurisprudenza Italiana 1975*, Parte IV, colunas 49 a 63, onde o autor trata ambos os termos como sinônimos.

22. Daí a observação de A. Pellegrini Grinover de que "o disposto no § 1º do art. 103 tem finalidade, sobretudo, didática, visando a tornar explícita regra que, de qualquer modo, se extrairia dos princípios e das regras do direito processual" (*Código Brasileiro de Defesa do Consumidor*, cit., sub art. 103, p. 583).

23. De acordo com o art. 88 da Lei 8.884/1994, pode ser movida ação civil pública para a proteção da ordem econômica. Como, por força do art. 117 do CDC, todo o Título III do referido Código passa a se aplicar às ações civis públicas, a definição de interesses difusos e coletivos do art. 81 do referido Código passa também a ela se aplicar.

tese, o ilícito de cartelização do mercado (art. 20, I c/c art. 21, I da Lei Concorrencial). Imagine-se que a demanda tenha sido movida por uma associação de consumidores no interesse dos membros que adquiriram o referido produto a um preço exorbitantemente elevado, decorrente exatamente da cartelização do mercado. Aplicado o critério do art. 81, CDC, tendo em vista a existência de uma relação jurídica entre os consumidores e a parte contrária, a decisão proferida nessa demanda produziria apenas efeitos *ultra partes*, ou seja, limitadamente àquele grupo de consumidores.

Admita-se, por hipótese, uma sentença improcedente por ter sido claramente demonstrada a inexistência de cartelização. Suponham-se, então, duas novas demandas movidas, uma delas por outra associação de consumidores ou pelo próprio Ministério Público no interesse dos consumidores que deixaram de comprar o referido produto por força do aumento de preço decorrente da cartelização; e outra por associação destinada à proteção da ordem econômica (art. 88, Lei 8.884/1994), no interesse de outros pequenos concorrentes, preocupados com dano estrutural para o mercado decorrente da cartelização e com a conseqüente possibilidade de serem eliminados do mercado ou com a possibilidade de serem criadas substanciais barreiras à entrada as quais impossibilitem seu acesso ao mercado. Essas novas demandas não estariam cobertas pela coisa julgada anterior — ainda que no mérito estivesse demonstrada a inexistência de cartelização, pois esses consumidores e concorrentes claramente não faziam parte do grupo delimitado pela relação jurídica base (contrato de compra e venda do referido produto). Trata-se de um resultado aplicativo claramente injusto e inconveniente.

Tão ilustrativa quanto essa hipótese é a oposta. Imagine-se uma ação civil pública movida contra uma empresa que veiculou publicidade enganosa, alardeando qualidades de seu produto não possuía. Sendo os atingidos todos os que tiveram por qualquer meio acesso àquela publicidade, tratar-se-ia, segundo o art. 81, CDC, de demanda para proteção de interesses difusos. A coisa julgada produziria, portanto, efeito *erga omnes* (art. 103, I). Por hipótese, a demanda também é julgada improcedente por ter sido demonstrado que a publicidade não era capaz de levar a engano o consumidor médio. A conseqüência é que não seria possível a uma das entidades legitimadas pela lei propor novamente a demanda em nome de consumidores com menor instrução ou de uma determinada região cujos costumes poderiam, por hipótese, ter efetivamente levado a engano a população. Novamente, o resultado prático é bastante insatisfatório.

A razão desse resultado inconveniente é a má (ou ausência de) compreensão do conceito de interesse difuso. Nessa hipótese, como se verá mais adiante, não se trata de interesse difuso. Não há destaque entre o interesse institucional e o interesse individual. Trata-se de interesse individual homogêneo, protegido pelo art. 81, III e arts. 91 e ss. do CDC. No caso seria possível ao grupo prejudicado perseguir seus interesses através de ação para proteção de interesses coletivos, não coberta pela coisa julgada anterior.

Espera-se ter demonstrado quão perigosa pode ser a definição de um determinado interesse a partir de seus sujeitos e não de seu objeto. O fato de a relação entre as partes ser de direito ou de fato talvez implique alguma diferença quantitativa, mas seguramente não implica diferença qualitativa.

No subtópico seguinte, procurar-se-á elaborar uma definição dos interesses difusos a partir de seu objeto, revisitando, à luz dessa nova definição, os exemplos há pouco analisados.

d) Interesses difusos e garantias institucionais

Do ponto de vista material, pode-se dizer que interesses difusos existem sempre que se está em presença de garantias institucionais na maneira há pouco definida.

As garantias institucionais têm características bem distintivas. Em primeiro lugar, todas elas são a um tempo destinadas à proteção do interesse de cada indivíduo e de sua coletividade, seja ela numericamente determinável ou não.

Mais ainda, em todas elas o interesse institucional é jurídica e economicamente destacável do interesse individual. Juridicamente, na medida em que a lei, ou a doutrina se encarregam de estabelecer instrumentos protetores especiais e diversos dos instrumentos protetores dos interesses privados para esses especiais interesses (demandas voltadas à proteção do interesse "difuso").[24] Economicamente, porque a proteção da referida garantia institucional deve representar uma utilidade para a coletividade que não se confunda com a utilidade individual e também inconfundível com a utilidade pública. Note-se que o emprego da palavra utilidade é proposital. Serve para indicar que a expressão "economicamente destacável" tem o sentido a ela atribuído pela análise econômica do direito, i.e., não é preciso que exista um valor monetário identificável. Basta apenas a existência de uma utilidade, representada por aumento de bem-estar, até mesmo de lazer, e que interesse a toda a coletividade. É o que ocorre com relação ao meio ambiente. Qualquer dano a ele, além das lesões individuais que pode causar, afeta sem dúvida o bem-estar de uma coletividade indeterminada de indivíduos. Nessa perspectiva pouco importa se essa coletividade é determinável pela existência de uma relação jurídica entre seus membros ou mesmo com a parte contrária. Relevante é que ela é titular de um interesse destacado que não se confunde nem com o interesse individual, nem com os interesses individuais somados e nem tampouco com o interesse público.

Finalmente, os interesses institucionais devem ser dotados de reconhecimento jurídico e social. Basta o reconhecimento constitucional[25] dos interesses (ex.: meio ambiente, defesa da concorrência) para que sua proteção como garantia institucional seja imperiosa (desde que obviamente presentes os requisitos mencionados anteriormente).

Redefinido assim o conceito de interesses difusos de forma a ancorá-lo na teoria das garantias institucionais, é preciso abordar algumas objeções que podem ser levantadas à sua definição material. A primeira delas é também a mais óbvia (e não nos enganemos: é, por isso mesmo, talvez a mais perigosa). Poder-se-ia perguntar como é possível um interesse sem titular. Trata-se, na terminologia pirandeliana de M. Cappelletti, de um interesse *in cerca di autori*. A resposta é que, exatamente por isso, é ele um interesse institucional e, em função dessa característica, os ordenamentos que o acolhem criam e regulamentam corpos intermédios aptos a protegê-los. É o caso da *Verbandsklage* do direito alemão e também de nossa ação civil pública, para as quais legitimidade ativa é atribuída exclusivamente a associações precisamente regulamentadas (no caso brasileiro, legitimidade é atribuída também ao Ministério Público).[26]

24. Inúmeras são as formas pelas quais o direito manifesta essa separação. No sistema alemão, bastante reveladora dessa tendência, é a postura atual da doutrina quanto à legitimação das associações de defesa dos interesses empresariais e dos consumidores para a *Verbandsklage*. Depois de certas vacilações iniciais, hoje o posicionamento doutrinário e jurisprudencial é bastante firme no sentido de tratar-se de legitimação ordinária e não extraordinária (v., nesse sentido, Stein/Jonas, *Kommentar zur ZPO*, 21ª ed., Tübingen, Mohr, 1993, vor § 50, Rdn. 40, p. 695 e A. Baumbach, W. Hefermehl, *Wettbewerbsrecht*, 19ª ed., Munique, Beck, 1996, sub § 13, Rdn. 5, 7, pp. 1.232-1.233).

25. Dada a maior representatividade das Assembléias Constituintes, fonte originária de poder e eleita para tarefa específica parece inegável ser ele um dos poucos instrumentos que embutem razoável grau de reconhecimento social e jurídico (ao mesmo tempo) aos interesses por ela protegidos.

26. No direito alemão a *Verbandsklage* é usada em especial para o direito concorrencial. Prevê o § 13 UWG as hipóteses em que é possível propor a referida demanda. Legitimados para propô-la são: (i) os

A segunda objeção é de ordem mais prática. Dúvidas podem surgir a respeito da efetividade da proteção a esses interesses institucionais. Também aqui o estudo das soluções positivas fornece resposta satisfatória. O que é preciso fazer para proteger um interesse desse gênero é buscar, em primeiro lugar, meios concretos de interrupção do ato lesivo. Por isso mesmo, as demandas para proteção de interesses institucionais são direcionadas primordialmente à cessação da lesão. É o caso da *Verbandsklage*.

Já a lesão patrimonial, quando existente, é de ressarcimento mais complicado. É preciso criar uma maneira de recuperar efetivamente o bem lesado. Nesse sentido, bastante positiva e digna de louvor é a solução do legislador brasileiro de criar um fundo para recuperação do bem lesado.[27] Essa solução ilustra à perfeição o próprio conceito de interesses difusos e sua ligação com as garantias institucionais: o ressarcimento não é direcionado nem ao Estado (público), nem aos particulares (privado), mas sim a um fundo destinado a recuperar e proteger o próprio interesse institucional (instituição).

Para que esses meios de proteção sejam realmente efetivos, no entanto, é necessário que a determinação legislativa de certos interesses como difusos seja perfeitamente correspondente à sua natureza. Isso, sem dúvida, ocorre com o meio ambiente. Não ocorre, no entanto, com o direito do consumidor. A razão é que, em se tratando de direito do consumidor, não há verdadeiro interesse institucional, legal e economicamente diverso dos interesses individuais dos consumidores somados. O que a lei pretende é proteger o consumidor e nada mais — proteção individual e proteção institucional, portanto, se confundem. Conseqüência disso é que, como bem nota a doutrina, raríssimas são as hipóteses em que se possa imaginar uma destinação concreta ao fundo que se pode criar com os recursos obtidos na ação civil pública.[28]

concorrentes individualmente; (ii) as associações sem fins lucrativos para proteção dos interesses empresariais, desde que compostas em sua maioria por empresas participantes daquele específico setor, desde que essas associações tenham condições pessoais, físicas e financeiras de cumprir seus objetivos (ou seja, tenham atividade efetiva e não sejam meras entidades jurídicas constituídas *ad hoc* para propor esse tipo de demanda); (iii) de associação para proteção dos consumidores, que tenham como finalidade estatutária a assessoria, através de prestação de informações e consultoria (é necessário, segundo a jurisprudência e doutrina dominante, que essa finalidade não seja apenas estatutária mas seja efetivamente exercida: *der Verband muss die Interessen der Verbraucher auch tatsächlich wahrnehmen* — v. A. Baumbach, W. Hefermehl, *Wettbewerbsrecht*, cit., sub § 13, Rdn. 38, p. 1.249, com vasta referência jurisprudencial); (iv) associações de indústria, de comércio e de manufaturas. No direito brasileiro, a já mencionada Lei da Ação Civil Pública (Lei 7.347/1985), depois das sucessivas modificações introduzidas pelo Código de Defesa do Consumidor (Lei 8.078/1990, arts. 110 e 111) e pela Lei Concorrencial (Lei 8.884/1990, art. 88) passou a admitir como parte legítima para a ação civil pública aquelas autarquias, empresas públicas, fundações, sociedades de economia mista ou associações, que estejam constituídas há pelo menos um ano e que incluam entre suas finalidades institucionais "a proteção ao meio ambiente, ao consumidor, à ordem econômica, à livre concorrência ou ao patrimônio artístico, estético, histórico, turístico e paisagístico, ou a qualquer outro interesse difuso ou coletivo".

27. Dispõe o art. 13, *caput*, da Lei 7.347, de 24.6.1985 (Lei da Ação Civil Pública): "Havendo condenação em dinheiro, a indenização pelo dano causado reverterá a um fundo gerido por um Conselho Federal ou por Conselhos Estaduais de que participarão necessariamente o Ministério Público e representantes da comunidade, sendo seus recursos destinados à reconstituição dos bens lesados".

28. Cf. nesse sentido A. Pellegrini Grinover, "Anotações sobre a Lei 7.347, de 24 de julho de 1985", in *Novas Tendências do Direito Processual Civil*, cit., p. 144: "A defesa dos consumidores, coletivamente considerada, ficará, portanto, naturalmente limitada, pela nova lei, às ações preventivas que visem à tutela inibitória, mediante a condenação a uma obrigação de fazer ou não fazer. No campo da indenização coletiva, poder-se-ia pensar nas despesas necessárias a uma contrapropaganda com a finalidade de neutralizar a propaganda enganosa (como faz, na França, a Lei Royer, de 27.12.1973). Mas será difícil ir além, não só pela redação do art. 13, que destina a reparação à reconstituição de bens lesados, como também pela omissão da lei quanto ao delicado problema da avaliação do prejuízo sofrido por inúmeros e incontáveis consumidores, e da repetição da indenização entre os mesmos". Esse pro-

Isso denota não uma falha da lei na disciplina da ação civil pública, mas sim que os interesses dos consumidores não são, via de regra, interesses difusos (ainda que a lei lhes atribua proteção como tal — v. Lei 7.347/1985, art. 1º, II c/c CDC, art. 90) — exatamente por faltar aquele destaque entre interesse individual e institucional supramencionado. Daí a explicação para a incoerência do resultado aplicativo obtido a partir da definição tradicional de interesses difusos no exemplo da publicidade enganosa, descrito no item anterior.[29] A incorreção da atribuição de efeitos *erga omnes* à decisão então proferida decorre do fato de que não existe um interesse institucional destacado a ser protegido. O interesse na informação correta é de cada um dos consumidores e de seu conjunto apenas na medida em que representa a soma dos interesses de todos os consumidores. Se o interesse individual de consumidores componentes de um certo subgrupo não foi atendido, ele deve ser convenientemente protegido.

Essa afirmação demonstra, de resto, que a crítica à definição dos interesses dos consumidores como interesses difusos não tem efeito na limitação de seu acesso à justiça.

Isso porque o mais efetivo meio de ampliação do acesso à justiça das pretensões individuais não são as ações coletivas, mas sim as novas formas de tutela dos interesses individuais homogêneos. Daí a verdadeira revolução propiciada pelas *class actions* norte-americanas, incorporadas ao nosso sistema — e limitadas apenas, infelizmente, à proteção dos consumidores — através das ações coletivas para defesa de direitos individuais homogêneos (CDC, arts. 91 e ss.).

Já a ampliação do acesso à justiça, decorrente do reconhecimento dos interesses difusos, ocorre de forma indireta, na medida em que se amplia a participação através do processo. A proteção dos interesses difusos tem, de resto, uma conotação política muito profunda. Trazendo ao Judiciário pretensões de defesa institucional, destinadas ao interesse coletivo, aumenta o papel político do Judiciário, enquanto garantidor dessas instituições.[30]

Um estudo mais acurado da correspondência entre os interesses difusos registrados pelo legislador e aqueles que efetivamente podem ser classificados como tais exige uma outra indagação.

Trata-se da sempre necessária análise residual, ou análise da hipótese oposta. Ou seja, existem interesses difusos não reconhecidos pelo legislador, mas que podem ser tutelados como tais. Em primeiro lugar, é importante destacar que essa possibilidade foi introduzida novamente, do ponto de vista positivo, pelo Código de Defesa do Consumidor. O art. 110 do referido diploma, novamente, introduziu na Lei da Ação Civil Pública (Lei 7.347/1985) dispositivo que havia sido suprimido do projeto aprovado no legislativo pelo veto presidencial. Previu-se, então, uma cláusula genérica, segundo a qual a ação civil pública seria possível não só com relação aos interesses expressamente previstos, mas também com

blema foi parcialmente resolvido pela introdução da ação coletiva para a tutela de interesses individuais homogêneos pelo CDC (arts. 91 e ss.).

29. Note-se que o exemplo dado refere-se a publicidade enganosa baseada na falsa veiculação de informações falsas sobre o próprio produto. Caso a informação seja enganosa por divulgar fato inverídico acerca de concorrente, a lesão à ordem econômica e ao interesse institucional (concorrência) sem dúvida haverá, ensejando a tutela na ação civil pública.

30. Nota-se aqui, portanto, aquela aproximação — respeitadas as necessárias diferenças entre os sistemas — entre a definição institucional dos interesses difusos e aquela baseada na litigiosidade, proposta por M. Villone, *La Collocazione Istituzionale dell'Interesse Diffuso — Considerazioni Sul Sistema Statunitense*, cit., p. 73 (48) — v., a respeito da relação entre proteção dos interesses difusos e participação política através do processo R. C. Mancuso, "Ação civil pública — Instrumento de participação na tutela do bem-comum", in *Participação e Processo* (A. Pellegrini Grinover, C. R. Dinamarco e K. Watanabe, coords.), São Paulo, Ed. RT, 1978, pp. 190 e ss.

relação "a qualquer outro interesse difuso ou coletivo" (art. 110 do CDC, acrescentado novo inc. IV ao art. 1º da Lei 7.347/1985). A referida modificação foi acompanhada pela modificação no art. 5º da mesma lei, passando-se a prever que legitimadas também poderiam ser associações que incluíssem, entre suas finalidades institucionais, a proteção de "qualquer outro interesse difuso ou coletivo".

A Lei Concorrencial modificou essa nova redação dos dispositivos. Ao art. 1º limitou-se a acrescentar um inciso V, que a ação civil pública poderia ser proposta "por infração à ordem econômica". No art. 5º, no entanto, além de acrescentar entre as finalidades institucionais das associações a proteção da ordem econômica e da livre concorrência, eliminou a fórmula genérica "qualquer outro interesse difuso ou coletivo" (Lei 8.884/1994, art. 88). A razão foi, sem dúvida, a necessidade de controlar a constituição abusiva de associações, que poderia ser auxiliada pela utilização de cláusulas genéricas como a supra-referida.

É da definição de um determinado interesse como difuso ou coletivo que depende, essencialmente, a sua proteção por meio da ação civil pública, o que só faz aumentar a importância da discussão de seu conceito, aqui levada a efeito. Mesmo sendo imperioso aceitar um conceito não exclusivamente positivista de garantia institucional (já que institucionalismo e positivismo são incompatíveis), é preciso ter claro que a classificação de um interesse como institucional ou não tampouco se baseia em um juízo puramente essencialista. As características gerais supraprevistas (afetação individual ou coletiva e destaque entre o interesse individual e coletivo) não eliminam a necessidade de seu reconhecimento histórico-institucional.[31] Nesse sentido, a previsão constitucional ainda que genérica das garantias institucionais, e o trabalho interpretativo dos tribunais e da doutrina dessas garantias genéricas de forma a transformá-las em regras protetivas específicas torna-se muito importante e, portanto, a alteração restritiva da lei supramencionada mostra-se bastante inconveniente. A melhor demonstração disso talvez seja a importância assumida pelas *Schutzgesetze* (tradução em regras de garantias institucionais genéricas) no sistema jurídico alemão atual.

e) Interesses institucionais e função social

Nos tópicos anteriores, espera-se ter demonstrado como o interesse difuso ganha maior consistência e efetividade aplicativa com sua definição a partir do objeto. Na verdade, o conceito de garantias institucionais põe em segundo plano a diferença entre os conceitos processualistas de interesses difusos e interesses coletivos. Segundo essa nova noção, pouco importa a relação jurídica entre os titulares do interesse ou sua relação com a parte contrária. Importa, isso sim, a existência do interesse institucional — supradefinido — a ser protegido.

Por essa razão, e para evitar confusões terminológicas, passar-se-á utilizar, de ago-

31. Argumentação bastante convincente para a aceitação da compatibilidade entre conceitos essenciais e imutáveis e o historicismo do direito é dada por F. Wieacker, para quem, exatamente porque o conceito de justiça (*Gerechtichkeit*) é amplo, seu conteúdo pode e deve ser historicamente preenchido — "Eben weil das konkrete Gerechtigkeitsgebot unbedingt ist, können die Rechtsinhalte in den wechselnden geschichtlichen Wirklichkeiten nicht als unabänderliche Normen erscheinen, sondern müssen sich an den jeweils vorgegebenen Wirklichkeiten immer neu orientieren — so wie die mathematischem Sätze in der Wirklichkeit nur in Symbloanschreibungen oder geometrischer Darstellung oder in angewandten Rechnungen erscheinen. Un doch wäre der Farbenglanz der geschichtlichen Rechte gleichsam nicht ohne das Licht der Gerechtigkeit, das sich auf verschiedene Weise in der Wirklichkeiten bricht" (*Privatrechtsgeschichte der Neuzeit*, cit., pp. 612-613). O mesmo ocorre com as garantias institucionais. Evidentemente aqui, o raciocínio tem de ser mais direcionado aos movimentos histórico-sociais e seu papel na formação das instituições e não na evolução histórico-jurídica das relações individuais, centro das preocupações de Wieacker.

ra em diante, a expressão *interesse institucional* e não interesse difuso (ou nova definição de interesses difusos).

O estudo dos interesses institucionais não se esgota, no entanto, em sua individuação. É preciso determinar em que medida a forma de proteção dos interesses institucionais (ou difusos) prevista na lei é compatível com as exigências específicas desse setor. A pergunta a se fazer aqui é se os entes aos quais é atribuída legitimidade pela lei para a propositura das demandas de proteção de interesses institucionais são tecnicamente qualificados para tal. A mesma indagação pode ser feita com relação ao órgão judicante.

Trata-se do velho dilema, já abordado por Cappelletti em seu famoso trabalho, entre iniciativa administrativa e iniciativa proveniente dos chamados "corpos intermédios" para a propositura de demandas metaindividuais.[32] No referido trabalho, Cappelletti manifesta profundo ceticismo quanto à efetividade do controle administrativo. Citando teoria em voga à época — sobretudo nos EUA — referente à possível pressão política sobre os órgãos administrativos encarregados da iniciativa judicial e ao fato de que muitos dos ilícitos metaindividuais cometidos provêm do próprio poder executivo, manifesta acentuada descrença em sua atuação. Citando ainda trabalho de H. Kötz, faz referência a depoimentos de membros de agências governamentais americanas e alemãs, dando conta eles próprios da inefetividade da atuação desses órgãos.[33]

Note-se, em primeiro lugar, que a pressão política sobre órgão da administração pública como crítica à ação do Estado justificaria a completa ausência da administração, nos moldes neoliberais defendidos pelos autores da teoria da captura. Obviamente essa solução seria totalmente ilógica.

Importa reconhecer, no entanto, e para isso chama a atenção a observação de Cappelletti que não se pode atribuir exclusivamente ao Estado o dever de tutela de interesses supra-individuais e em particular das garantias institucionais.

Aqui então é que a relação entre garantias institucionais e função social do contrato fica clara. O princípio da função social do contrato permite a tutela difusa pelo judiciário das garantias institucionais. Liberta a tutela de interesses supra-individuais da tutela administrativa ou da casuística prevista em lei. Toda vez que forem lesados interesses institucionais haverá lesão à função social do contrato. É no destaque por estes proporcionado entre interesse individual e coletivo que se encontra a justificativa para limitar a liberdade contratual.

Por outro lado, só a ligação aos interesses institucionais permite dar concretude ao termo *função social do contrato*. Obviamente essa não pode e não deve ser identificada a qualquer interesse que não seja o das partes contratantes. Tampouco pode-se referir ao interesses de grupos específicos. Isto porque um conceito de função social assim definido permitiria limitar e vincular o princípio da liberdade contratual em nome de um outro princípio totalmente indefinido, exatamente por não se ter claro o tipo de interesse a ser protegido. Isso tornaria absolutamente incertos para as partes os próprios efeitos jurídicos do contrato, dificultando sobremaneira as transações comerciais e a própria vida econômica.

Mas há ainda uma outra razão a tornar a ligação entre princípio da função social e interesses institucionais absolutamente necessária. O destaque do interesse individual necessário para tornar o interesse envolvido digno de tutela através da função social não é meramente quantitativo. Isto é, não é a composição mais ou menos

32. M. Cappelletti, *Formazioni Sociali*, cit., pp. 382 e ss.

33. O referido trabalho (*Klagen Privater in öffetlichen Interesse*), que no artigo de M. Cappelletti é citado a partir do manuscrito, foi posteriormente publicado em H. Kötz, *Klagen Privater in öffentlichen Interesse*, Frankfurt am Main, Metzner, 1975, p. 69.

numerosa de um grupo afetado que fará, por si só, que o contrato possa ser relativizado. A própria origem publicista do termo *função social* (inicialmente, como visto, identificada a interesse estatal) faz com que, mesmo transformado, o termo se aplique a interesses que transcendem o individual. E é exatamente na tutela de posições jurídicas, na tutela de interesse que só tem sentido em um plano individual enquanto componente de um centro de interesses coletivo (imagine-se a tutela ambiental, por exemplo), características típicas do interesse institucional, que se caracteriza essa transcendência qualitativa dos interesses individuais.

IV — Conclusão: o sentido da função social do contrato

Em face dessas considerações é possível delimitar, em forma tentativa o sentido da função social. Diz-se em forma tentativa por ser a função social cláusula geral dotada por natureza de certo grau de indeterminação.

Exatamente como é necessário atribuir certa flexibilidade ao conceito de desconsideração da personalidade jurídica, para permitir sua adaptação, de tempos em tempos, aos novos contornos e distorções da personalidade jurídica, a função social do contrato também deve ser flexível. Deve ser capaz de adaptar a figura do contrato a novas realidades sociais. Obviamente pelas razões expostas acima, entre as quais se destaca a segurança jurídica, essa liberdade não pode ser ilimitada.

O limite está exatamente na ligação aos interesses institucionais, como definido acima (item III, d). É importante notar que, prescindindo dos interesses institucionais de expressa previsão legal, mas sendo dotados de características essenciais necessárias (entre elas o reconhecimento constitucional), permitem atingir, ao menos a primeira vista, equilíbrio razoável entre segurança jurídica de um lado e flexibilidade de outro.

A *fattispecie* de aplicação do princípio da função social do contrato deve ser considerada caracterizada sempre que o contrato puder afetar de alguma forma interesses institucionais externos a ele. Não se caracteriza, portanto, a *fattispecie* nas relações contratuais internas (i.e., entre as partes do contrato). E por duas razões. Em primeiro lugar pela própria ligação, histórica e de essência da expressão aos interesses institucionais, que como visto, não se confundem com os individuais. Em segundo porque uma aplicação da expressão às partes contratantes levaria a tentativas assistemáticas e difusas de reequilíbrio contratual.

A tarefa de reequilíbrio contratual já está bem atribuída a princípios como a boa-fé objetiva (art. 422 do novo Código Civil) e cláusula *rebus sic stantibus*. Andar além disso não é possível, ao menos em base casuística. Ter por base disparidades de poder das partes é fundamental, desde que o reequilíbrio se faça por categorias (como os consumidores, p. ex.). Trata-se aqui necessariamente de uma política pública de reequilíbrio que deve partir de iniciativas legislativas e ter certo grau de coerência. Admitir um reequilíbrio difuso, além de provavelmente não garantir qualquer redistribuição de riqueza efetiva — exatamente por ser assistemático — criaria situação de insegurança jurídica, extremamente danosa para os contratos.

Conformada a *fattispecie*, falta dar aparência mais clara à disciplina. Na verdade, a função social do contrato só ganha feição mais clara quando da especificação de sua disciplina. Essa, por seu lado, é decorrência direta da definição dos interesses protegidos.

Em primeiro lugar é importante indagar quais os efeitos jurídicos de um contrato que violem sua função social, i.e., quais os efeitos jurídicos de um contrato capaz de lesar interesses institucionais. O novo Código Civil é bastante claro, ao prever em seu art. 421 que o "a liberdade de contratar será exercida em razão e nos limites da função social do contrato". Evidentemente o sentido da justificação do contrato a partir de sua função social está em reconhecer que o contrato, ainda que ato entre particulares, é um instrumento de organização social e econômica. Como tal deve ter em conta os interesses — não particulares, mas institucionais que o cercam.

Se assim é, contratos que atinjam interesses institucionais carecem até mesmo de eficácia, ao menos nas cláusulas capazes de atingir seus interesses. Essa constatação introduz elementos facilitadores e complicadores. Facilitadores, pois, em muitos casos não mais será necessário identificar em estatuto específico regra protetora de interesse institucional cujo descumprimento permita declarar a nulidade do contrato. É possível negar-lhe eficácia naquilo que fere interesses institucionais simplesmente porque a questão se coloca, segundo os expressos termos do art. 421 do Código Civil, no plano da eficácia e não da validade.

O primeiro elemento complicador está exatamente no controle mais difuso, atribuído pelo art. 421 aos juízes e não às definições legais, de cumprimento ou não da função social. Este problema, repita-se, pode e deve ser resolvido através da correta compreensão da função social e de sua ligação aos interesses institucionais. Estes têm requisitos e características necessárias sem as quais não será possível caracterizar o descumprimento do princípio da função social.

Conseqüência prática disto é que, exemplificativamente, contratos cuja execução implique risco evidente de dano ambiental, desde que esse seja comprovado, poderão ter sua eficácia contestada ainda que não exista qualquer lesão específica a dispositivo da lei ambiental. O mesmo pode-se dizer de contratos entre empresas que afetem interesses dos consumidores (aqui entendidos como a totalidade dos consumidores, o mercado de consumo — i.e., a concorrência ou algum outro interesse comum de todos os consumidores —, pois só aí, segundo os critérios desenvolvidos *supra*, haverá interesse institucional envolvido).

O segundo elemento complicador está em entender como se resolverão as relações entre as partes em caso de contrato ineficaz por força de lesão ao princípio da função social. Para isso é preciso aprofundar um pouco mais os diversos planos contratuais. Evidentemente a questão ora discutida é de eficácia. O art. 421 ao estabelecer que o limite do contato é dado pela sua função social está claramente a vincular a eficácia do negócio ao cumprimento da função social.

A primeira pergunta a ser feita é se se trata de eficácia simples ou relativa.[34] Note-se que a situação aqui é bastante diversa de um contrato que tem plena validade entre as partes, mas não produz efeitos em relação a terceiros. Havendo desrespeito à função social a obrigação principal simplesmente não pode ser cumprida. Não há que se falar em ineficácia relativa, em relação a determinados sujeitos. Por outro lado, a ineficácia simples, de que ora se trata deve ser qualificada. Não significa que o ato seja despido de qualquer efeito. O que há é a ausência dos chamados "fatores de atribuição de eficácia diretamente visada".[35] Assim, exemplificativamente, um contrato cuja execução causa risco ambiental não pode ser cumprido. Isso não significa que outras obrigações entre as partes, como, por exemplo, eventuais disposições relativas às conseqüências da impossibilidade do cumprimento não sejam plenamente válidas e eficazes. O mesmo pode se dizer de outras obrigações laterais que não violem a função social. A função social obriga, portanto, a uma individualização de cada uma das obrigações do contrato e a verificação de sua compatibilidade com o conceito supradefinido, como requisito de eficácia da obri-

34. Cf., a respeito desta distinção, A. Junqueira Azevedo, *Negócio Jurídico — Existência, Validade e Eficácia*, 2ª ed., São Paulo, Saraiva, 1986, p. 63.

35. Cf. A. Junqueira Azevedo, *Negócio Jurídico*, cit., p. 67.

gação principal, perante terceiros e entre as partes.

Finalmente, caso o contrato já tenha sido adimplido, resta determinar a forma de responsabilização. Aqui a disciplina é derivação direta da infringência a interesses institucionais. O prejuízo causado relevante não se dá em relação a interesses individuais (dano sofrido). Haverá isso sim um prejuízo ao bem jurídico, protegido, à posição protegida. A responsabilização, portanto, independerá da culpa (responsabilidade objetiva[36]) sendo ligada apenas à concreta lesão ao interesse (*Schutzgesetze*) e a indenização será direcionada à recuperação do bem lesado.

Chega-se, então, à conseqüência natural da extensão da idéia de interesses institucionais ao campo privado. A regra da função social do contrato adquire caráter de norma de proteção (*Schutzgesetz* — v. *supra*, item III, b) dos interesses institucionais eventualmente atingidos pelo contrato e seu mero descumprimento gera a obrigação de reparação do bem lesado.

Todas essas características fazem surgir um novo contrato, instrumentalizado aos interesses da sociedade, representados pelas garantias institucionais. São elas o seu limite, impondo que as obrigações nele contidas sejam dissecadas de forma a respeitar os interesses da sociedade atingidos e a verdadeira nora de proteção desses interesses contida no art. 421 do novo Código Civil. O controle material difuso introduzido por esse importante princípio do novo Código vem complementar o sentido dos instrumentos processuais de controle difuso (ex.: ação civil pública), instrumentos de verdadeiro controle social. Caso bem interpretado, pode transformar-se, portanto, em poderoso canal de proteção da sociedade civil e controle social da atividade empresarial e civil.

36. Trata-se de inegável extensão da disciplina da responsabilidade pelo fato do produto, princípio já estabelecido nas relações empresariais de risco e nas relações de consumo, às relações contratuais em geral. Aqui a justificação da responsabilidade objetiva não está na proteção especial contra atividades de risco, ou de grupo desavantajado (consumidores), mas sim na proteção de interesses institucionais — e por isso socialmente relevantes — atingidos pelo contrato.

Doutrina

THE SARBANES-OXLEY ACT AND THE RULES APPLICABLE TO FOREIGN COMPANIES: THE POSSIBLE IMPACTS ON THE CAPITAL MARKETS*

ANDREA FERNANDES ANDREZO

Introduction. I. The Sarbanes-Oxley Act and the implications to foreign issuers. II. Main complaints of the non-US issuers regarding the Sarbanes-Oxley Act. III. The SEC final and proposed rules. IV. The SEC International Enforcement. V. Possible responses of the market to the Sarbanes-Oxley Act. Conclusion.

Introduction

The "Public Company Accounting Reform and Investor Protection Act of 2002", popularly known as Sarbanes-Oxley Act, brings many new rules of disclosure and corporate governance for companies. It is a response of the Congress to the recent corporate scandals that undermined the investors' confidence and interrupted the continuous growth of the American capital markets in the last years.

The American capital market experienced an exponential growth in the 90's. The total market value of US stocks rose from $ 3.3 trillion in 1990 to $ 14 trillion by September 1999.[1] The dollar amount of securities filed for registration with the Securities and Exchange Commission increased more than five-fold between 1990 and 1999 rising from $ 379 billion to $ 2.1 trillion.[2] The number of foreign companies registered with the Commission also increased significantly, and almost tripled between 1990 and 1999 from 434 to over 1,200 from 57 countries.[3] The following chart shows some other numbers about the growth of the American capital market during the 80's and especially during the 90's:

	1980	1985	1990	1995	1997	1998
Stock Market						
Total Market Value of U.S. Stocks ($ billions)[1]	$1,405	$2,132	$2,896	$6,394	$10,276	$10,531
Trading Volume on Exchanges and Nasdaq (shares in billions)	22	58	87	208	324	409
Dollar Volume Traded on Exchanges and Nasdaq ($ billions)	$545	$1,434	$2,069	$5,906	$11,041	$14,066

* Dissertação apresentada em maio de 2003 para obtenção do título de Mestre em Direito pela *Columbia University.*

1. SEC, *US Securities and Exchange Commission GPRA* (2000), at <http://www.sec.gov/about/gpra1999-2000.shtml#grow>.

2. Id.

3. Id.

	1980	1985	1990	1995	1997	1998
Public Offerings						
Dollar Amount of Securities Registration Statements Filed with the SEC ($ billions) [2]	$104	$323	$379	$824	$1,440	$2,550
Dollar Amount of Initial Public Offerins Registered with the SEC ($ bilions) [2]	$13	$90	$50	$122	$166	$257
Value of Public Offerings – excluding private placements ($ billions) [1]	$58	$133	$309	$705	$1,302	$1,819
Foreign Securities/Interests						
Foreign Companies Registered with the SEC	n/a	272	434	744	1,030	1,100
Foreign Companies – Dollar Amount Registered with the SEC ($billions)	$1	$1	$8	$49	$128	$241

1. Due to a change in source, some numbers differ from those cited in previous Industry statistics.
2. Fiscal year data. All other data are calendar year.
Source: SEC (at http://www.sec.gov/about/gpra1999-2000a.htm#ginds)

In the 90's, the American capital market became not only bigger, but also more popular. In 1998, there were 84 million direct and indirect shareholders, representing 43.6 percent of the country's adult population.[4] This shareholder figure is up 21 percent from 1995's 69.3 million and up 61 percent from 1989's 52.3 million.[5] Of those, 33.8 million, or about 40 percent of all stockholders, resided in households that owned stock directly in 1998.[6] Indirect equity holdings (through equity mutual funds, self-directed retirement accounts or pension plans) accounted for 40 percent of all corporate stock owned by households.[7] The shareownership in non-US companies is also noteworthy. In 1998, nearly 45 percent of shareowners had some exposure to shares in companies headquartered outside the United States.[8] While less than four million shareholders directly owned shares in non-US corporations, a much larger group—nearly 35 million shareholders—owned shares in non-US firms through equity mutual funds.[9] The chart below provides more information about it.

Total Number Of Shareowners (millions) 1989-1998				
Definition of shareowner:	**1989**	**1992**	**1995**	**1998**
Individuals owning stock directly, through mutual funds, retirement saving accounts or defined contribution pension plans	52.3	61.4	69.3	84.0
Individuals owning stock directly, through mutual funds or retirement saving accounts	42.1	51.5	59.6	75.8
Individuals owning stock directly or through mutual funds	31.5	35.3	38.6	48.5
Individuals owning stock directly only	27.0	29.2	27.4	33.8

Notes: Tabulations are based on the 1989, 1992, 1995, and 1998 Surveys of Consumer Finances. All individuals who report holding mutual funds that invest in stocks and bonds are included as shareholders. If a married couple owns stock, both spouses are classified as shareowners. The Survey of Consumer Finances does not provide information on equity ownership by minor children, or by unaffiliated adults who are members of a household but are neither the household head nor the spouse of the household head.

Source: Shareownership 2000, p. 56 (at <http://www.nyse.com/pdfs/2001_factbook_05.pdf>)

4. See NYSE, *Shareownership 2000*, 5 (2000), at<http://www.nyse.com/pdfs/2001_factbook_05.pdf>.

5. Id.

6. Id.

7. Id.

8. Id., p. 56.

9. Id.

The 90's were also characterized by a bull capital market with increasingly stock prices not only of the overvalued emerging technology companies of the New Economy, but also of some traditional large companies of the Old Economy.

During the 90's, the United States experienced high rates of economic growth too — the average annual GDP growth was 3.4% between 1991 and 2001,[10] which is directly related to the growth of the capital market.

Since 2000, however, the American capital market has been in trouble. In 2000, the dotcom bubble burst at the end of March. Nasdaq ended the year down 38% and more than 50% down from its year high.[11] The Dow Jones suffered its first reverse since 1994 and the FTSE 100 closed at 6,179 — a loss of 10.8%.[12]

The worst, however, was yet to come. In 2001 and 2002, besides more declines in dotcoms and other emerging technology companies, the American capital market experienced a series of scandals, starting with the collapse of Enron followed by the revelation of problems at WorldCom, Adelphia, Tyco and others. The stock market capitalization in the United States dropped and investors lost a lot of money.

The dotcom bubble burst was expected by many people, since the emerging technology companies were highly speculative ventures commonly overpriced. The problems with Enron and other well-known large companies were more serious, because they involved frauds and failures of the market safeguards, which undermined the investors' confidence.

In response to these scandals and due to the importance of the capital markets in the United States, the Congress quickly enacted in July 2002 the Sarbanes-Oxley Act to calm troubled markets, restore investor confidence, and avoid future scandals. One of its implications is that the new rules apply not only to American corporations, but also and equally to foreign issuers. Traditionally, before the Sarbanes-Oxley Act was adopted, non-US issuers with access to the American capital market were basically required to provide disclosure in the United States. The new rules go beyond that and touch corporate governance issues as well. Furthermore, some of the new rules apply to foreign gatekeepers too, such as accountants, auditors and attorneys.

Before the Sarbanes-Oxley Act, the costs of being traded in the United States seemed to under weigh the benefits. As provided before, the number of foreign issuers increased a lot in the last years — currently approximately 1,300 foreign issuers file annual reports on Form 20-F or 40-F with the SEC.[13] Some argue that this, however, might change, as the Sarbanes-Oxley Act touches not only disclosure, but also some other aspects of Corporate Governance, related, for example, with the Board of Directors and the Audit Committee. Worse still, some of the new requirements directly contradict some of the foreign rules. The SEC could exempt non-US issuers from many of the new rules, but does not want to seem to back away. Some foreign companies that trade on US exchanges have threatened to delist and others have announced to feel discouraged from listing on American stock exchanges. Some people argue that this might also give force to initiatives to improve the trading of securities at domestic markets. The effects that this might bring to the American capital market, as well as the ways that the SEC and the foreign companies are dealing and could deal with this new scenario will be the focus of this essay.

10. OECD, *OECD in Figures*, OECD Observer 2002/Supplement 1, 12 (2002).

11. Toby Fildes & Neil Day, *Volatility hits new levels in 2000*, Euroweek 34 (2001).

12. Id.

13. See final rule at <http://www.sec.gov/rules/final/33-8124.htm>.

This essay is divided in five parts. Part I shows the most relevant rules of the Sarbanes-Oxley Act applicable to foreign issuers. Part II brings the main complaints of the foreign issuers regarding these new rules. Part III provides the SEC response to these complaints, by showing the SEC proposed and final rules as applicable to foreign issuers. Part IV discusses the SEC international enforcement. Finally, Part V analyzes the possible responses of the foreign issuers to the new requirements applicable to them under the Sarbanes-Oxley Act.

I. The Sarbanes-Oxley Act and the implications to foreign issuers

Before providing an analysis of the new rules, it is essential to know to whom the Sarbanes-Oxley Act applies. This turns, in many cases, on the definition of the term *issuer* in § 2(a)(7) of the Act, as follows: "The term 'issuer' means an issuer (as defined in § 3 of the Exchange Act of 1934), the securities of which are registered under § 12 of that Act, or that is required to file reports under § 15(d), or that files or has filed a registration statement that has not yet become effective under the Securities Act, and that it has not withdrawn".

This definition captures the following three hypotheses:

(i) Registration under § 12

Any US or non-US issuer which has a class of equity or debt securities listed on a US securities exchange or a class of equity securities quoted on Nasdaq is required to register that class of securities under § 12 of the Exchange Act of 1934. In addition, any non-US issuer with total assets in excess of $ 10,000,000 and a class of equity securities held of record by 500 or more persons, of which 300 or more reside in the United States, is required to register the securities under § 12. There is an exemption, however, provided by Rule 12g3-2(b), which applies to most foreign private issuers with Depositary Receipts traded in the US over-the-counter markets ("Level I" ADR program) and issuers that have conducted offerings under Rule 144A. The SEC has made it clear that the Sarbanes-Oxley Act does not apply to foreign private issuers which have claimed the Rule 12g3-2(b) exemption.

(ii) Requirement to file reports under § 15(d)

§ 15(d) of the Securities Act provides that, as a result of an offering of debt or equity securities pursuant to an effective registration statement under the Securities Act of 1933, an issuer must file with the SEC the same periodic reports for any year in which there are 300 or more US holders of the class of security as it would have to file if the class were registered under the Exchange Act of 1934. Foreign private issuers that have sold debt securities in a registered offering or conducted a registered exchange offer of debt securities following an exempt institutional offering are required to file reports under § 15(d), but foreign governments and political subdivisions issuers are expressly exempt from the requirement to file reports under § 15(d).

(iii) Registration Statement not yet effective

The purpose of this part of the legal text is to capture domestic and foreign private pre-IPO issuers, which would not yet be subject to either § 12 or § 15(d). In regard to non-US issuers with ADR programs, the new rules apply basically to those with "Levels II and III" ADR programs, but do not apply to those with "Level I" or Rule 144A program, which have claimed the Rule 12g3-2(b) exemption. Some of the new rules are applicable to foreign gatekeepers as well, such as attorneys and accountants.

It is also relevant to mention the definition of "foreign private issuer", since this term appears in many SEC rules. Under the Exchange Act Rule 3b-4(c), a foreign private issuer is a non-government foreign issuer, except for a company that (1) has more than 50% of its outstanding voting securities owned by US investors, and (2) has either a majority of its officers and directors residing in or being citizens of the US, a majority of its assets located in the US, or its business principally administered in the US.

An explanation of the main rules of the Sarbanes-Oxley applicable to non-US issuers and gatekeepers follows.

a) The Public Company Accounting Oversight Board (the "Board")

The Act creates a non-profit corporation, subject to the SEC oversight in a manner paralleling the relationship between the SEC and NASD, "to oversee the audit of public companies that are subject to securities laws, and related matters, in order to protect the interests of investors and further the public interest in the preparation of informative, accurate, and independent audit reports (...)".[14]

The Board is given rulemaking authority with respect to auditing, attestation, quality control, and ethics standards for auditors.[15] Moreover, it has to conduct compliance inspections investigation, which must be conducted annually for firms auditing more than 100 clients and not less than three years for other firms.[16] The Board is also authorized to discipline accounting firms that violate professional standards, Board rules, or the federal securities laws,[17] and may impose sanctions ranging from requiring additional professional training to revocation of a firm's or associated person's accounting license, and may levy fines up to $ 15,000,000 in the case of intentional misconduct by a firm.[18]

All accounting firms that prepare audit reports for public companies must become "registered public accounting firms" by registering with the Board.[19] Registered firms must submit annual reports to the Board, along with such other reports as the SEC or the Board determines.[20]

Foreign public accounting firms that prepare or furnish an audit report with respect to a reporting US or foreign issuer are expressly made subject to the Act and the rules of the SEC and the Board.[21] The Board is authorized to find that even a foreign accounting firm that does not issue audit reports "nonetheless plays such a substantial role in the preparation or furnishing of such reports for particular issuers" should be subjected to the Board's oversight.[22]

Thus, the Board has extraterritorial jurisdiction, which might bring difficulties to foreign public accounting firms and regulators. The SEC and the Board, however, were granted authority to exempt foreign public accounting firms from any provision of the Act or the rules thereunder.[23]

b) Auditor Independence

Under the Sarbanes-Oxley Act, the audit committee must pre-approve all audit and permitted non-audit services provided to a reporting company by the external auditor, with some "de minimus" exceptions[24] that permit, for example, that

14. See Section 101(a) of the Sarbanes-Oxley Act.

15. See Section 103(a) of the Sarbanes-Oxley Act.

16. See Section 104(a) and (b) of the Sarbanes-Oxley Act.

17. See Section 105 of the Sarbanes-Oxley Act.

18. See Section 105 of the Sarbanes-Oxley Act.

19. See Section 102 of the Sarbanes-Oxley Act.

20. See Section 102(d) of the Sarbanes-Oxley Act.

21. See Section 106(a)(1) of the Sarbanes-Oxley Act.

22. See Section 106(a)(2) of the Sarbanes-Oxley Act.

23. See Section 106(c) of the Sarbanes-Oxley Act.

24. See Section 202 of the Sarbanes-Oxley Act.

non-audit services constituting less than 5% of the annual revenues to the firm from the issuer may be provided without prior audit committee approval. The audit committee may delegate the authority to grant pre-approvals to one or more independent directors, but this delegation must be reviewed by the full audit committee at a regularly scheduled meeting. The approval by an audit committee of a non-audit service to be performed by the auditor shall be disclosed to investors in periodic reports.[25]

The Act also provides that accounting firms are prohibited from providing a variety of non-audit services contemporaneously with auditing of any public company, such as bookkeeping, appraisal or valuation services, internal audit outsourcing services, and legal services and expert services unrelated to the audit.[26] Tax services, however, are not forbidden. The Board is authorized to prohibit other non-audit activities and to grant exemptions from this rule on a case by case basis.[27]

Each accounting firm registered with the Board that audits an issuer shall timely report to the audit committee of the issuer:

• all critical accounting policies and practices to be used;

• all alternative accounting treatments that have been discussed with management officials of the issuer, the ramifications of their use and the auditors' preferred treatment; and

• other material written communications between the management of the issuer and the auditors, such as management letters or schedules of unadjusted differences.[28]

Accounting firms registered with the Board are also prohibited from auditing any public company whose chief executive officer, controller, chief financial officer, chief accounting officer or "any person serving in an equivalent position" was an employee of the accounting firm at any time during the one-year period preceding the date of the initiation of the audit.[29] This is the so-called "cooling-off period".

A mandatory rotation of accounting firms is not required, but there must be a rotation of the lead audit partner (*i.e.*, the partner with primary responsibility for conducting the audit) and of the reviewing partners after they provide audit services for the same issuer for five years.[30] The General Accounting Office, however, is required to assess the likely effects of requiring mandatory rotation of accounting firms.[31] This is to be assessed in the context of little competition between the biggest audit firms, since there are only few of them.

These provisions aim to strengthen auditor independence, and may cause the relationship between issuers and their external auditors to become more strictly regulated and formal.

c) Audit Committe

The Act requires national securities exchanges and national securities associations to adopt listing standards under which an audit committee of a public company must be composed entirely of independent board members.[32] An issuer either may have a separately designated audit committee composed of members of its board, or if it chooses to do so or if it fails to form a separate committee, the entire board of directors will constitute the audit committee. In this case, the board of directors as a whole will be required to comply with the requirements applicable to the audit committee.[33]

25. Id.
26. See Section 201 of the Sarbanes-Oxley Act.
27. Id.
28. See Section 204 of the Sarbanes-Oxley Act.
29. See Section 206 of the Sarbanes-Oxley Act.
30. See Section 203 of the Sarbanes-Oxley Act.
31. See Section 207 of the Sarbanes-Oxley Act.
32. See Section 301 of the Sarbanes-Oxley Act.
33. See Section 205 of the Sarbanes-Oxley Act.

In order to be considered "independent", an audit committee member may not be an "affiliated person" of the company or any subsidiary, and may not "accept any consulting, advisory, or other compensatory fee from the issuer".[34] In short, the director may receive only a director's fee and no other income.

The Act also expands the role of the audit committee, by making them "directly responsible for the appointment, compensation, and oversight of the work" of the independent auditor (including resolution of disagreements between management and the auditor regarding financial reporting), and by providing that the audit firm "shall report directly to the audit committee".[35]

The audit committee is also required to establish procedures for (i) the receipt, retention, and treatment of complaints received by the issuer regarding accounting, internal accounting controls, or auditing matters; and (ii) the confidential, anonymous submission by employees of the listed issuer of concerns regarding questionable accounting or auditing matters.[36]

Each audit committee has the authority to engage independent counsel and other advisers, as it determines necessary to carry out its duties.[37]

Finally, the Act authorizes the SEC to require each issuer to "disclose whether or not, and if not, the reasons therefore, the audit committee of the issuer is comprised of at least one member who is a financial expert". The SEC is also given authority to define the term "financial expert", but in defining it, the Commission must consider whether a person has, through the education and experience as a public accountant or auditor or a principal financial officer, controller, or principal accounting officer of an issuer, or from a position involving the performance of similar functions:

a) an understanding of generally accepted accounting principles and financial statements;

b) experience in the preparation or auditing of financial statements of generally comparable issuers, and the application of such principles in connection with the accounting for estimates, accruals, and reserves;

c) experience with internal accounting controls; and

d) an understanding of audit committee functions.[38]

d) Executive certifications

The SEC shall require for public companies that the issuer's principal executive officer(s) and financial officer(s) certify in each quarterly and annual report that:

1. the signing officer has reviewed the report and, based on the officer's knowledge, the report does not contain any material misstatement or omission and "the financial statements, and other financial information included in the report, fairly present in all material respects the financial condition and results of operations of the issuer as of, and for, the periods presented in the report";

2. the signing officers are responsible for establishing and maintaining internal controls and have designed such internal controls as necessary to ensure that material information relating to the issuer is made known to such officers during the reporting period;

3. they have evaluated the effectiveness of the issuer's internal controls within the 90 days prior to the report and have presented in the report their conclusions about the effectiveness of their internal controls as of that date;

4. they have disclosed to the company's auditors and to the audit committee

34. See Section 301 of the Sarbanes-Oxley Act.
35. Id.
36. Id.
37. Id.

38. See Section 407 of the Sarbanes-Oxley Act.

all significant deficiencies in the design or operation of internal controls as well as any fraud, whether or not material, that involves management or other employees who have a significant role in the issuer's internal controls; and

5. they have indicated in the report whether there were significant changes in internal controls that could significantly affect such controls subsequent to the date of their evaluation.[39]

An officer providing a false certification potentially can be subject to Commission action for violating Section 13(a) or 15(d) of the Exchange Act and to both Commission and private actions for violating Section 10(b) of the Exchange Act and Exchange Act Rule 10b-5.

Another executive certification is also required, which is subject to criminal penalties. Under Section 906 of the Sarbanes-Oxley Act, CEOs and CFOs must also certify that the information contained in periodic financial reports fairly presents, in all material respects, the financial condition and results of operations of the issuer. If they certify, knowing that this statement is not true, they can be fined up to $ 1,000,000 or imprisoned up to 10 years, or both. If they willfully do that, the maximum criminal penalties are $ 5,000,000 of fine, or 20 years of imprisonment, or both.[40]

Coffee calls the attention to the fact that "there is no reference to generally accepted accounting principles (GAAP). Apparently, an officer could be held liable if material liabilities in off-balance sheet transactions are hidden, even though they comply with the GAAP".[41] Thus, compliance with GAAP would not provide a safe harbor.

39. See Section 302 of the Sarbanes-Oxley Act.

40. See Section 906 of the Sarbanes-Oxley Act.

41. Coffee, Jr., John, "An Introduction to the Sarbanes-Oxley Act", in *Sarbanes-Oxley Act Special Supplement* 8 (2002).

e) Restatements of Financial Results

In the event that an issuer is required to prepare an accounting restatement because of material non-compliance resulting from misconduct, the chief executive officer and the chief financial officer must reimburse the company for any bonus or other incentive-based or equity-based compensation that they received during the 12 months following the issuance or filing of the financial report and for any profits they made on their sale of company stock during that period. The Commission is granted authority to exempt any person from this provision.[42]

f) Executive loans

An issuer is prohibited from directly or indirectly extending or maintaining credit, or renewing or arranging for an extension of credit, in the form of a "personal loan" to any director or executive officer. Personal loans outstanding on the date of the enactment of the Act are exempted, provided that "there is no material modification to any term (...) or any renewal of any such extension of credit on or after the date of enactment". The Act provides some very limited exemptions to this rule, including home loans, consumer credit, charge card, and margin loans, only if the loans or extension of credit are made or provided (i) in the ordinary course of the consumer credit business of the company, (ii) are "of a type that is generally made available by the issuer to the public", and (iii) are made on "market terms (...) no more favorable that those offered by the issuer to the general public".[43]

g) Enhanced Disclosure

g.1) *Periodic Reports*: Periodic reports that contain financial statements must dis-

42. See Section 304 of the Sarbanes-Oxley Act.

43. See Section 402 of the Sarbanes-Oxley Act.

close "all material correcting adjustments that have been identified" by a company's auditors.[44] Moreover, the SEC must issue rules to require the disclosure of "all material off-balance sheet transactions, arrangements, obligations (including contingent obligations) and other relationships" that might have a "material current or future effect" on the financial health of the company.[45] The purpose of the new rules is to improve the transparency of reporting companies' off-balance sheet arrangements and to provide an overview of aggregate contractual obligations.

g.2) *Pro Forma Financial Information*: The SEC must issue rules providing that pro forma financial information does not contain an untrue statement of a material fact or omit to state a material fact necessary in order to make the pro forma financial information not misleading, and reconciles it with the financial condition and results of operations of the issuer under generally accepted accounting principles (GAAP).[46]

g.3) *Real Time Disclosures*: Reporting companies must disclose material changes in the financial condition or operations, in plain English, on a rapid and current basis, as the SEC determines by rule.[47]

g.4) *Internal Control Report*: The SEC must develop this new disclosure document, which shall "state the responsibility of management for establishing and maintaining an adequate internal control structure and procedures for financial reporting" and must be reported annually by any reporting company. It must also contain a management assessment of "the effectiveness of the internal control structure and procedures of the issuer for financial reporting", which the audit firm must "attest to and report on".[48]

44. See Section 401(a) of the Sarbanes-Oxley Act.

45. See Section 401(a) of the Sarbanes-Oxley Act.

46. See Section 401(b) of the Sarbanes-Oxley Act.

47. See Section 409 of the Sarbanes-Oxley Act.

48. See Section 404 of the Sarbanes-Oxley Act.

g.5) *Insider Trades*: The principal stockholders, officers, and directors must report to the SEC all changes in ownership of registered equity securities within two business days of the transaction (instead of ten days after the closing of the month as the former rule required). Such reports must be filed electronically and will be made public within one business day of filing through the SEC's and the company's website.[49]

g.6) *Codes of Ethics*: The SEC must issue rules to require each public company to disclose if it "has adopted a code of ethics for senior financial officers, applicable to its principal financial officer and comptroller or principal accounting officer, or persons performing similar functions" or justify why it has failed to do so. Moreover, changes in or waivers of the code must be promptly disclosed on a Form 8-K, the Internet, or other electronic methods.[50]

h) Attorneys appearing and practicing before the SEC

The Sarbanes-Oxley Act requires the SEC to prescribe "minimum standards of professional conduct for attorneys" who appear and practice before the SEC. These rules must require attorneys who represent public companies "to report evidence of a material violation of securities law or breach of fiduciary duty or similar violation by the company or any agent thereof" to the company's chief legal counsel or CEO. If these officers do not take appropriate action in response to the evidence, the SEC's rules must require the attorney to report the evidence to the company's audit committee, to another committee of the board of directors comprised solely of directors not employed by the issuer, or to the board of directors as a whole.[51]

49. See Section 403 of the Sarbanes-Oxley Act.

50. See Section 406 of the Sarbanes-Oxley Act.

51. See Section 307 of the Sarbanes-Oxley Act.

The Act also empowers the SEC to censure, suspend, or deny any person the privilege of appearing or practicing before the SEC (temporarily or permanently) if that person is found by the Commission, after notice and opportunity for hearing, not to possess the "requisite qualifications to represent others", to be "lacking in character or integrity, or to have engaged in unethical or improper professional conduct", or to have willfully violated or aided and abetted a violation of the securities laws or the rules and regulations thereunder".[52]

II. Main complaints of the non-US issuers regarding the Sarbanes-Oxley Act

Companies across the world are complaining for being exposed to extra costs and regulation in order to comply with the Sarbanes-Oxley Act. Some of them do not agree that their management structure and in-house controls have to match US standards. Some foreign regulators also complain of the extraterritoriality application of the Sarbanes-Oxley Act.

Some foreign issuers, gatekeepers, regulators and industry associations feel bothered by the fact that the Sarbanes-Oxley Act applies to foreign issuers with certain level of access to the American capital market. US regulators, however, justifies the new rules as a condition of participation in the American market and as necessary to provide more protection to investors. The problem is that some of the new rules conflict with some other countries' rules and customs.

One of the provisions most likely to have immediate effect on non-US companies is the requirement that CEOs and CFOs of reporting companies provide on a continuing basis a prescribed certification of their company's financial statements. Many foreign private issuers asked the SEC not to impose the executive certification requirement on them, either because this would be inconsistent with home country rules concerning the allocation of responsibility for financial reports or because home country rules were viewed as providing substantially equivalent protection against fraud. In fact, foreign issuers, as well as the US issuers, fear the severe criminal provisions on the failure of corporate officers to certify financial reports.

The audit committee provisions of the Act also bring problems to foreign issuers, particularly for those incorporated in civil law jurisdictions that require two tier boards, such as Germany. Typically, the lower tier (or "managing board") is composed exclusively of inside corporate executives who cannot satisfy the independence requirements of Section 301 of the Act. Problems also arise with the co-determination statutes, under which there must be representatives of employees in the Board, since this structure leaves little room for an audit committee of independent directors. These provisions also leaves some doubts to countries, such as Brazil, Italy and Japan, which require or provide for auditor and managers oversight through a board of auditors or similar body. In Brazil, for example, every publicly traded company must have a Board of Auditors (*Conselho Fiscal*), whose members are nominated directly by the shareholders. Directors and officers of the issuer are prohibited from being appointed for the Board of Auditors. The Board of Auditors in Brazil basically supervises the actions of the Board of Directors and audits the financial statements, besides the audit done by the independent auditor. Therefore, there is some overlap between the functions of this board and the Audit Committee. A similar thing happens in Italy with the *Collegio Sindicale*.

Another problem related to the Audit Committee arises from the fact that, in many countries, the power to hire and fire auditors rests with shareholders. This is the case in Germany, for example. Since Sarbanes-

52. See Section 602 of the Sarbanes-Oxley Act.

Oxley requires audit committees to have the power to appoint the auditor, these two rules have a direct conflict even though the spirit of both of them is the same — to keep that power away from management. In other countries, the power to hire and fire auditors rests with the Board of Directors, and this power cannot be delegated to any committee.

Problems might also arise from the rule that if earnings are restated bonuses awarded to executives for that year must be forfeited. However, if a bonus payment is part of a legal contract of employment, a CEO or CFO may have a superior claim under his or her home law. Thus, it is not clear how this provision will work in the context of the employment laws of different jurisdictions.

The prohibition on personal loans to executives might also cause troubles to issuers from places where, as a matter of practice, companies make personal loans to directors, since it is very wide-ranging and may include legitimate types of compensation. However, this does not seem to be relevant to many foreign issuers, since personal loans are not a common practice in many countries, especially in Europe. In fact, the practice of giving personal loans to executives is one of the criticisms that European experts make on the American system.

All these problems were brought to the SEC appreciation and some of them were addressed by the SEC on final and proposed rules as follows.

III. The SEC final and proposed rules

The SEC has the authority to exempt foreign companies from many of the provisions of the Sarbanes-Oxley Act,[53] but exercising such authority would put the SEC in a bad political position with the Congress, since, according to the SEC's interpretation, the purpose of the Act is to restore investor confidence in the US financial markets, regardless of the origin of the market participants.[54]

The SEC does not want to seem to back away, but at the same time, when adopting rules, it has to consider the impact that any new rule would have on competition. The Section 23(a)(2) of the Exchange Act prohibits the SEC from adopting any rule that would impose a burden on competition not necessary or appropriate in furtherance of the purposes of the Exchange Act. Moreover, Section 2(b) of the Securities Act and Section 3(f) of the Exchange Act require the SEC, when engaging in rulemaking, to consider or determine whether an action is necessary or appropriate in the public interest, and to consider, in addition to the protection of investors, whether the action will promote efficiency, competition, and capital formation.

The new rules intend to enhance the proper functioning of the capital markets basically by increasing the quality and accountability of financial reporting and restoring investor confidence. This is believed to increase the efficiency and competitiveness of the US capital markets. Increased market efficiency and investor confidence also may encourage more efficient capital formation. However, to the extent foreign exchanges or other markets do not impose these standards, competitors could, all things being equal, migrate to those markets to avoid compliance. This could cause US exchanges and securities associations to lose trading volume, and investors to lose liquidity or the benefits of trading in a US market.

In this sense, the SEC has attempted to accommodate the inconsistencies between home-country laws and the provisions of the Sarbanes-Oxley Act. In the past

53. See Section 36 of the Securities Exchange Act of 1934, and Section 106(c) of the Sarbanes-Oxley Act.

54. See Securities Act Release 34-47235.

months, the SEC has adopted final rules to implement many of the provisions of the Sarbanes-Oxley Act and has issued proposed rules in important areas. The new SEC rules applicable to non-US issuers and gatekeepers, under the Sarbanes-Oxley Act, will be analyzed below.

a) Public Company Accounting Oversight Board ("Board")

The SEC has not issued any rule regarding the Board by now. The Board has proposed a registration system for public accounting firms, but has not yet proposed rules related to auditing, attestation, quality control, and ethics standards for auditors.

The proposed registration system consists of nine rules[55] (PCAOB Rules 1000, 1001, 2100 through 2105, and 2300) and a form (PCAOB Form 1). The Board's registration rules and form will not take effect unless and until approved by the Commission.

Under the proposed rules, any public accounting firm that wishes to prepare or issue any audit report with respect to any public company that is required to file reports with the Commission or that has filed a registration statement for a public offering of securities must register with the Board. In addition, any public accounting firm that "plays a substantial role in the preparation or furnishing of an audit report" with respect to any issuer must register.

A public accounting firm that is organized or that operates outside the United States must register, if it wishes to prepare or issue an audit report on any public company that is required to file reports with the Commission or that has filed a registration statement for a public offering of securities. Although the SEC and the Board were granted authority to exempt foreign public accounting firms from any provision of the Act or the rules thereunder,[56] the proposed registration rules do not contain an exemption for non-US public accounting firms. Even those that do not issue audit reports on US public companies, but that play a substantial role in the preparation or furnishing of such reports, are required to register under the proposed rule. The Board believes that this decision is appropriate in light of the requirements of the Sarbanes-Oxley Act and of the pre-existing requirements and conditions to which foreign auditors that participate in the audit of US public companies have been subject. Some examples are given to illustrate that. All financial statements filed as part of reports with the Commission must be audited in accordance with US generally accepted auditing standards ("GAAS"), which applies whether the report is filed by a domestic issuer or by a foreign private issuer. All financial statements filed as part of reports with the Commission must also be audited by an auditor satisfying US independence requirements. Again, this applies whether the report is filed by a domestic issuer or by a foreign private issuer. Foreign public accounting firms that participate in audits of domestic or foreign private issuers are also subject to Commission enforcement action for any violation of the federal securities laws.

The Board, however, recognizes that the registration of non-US firms will raise special issues, and sought comments on whether the registration requirements should be modified for non-US firms and on how the Board should discharge its oversight responsibilities with respect to registered foreign public accounting firms.

Individual accountants that are associated with public accounting firms are not required to register, but firms must list all individual accountants that are associated with the firm on the firm's registration ap-

55. See proposed rules at <http://www.pcaob.com/displaypcaob.php?level=2&pub_id= PCAOB-Rules&chap_id=RS1&message_id=242>.

56. See Section 106(c) of the Sarbanes-Oxley Act.

plication. In general, individual accountants are not required to register; however, an individual accountant who wishes to prepare or issue, in his or her own name, an audit report on an issuer would be viewed as a sole proprietor and required to register.

The proposed deadline to register is 180 days following the determination of the Commission that the Board has the capacity to carry out the requirements of the Sarbanes-Oxley Act.

Public accounting firms that wish to apply for registration must do so by completing and submitting to the Board Form 1. Form 1 consists of ten parts, subdivided into various items requiring the disclosure of particular information concerning the applicant and its associated accountants and the applicant's issuer clients. The information provided in registration applications will be available to the public, subject to "applicable laws relating to the confidentiality of proprietary, personal, or other information".

Applicants for registration must pay a fee. The Board will set this fee at a level sufficient to recover the costs of processing and reviewing applications. The amount of an applicant's fee will vary with the size of the applicant.

After reviewing the application for registration, and any additional information obtained by the Board, the Board will determine whether to approve the application or not. The Board will approve an application for registration if it determines that registration is consistent with the Board's responsibilities under the Act to protect the interests of investors and to further the public interest in the preparation of informative, accurate, and independent audit reports for companies the securities of which are sold to, and held by and for, public investors. If the Board is unable to make this determination, or if the Board concludes that the application is inaccurate or incomplete, it will either request additional information from the applicant or disapprove the application. After the registration, the registered firms have additional disclosure obligations, as they are required to file annual reports with the Board, and the Board may require periodic updating of the information contained in a registered firm's registration application.

The Board's registration system is expected to be ready to receive registration applications in late June or early July, 2003.

b) Auditor Independence[57]

As mentioned before, the Sarbanes-Oxley Act basically applies to US issuers and non-US issuers with Levels II and III ADR Programs. The final rule on auditors covers the auditors of all these issuers. This includes foreign accounting firms that conduct audits of both foreign private issuers subject to the Act and foreign subsidiaries and affiliates of US issuers.

The only different treatment granted to foreign accounting firms is regarded to the time afforded with respect to compliance with the rotation requirements. Accordingly, for all partners with foreign accounting firms who are subject to rotation requirements, the rules are effective as of the beginning of the first fiscal year after the effective date of these rules. Likewise, in determining the time served, that first fiscal year will constitute the first year of service for such partners. Thus, for a partner from a foreign firm who is serving as the lead partner for an issuer with a calendar year, 2004 would constitute the first year of the five year rotation period for that partner, without regard to the number of years he or she had previously served in that capacity. Therefore, additional time is afforded for foreign accounting firms with respect to compliance with the rotation requirements.

57. See final rule at <www.sec.gov/rules/final/33-8183.htm> and the Securities Act Releases 34-47265; 35-27642; IC-25915; IA-2103, FR-68.

In regard to the prohibited non-audit services, the SEC makes clear that, like domestic accounting firms, foreign accounting firms can provide tax services, as appropriate, despite their local definition and local licensing requirements. Thus, tax services are allowed under the American law even in certain jurisdictions where they are defined as legal services and can only be rendered by persons licensed to practice law. Tax services such as tax compliance, tax planning and tax advice are allowed. Some tax services, however, might be regarded as prohibited legal or expert services, such as representing an audit client before a tax court and formulating tax shelters, which may require the accountant to audit his or her own work, assume a management function or become an advocate for a client in seeking to minimize tax obligations or defend novel tax issues.

The SEC also makes clear that it intends to continue to address conflicts between the US and foreign requirements regarding non-audit services on an *ad hoc* basis. The Commission staff has previously afforded relief from proscriptions against appraisal and valuation services where, among other things, the auditor and issuer were able to demonstrate that the auditor was not providing an opinion on the fairness of a given transaction. The Commission will continue to consider requests for exemptive relief from foreign auditors.

The SEC final rule also requires more disclosure of the fees for audit and non-audit services. Non-US issuers are now required to include in their annual reports on Forms 20-F or 40-F four categories of fees:

1. audit fees: for services that generally only the independent auditor can provide,

2. all other fees paid for the auditor,

3. audit-related fees: for employee benefit plan audits, M&A due diligence, accounting assistance and audits in connection with proposed or consummated acquisitions, internal control reviews, and consultations concerning financial accounting and reporting standards, and

4. tax fees.

Other than for the audit fees category, the rules also require a description of the types of services provided under the remaining three categories. Disclosure is required for the two most recent fiscal years. Additionally, to the extent that an audit committee has applied the *de minimis* exception discussed previously, companies must disclose the percentage of the total fees, by category, paid to the independent accountant where the *de minimis* exception was used. These new disclosure requirements are to enable investors to better evaluate the reliability of financial statements and the independence of the auditors.

Finally, if an issuer fails to have an Audit Committee, the entire board of directors will constitute the audit committee[58] and may perform the pre-approval function for the issuer. In the case the issuer has a Board of Auditors or similar body, rather than an Audit Committee, this board or body may perform the audit committee pre-approval function. The same body responsible for pre-approval of audit and non-audit services is also the body to whom the communications required under the Section 204 of the Sarbanes-Oxley Act are made by the issuer's auditor.[59]

c) Audit Committee[60]

Two final rules were issued regarding this topic.

The SEC considered the propriety of excluding all foreign issuers from the Audit Committee new rules, but determined that such an exclusion would not be appro-

58. See Section 205 of the Sarbanes-Oxley Act.

59. See <www.sec.gov/rules/final/33-8220.htm>.

60. See SEC Rule 10A-3 at <www.sec.gov/rules/final/33-8220.htm>, <www.sec.gov/rules/final/33-8177.htm> and the Securities Act Releases 33-8220 and 34-47235.

priate or consistent with the policies underlying the Sarbanes-Oxley Act. It believes that improvements in the financial reporting process for all listed issuers are important for promoting investor confidence in the American markets. The final rules, however, bring significant flexibility to non-US issuers, reflecting some of their complaints.

In the case of foreign private issuers with two-tier board systems, for example, the final rule clarifies that the term "board of directors" means the supervisory or non-management board. As such, the supervisory or non-management board can either form a separate audit committee or the entire board can be designated as the audit committee, if it is independent within the provisions and exceptions of this rule.

Under the final rule, in order to be considered independent, a member of an audit committee of a listed issuer must meet two criteria.[61]

The first one is that audit committee members are barred from accepting any consulting, advisory or other compensatory fee from the issuer or any subsidiary thereof, other than in the member's capacity as a member of the board of directors and any board committee. This prohibition precludes payments to a member as an officer or employee, as well as other compensatory payments. To prevent evasion of the requirement, disallowed payments to an audit committee member includes payments made either directly or indirectly. Indirect acceptance of compensatory payments includes payments to spouses, minor children or stepchildren or children or stepchildren sharing a home with the member. In addition, indirect acceptance includes payments accepted by an entity in which such member is a partner, member, officer such as a managing director occupying a comparable position or executive officer, or occupies a similar position (except limited partners, non-managing members and those occupying similar positions who, in each case, have no active role in providing services to the entity) and which provides accounting, consulting, legal, investment banking or financial advisory services to the issuer or any subsidiary.

61. Different requirements are imposed on investment company issuers.

The second criterion is that the audit committee member must not be an affiliated person of the issuer or any subsidiary thereof. The SEC adopted a safe harbor that a person will not be deemed to control the issuer (and will, therefore, not be an affiliate) if the person is not an executive officer or beneficial owner of more than 10% of any class of voting equity securities of the issuer. The SEC also clarified that there is no presumption that a greater than 10% shareholder would be deemed an affiliate. The independence of a shareholder owning more than 10% of the securities of the issuer will depend on a facts and circumstances analysis of control.

Some exemptions of this independence requirement are provided for non-US issuers. The following individuals are permitted to serve on the audit committee of a non-US issuer provided that they are not executive officers of the issuer:

a) an employee elected or named to the board of directors or audit committee pursuant to the issuer's governing law or documents, an employee collective bargaining or similar agreement or other home country legal or listing requirements;

b) a representative or designee of a foreign government or foreign governmental entity that is an affiliate of the issuer;

c) an affiliate of the issuer or a representative of such an affiliate, as long as the member has only observer status on, and is not a voting member or the chair of, the audit committee, and neither the member nor the affiliate is an executive officer of the issuer.

In the two latter cases, the individual is exempted from the second prong ("non-affiliation"), but must satisfy the first prong ("no compensation") of the independence requirement.

In addition to these exemptions, the Commission may also exempt a particular relationship with respect to the independence of the audit committee members, as the SEC determines appropriate in light of the circumstances.

The SEC recognizes that several foreign jurisdictions require or provide for auditor oversight through a board of auditors or similar body, or groups of statutory auditors, that are in whole or in part separate from the board of directors. For example, under former Japanese law, large Japanese corporations must maintain a board of corporate statutory auditors, a legally separate and independent body from the corporation's board of directors that is elected by shareholders. Since April 1st, 2003, Japanese corporations have the option to elect either a governance system with a separate board of directors and board of corporate auditors or a system based on nominating, audit and compensation committees under the board of directors. The Italian corporate governance regime provides for an independent board of statutory auditors ("Collegio Sindicale") and the Brazilian corporate law requires a Fiscal Council ("Conselho Fiscal").[62] Both in Brazil and in Italy, this board of auditors is mandatory in all public companies, its members are nominated by the shareholders, but it has no authority to appoint the independent auditors, which lays on the Board of Directors.

Although the members of these Boards of Auditors may not in all cases meet all of the independence requirements and may not have all of the responsibilities set forth for audit committee members, the SEC recognizes that the establishment of an audit committee in addition to these bodies, with duplicative functions, might not only be costly and inefficient, but it also could generate possible conflicts of powers and duties.[63] Therefore, an exemption from certain of the requirements for audit committees was provided for boards of auditors or statutory auditors of foreign private issuers if that board or body is:

- established and selected pursuant to home country legal or listing provisions expressly requiring or permitting such a board or similar body;
- required under home country legal or listing requirements to be either separate from the board of directors, or composed of one or more members of the board of directors and one or more members that are not also members of the board of directors;
- is not elected by the management of the issuer;
- does not include an executive officer of the issuer as a member;
- is subject to independence standards from the issuer or the management of such issuer established by home-country legal or listing provisions;
- is responsible, to the extent permitted by law, for the appointment, retention and oversight of the work of independent auditors.

This last requirement is not intended to override any requirement under an issuer's governing law or documents or other home country requirements for shareholders to elect, approve or ratify the selection of the auditor. Therefore, the issuer's shareholders may elect, approve or ratify the selection of the issuer's external auditors.

If it meets the conditions above, this Board of Auditors or similar body may per-

62. See footnote 160 of the Securities Act Release 33-8220. The SEC gives these examples, but clarifies that they are for illustrative purposes only. The exemption provided in the final rule for boards of auditors or similar bodies will be available to any foreign private issuer that meets the exemption's requirements because of the issuer's home country regime.

63. See SEC Rule 10A-3 at <www.sec.gov/rules/final/33-8220.htm>, <www.sec.gov/rules/final/33-8177.htm> and the Securities Act Releases 33-8220 and 34-47235.

form the audit committee pre-approval function required by the Commission's rules on auditor independence. Moreover, the communications required to be made by the issuer's auditor to the Audit Committee under Section 204 of the Sarbanes-Oxley Act must be made to this board or body.

To the extent permitted by the foreign law, this board or body must also have the same authority that the Audit Committee has to engage independent counsel and other advisers, as well as the duty to establish procedures for the receipt, retention and treatment of complaints. The SEC does not mandate specific procedures that the audit committee must establish in regard to complaints. It preferred to leave flexibility to the audit committee to develop appropriate procedures in light of a company's individual circumstances, so long as the required parameters are met.

A foreign issuer that relies on an exemption under the above Rule 10A-3 must disclose it as well as its assessment of whether, and if so, how such reliance materially adversely affects the ability of their audit committee to act independently and to satisfy the other requirements of the Rule 10A-3. Such disclosure needs to appear in, or be incorporated by reference into, annual reports and proxy statements filed with the Commission. To the SEC, it is important for investors to know if an issuer is availing itself of one of these exemptions.

The final rule also addresses the cases of jurisdictions with legal or listing requirements that prohibit the full board of directors from delegating the responsibility for the appointment, compensation, and oversight of the independent auditor to a committee or limit the degree of such delegation. The final rule does not conflict with this kind of prohibition. In this case, the audit committee, or body performing similar functions, must be granted such responsibilities, which can include advisory powers, with respect to such matters to the extent permitted by law, including submitting nominations or recommendations to the full board of directors. If the prohibition includes the ability to submit nominations or recommendations to shareholders, there is no conflict either.

The SEC also provides an additional instruction to clarify that the requirements in the final rule do not conflict with any legal or listing requirement in an issuer's home jurisdiction vesting the responsibilities for the selection of the outside auditor with a government entity or tribunal. Similar to the other instructions, the SEC believes the audit committee should be granted such responsibilities, which can include advisory powers, with respect to such matters to the extent permitted by law.

The new rules on the Audit Committee apply only to issuers whose securities are listed on the NYSE or AMEX or quoted on Nasdaq. The other ones, however, are required to disclose whether their audit committee members are independent. These issuers may choose which definition of independence to use from any of the NYSE, AMEX or Nasdaq listing standards.

As these rules are directed for national securities exchanges and national securities associations to be adopted as listing rules, these organizations are responsible for enforcing compliance with them, and must adopt a self-reporting mechanism that requires a listed issuer to notify them promptly after an executive officer of the issuer becomes aware of any material non-compliance with the rule.

Besides identifying the members of the audit committee, which was already previously required, each foreign issuer must also disclose in its annual report under Forms 20-F or 40-F, that the company either has at least one audit committee financial expert serving on its audit committee, or, if not, the reasons why not. The name of the audit committee financial expert as determined by the board must be disclosed. The names of additional experts are encouraged, but not required, to be disclosed. Moreover, the foreign issuer must disclose whether its audit committee financial expert is independent, as that term is defined by the self-regulatory organization (SRO) listing standards applicable to that issuer. If a foreign private issuer is not a listed issuer, it must choose one of the SRO definitions of audit committee member independence that have been approved by the Commission in determining whether its audit committee financial expert, if it has one, is independent. It must also disclose which definition was used.

The instructions to the audit committee financial expert disclosure provisions also apply in the case the company has a board of auditors or similar body or statutory auditors instead of an Audit Committee. A foreign government issuer is excluded from the requirement to disclose whether or not it has a separate audit committee.

Finally, the SEC clarifies that the expert's understanding must be of the generally accepted accounting principles used by the foreign private issuer in preparing its primary financial statements filed with the SEC, since the SEC believes that the intent of Section 407 of Sarbanes-Oxley Act is to strengthen audit committee oversight of the preparation and audit of financial statements that are presented to US investors.

d) Executive Certifications[64]

One final rule on the certification under Section 302 was adopted on August 28, 2002, and became effective on August 29, 2002. Section 906 became effective on July 30, 2002. One SEC Rule was recently proposed to require issuers to file the certifications both under Section 302 and Section 906 as exhibits to the periodic reports to which they relate.

In spite of all the requests, no exemptions were granted for foreign issuers in regard to the executive certifications. According to the SEC, because of the broad scope of Section 302 of the Act, the new rules are applicable to all types of issuers that file reports under Section 13(a) or 15(d) of the Exchange Act, including foreign private issuers. Furthermore, this is a matter of disclosure, not a matter of corporate governance, and the SEC believes that, as the maintenance of disclosure controls and procedures is an important part of satisfying the certification requirement, it is appropriate to require foreign private issuers to comply with the new rules with respect to the implementation of the controls and procedures outlined in Section 302.

The only flexibility given to foreign issuers is that, for purposes of Section 302 of the Act, the Form 6-K is to be considered "current report", not "periodic report", and hence does not require officer certification. Thus, the certification reaches only the Forms 20-F and 40-F. The explanation falls under the fact that a foreign private issuer furnishes under cover of Form 6-K material information that it makes public or is required to make public under its home country laws or the rules of its home country stock exchange or that it distributes to security holders. Thus, foreign private issuers may submit interim financial information under cover of Form 6-K pursuant to their home country requirements and not because of a Commission requirement to submit updated financial information for specified periods and according to specified standards. Thus, the certification requirement does not apply to Form 6-K.[65]

It is also worth mentioning that the SEC clarified that while Section 302 requires an issuer's principal executive and financial officers to make specific certifications regarding their responsibilities to establish and maintain internal controls, it does not directly address the issuer's responsibility for controls and procedures

64. See proposed rule at <http://www.sec.gov/rules/proposed/33-8212.htm#P59_5559> and final rule at <http://www.sec.gov/rules/final/33-8124.htm>.

65. See Securities Act Releases 33-8124.

related to the issuer's Exchange Act reporting obligations.

Under the proposed rule, the SEC clarifies that, unlike the Section 302 certifications, the Section 906 certifications may take the form of a single statement signed by an issuer's chief executive and financial officers. Furthermore, as Section 906 merely requires that the certifications "accompany" a periodic report to which they relate, and Section 302 requires the certifications to be included "in" the periodic report, the SEC is proposing to require issuers to "furnish", rather than "file", the Section 906 certifications with the Commission. Thus, the certifications would not be subject to liability under Section 18 of the Exchange Act. Moreover, the certifications would not be subject to automatic incorporation by reference into an issuer's Securities Act registration statements, which are subject to liability under Section 11 of the Securities Act, unless the issuer takes steps to include the certifications in a registration statement.

Although Section 906 does not explicitly require the certifications to be made public, the SEC believes that it is appropriate to require the certifications to accompany a periodic report as it proposes.

The new rules are considered relevant in the sense that, by requiring an issuer's principal executive and financial officers to provide the required certification, investor confidence in the securities markets are expected to be enhanced, thereby leading to a more efficient market. Companies, however, will incur some costs in complying with the new rules, such as conducting periodic evaluations of its internal controls and procedures to record, process, summarize and report, on a timely basis, the information required in periodic reports filed under the Exchange Act. This is also relevant for the CEOs and CFOs, in order to reduce their exposure to the risk of civil liability and criminal penalties.

e) Restatement of Financial Results

No final or proposed rules regarding this topic were issued by now.

f) Executive Loans

No final or proposed rules regarding this topic were issued by now.

g) Enhanced Disclosure

g.1) *Periodic Reports*[66]

Foreign issuers do not have to comply with US GAAP with respect to the preparation of their primary financial statements, but those with Levels II and III ADR programs must reconcile their financial statements to the US GAAP.

Under the Sarbanes-Oxley Act, the SEC defined certain off-balance sheet disclosure requirements by reference to US GAAP. Thus, the non-US issuers that do not report under US GAAP will have to assess its guarantee contracts and variable interests pursuant to US GAAP to identify the types of arrangements required to be disclosed. In fact, foreign private issuers already make a similar assessment, since, under the current rules, a non-US GAAP reporting company's MD&A must include a discussion of the reconciliation to US GAAP and any differences between non-US and US GAAP necessary to understand the financial statements as a whole.

The new rules on off-balance sheet disclosure apply equally to foreign issuers and US companies, since the Sarbanes-Oxley Act does not distinguish between them. Thus, the same types of off-balance sheet arrangements covered by the definition must be discussed in the MD&A regardless of the particular GAAP under

66. See final rule at <www.sec.gov/rules/final/33-8182.htm> and the Securities Act Releases 34-47264; FR-67; International Series 1266.

which a registrant presents its primary financial statements. A foreign private issuer's MD&A disclosure should continue to focus on its primary financial statements despite the fact that its various "off-balance sheet arrangements" have been defined by reference to US GAAP.

The new rules also require that companies include in their annual reports tabular disclosure about contractual obligations, encompassing both on- and off-balance sheet arrangements, as of the latest fiscal year end balance sheet date. The table requires disclosure of the amounts of known contractual obligations, aggregated by type of contractual obligation specified in the table and for the specified time periods, in substantially the following format:

Contractual Obligations	**Payments due by period**				
	Total	Less than 1 year	1-3 years	3-5 years	More than 5 years
[Long-Term Debt]					
[Capital Lease Obligations]					
[Operationg Leases]					
[Purchase Obligations]					
[Other Long-Term Liabilities Reflected on the Company's Balance Sheet under GAAP]					
[Total]					

A company may use other categories of obligations suitable for its business, but the table must include all of the obligations that fall within the specified categories.

Finally, the SEC clarifies that, as the Sarbanes-Oxley Act requires the Commission to adopt off-balance sheet disclosure rules that apply to "each quarterly financial report required to be filed with the Commission", and foreign private issuers are not required to file "quarterly" reports with the Commission, the amendments do not apply to Form 6-K reports submitted by foreign private issuers to provide copies of materials required to be made public in their home jurisdictions. Thus, unless a foreign private issuer files a Securities Act registration statement that must include interim period financial statements and related MD&A disclosure, it will not be required to update its MD&A disclosure more frequently than annually.

g.2) *Pro Forma Financial Information*[67]

The SEC has adopted a new disclosure regulation, Regulation G, which requires public reporting companies that disclose or release non-GAAP financial measures to include, in that disclosure or release, a presentation of the most directly comparable GAAP financial measure and a reconciliation of the two measures. For foreign issuers, the SEC final rule clarifies that, with respect to non-US issuers, GAAP refers to the generally accepted accounting

67. See final rule at <www.sec.gov/rules/final/33-8176.htm> and the Securities Act Release 34-47226; FR-65.

principles under which the issuer's primary financial statements are prepared. Thus, the required reconciliation of the non-GAAP measure is to the comparable home country GAAP measure.

The SEC final rule provides some exceptions for public releases by non-US issuers with securities listed on a stock exchange or inter-dealer quotation system outside the United States. These companies are not required to provide a quantitative reconciliation if (i) the disclosure is made by or on behalf of the issuer outside the United States or is included in a written communication released outside the United States, and (ii) the non-GAAP financial information is not derived from or based on a financial measure calculated and presented in accordance with US GAAP. This exception is available even if (i) a written communication is released in the United States at the same time as or after its release outside the United States so long as it is not targeted at US persons, (ii) foreign or US journalists or other third parties can access the information, (iii) the information appears on websites maintained by the issuer so long as those websites are not available exclusively to or targeted at US persons, and (iv) following its release outside the United States, the information is included in a Report on Form 6-K submitted to the SEC. According to the SEC, these exemptions are intended to allow non-US issuers to continue their ordinary course presentations of information outside the United States or globally and not to interfere with non-US issuer information getting to US investors.

Regulation G applies to US GAAP numbers and to home country GAAP numbers where that information is presented in the United States and is presented in a way that indicates that it is directed or targeted at US investors.

The new rule also prohibits certain pro forma or non-GAAP financial information in filings with the SEC. Companies using allowed non-GAAP information in filings with the SEC are required to provide:

• a presentation, with at least equal prominence, of the most directly comparable financial measure calculated and presented in accordance with GAAP;

• a reconciliation of the two measures;

• a statement describing the reasons why the company's management believes the non-GAAP measures provide useful information to investors; and

• if material, a statement disclosing any additional purposes for which the company's management uses the non-GAAP financial measure presented.

Unlike the Regulation G, there is no limited exception for non-US issuers in this case, but they are allowed to include non-GAAP financial information in Form 20-F filings if it is required or expressly permitted under the GAAP used in the issuer's primary financial statements and it was included in the issuer's annual report or financial statements used in its home jurisdiction or market. The SEC clarified that it intends this exception to cover only situations where the foreign standard-setter affirmatively acts to require or permit the measure, and not situations where the measure is merely not prohibited.

g.3) *Real Time Disclosures*

g.4) *Internal Control Report*

g.5) *Insider Trades*

No proposed or final rules regarding these topics were issued by the SEC by now.

g.6) *Codes of Ethics*[68]

Like a domestic issuer, a foreign private issuer will have to provide the new code of ethics disclosure in its annual re-

68. See final rule at <www.sec.gov/rules/final/33-8177.htm> and the Securities Act Release 34-47235.

port. However, in contrast to a domestic issuer, a foreign private issuer will not have to provide in a current report "immediate disclosure" of any change to, or waiver from, the company's code of ethics for its senior financial officers and principal executive officer. Instead, a foreign private issuer must disclose if any such change or waiver that has occurred during the past fiscal year in its annual report only. This differing treatment reflects the fact that, unlike domestic reporting companies, reporting foreign private issuers do not have any specific interim or current disclosure requirements mandated by the Commission. The SEC, however, strongly encourages prompt disclosure on Form 6-K or the issuer's website. In general, if this disclosure is made within five days of the amendment or waiver, no disclosure would be required in the Form 20-F.

A non-US issuer must make its code of ethics publicly available by (i) filing a copy as an exhibit to its annual report on Form 20-F; (ii) posting on its web site; or (iii) providing an undertaking in its annual report on Form 20-F to provide a copy upon request.

h) Attorneys appearing and practicing before the SEC[69]

The SEC adopted final rules to implement the Section 307 of the Sarbanes-Oxley Act.

These rules require an attorney of public companies to:

1. report evidence of a material violation "up-the-ladder" within the issuer to the chief legal counsel or the chief executive officer of the company or the equivalent;

2. report the evidence to the audit committee, another committee of independent directors, or the full board of directors, if the chief legal counsel or the chief executive officer of the company does not respond appropriately to the evidence.

The term "evidence of a material violation" is defined according to an objective, rather than a subjective, triggering standard, involving credible evidence, based upon which it would be unreasonable, under the circumstances, for a prudent and competent attorney not to conclude that it is reasonably likely that a material violation has occurred, is ongoing or is about to occur.

As an alternative procedure for reporting evidence of a material violation, an issuer can establish a "qualified legal compliance committee" (QLCC). Such a Committee must consist of at least one member of the issuer's audit committee, or an equivalent committee of independent directors, and two or more independent board members, and must have the responsibility, among other things, to recommend that an issuer implement an appropriate response to evidence of a material violation. One way in which an attorney could satisfy the rule's reporting obligation is by reporting evidence of a material violation to a QLCC.

The SEC clarifies that the rules cover attorneys providing legal services to an issuer who have an attorney-client relationship with the issuer, and who have notice that documents they are preparing or assisting in preparing will be filed with or submitted to the Commission. Foreign attorneys who are not admitted in the United States, and who do not advise clients regarding US law, are not covered by the rule, while foreign attorneys who provide legal advice regarding US law are covered to the extent they are appearing and practicing before the Commission, unless they provide such advice in consultation with US counsel.

The final rules allow an attorney, without the consent of an issuer client, to reveal confidential information related to his or her representation to the extent the attorney

69. See final rule at <www.sec.gov/rules/final/33-8185.htm> and the Securities Act Release 34-47276.

reasonably believes necessary (1) to prevent the issuer from committing a material violation likely to cause substantial financial injury to the financial interests or property of the issuer or investors; (2) to prevent the issuer from committing an illegal act; or (3) to rectify the consequences of a material violation or illegal act in which the attorney's services have been used.

The final rules do not create a private cause of action — the authority to enforce compliance with the rules is vested exclusively with the Commission.

The SEC did not approve the "noisy withdrawal" provisions, which require attorneys, under certain circumstances, to withdraw from representing an issuer and to notify the Commission that they have withdrawn for professional reasons, or, alternatively, require an issuer, rather than an attorney, to publicly disclose the attorney's withdrawal or written notice that the attorney did not receive an appropriate response to a report of a material violation. The SEC approved an extension of the comment period on these provisions.

The attorneys' rules are relevant to foreign issuers to the extent that they may change the fiduciary relationship between the attorney and the client.

IV. The SEC International Enforcement

Jennings *at. al.* teach that "the SEC can bring enforcement actions against broker-dealers, securities attorneys and accountants, and corporate registrants, officers, and directors, employing causes of actions unavailable to private litigants. (...) The Commission also has an extraordinary panoply of remedies available to it. (...) The SEC, however, has no power to bring criminal actions for willful violation of the securities federal law. The Commission's authority is limited to referring potential criminal actions to the Justice Department".[70]

70. Jennings, R.; Marsh, Jr., H.; Coffee, Jr., J.; Seligman, J., *Securities Regulation 1467* (1998).

The remedies available to the SEC are: civil injunctions, administrative procedures, civil fines, cease and desist orders, and corporate bar orders.

One could ask how the SEC can exercise its authority and enforce the federal securities laws and all these new requirements to foreign issuers and gatekeepers. When there is evidence of violation of the federal securities law by foreign issuers or gatekeepers, there are basically two difficulties: (i) conducting the investigation; and (ii) enforcing the decision. One way to enforce compliance with the American rules in the case of foreign companies listed on US stock exchanges is to stop the trading of these securities in the United States. However, this might not be enough and actually hurts the investors. The policy that the SEC has adopted is to enter into agreements with regulators of securities markets around the world to develop cooperative enforcement mechanisms that permit and encourage extensive information sharing.

On its side, the American Congress enacted in 1988 the section 21(a)(2) of the Exchange Act (ITSFEA), which authorizes the SEC to provide assistance to foreign securities authorities to conduct investigations without regard to whether the facts stated in the request constitute a violation of US law. Later, in 1990, the Congress enacted the International Securities Enforcement Cooperation Act (ISECA), which amended the Section 24 of the Exchange Act in order to provide a basis for the SEC to refuse to give disclosure of certain records obtained from a foreign securities authority if this would violate the laws applicable to the foreign authority, except if the information is required by the Congress or a court of the United States. The ISECA also gives the SEC authority to provide foreign and domestic securities authorities with information on records filed with it, if the person receiving it provides assurance of confidentiality as may be deemed appropriate by the SEC.

The SEC has entered into more than 30 formal information-sharing agreements with foreign counterparts (See Appendix 1). The Commission and foreign regulators share information and cooperate directly with each other in investigating and prosecuting cross-border securities fraud. Based on information gathered abroad or involving activities taking place in other countries but having effects in the United States, the SEC has brought a number of significant enforcement actions. In 2002, a record number of enforcement actions involved international elements — the SEC made 448 requests to foreign authorities and responded to 353 requests from abroad.[71]

The following example[72] gives an idea of the cooperative work among the SEC and foreign regulators. In *SEC v. ACLN, Ltd. et al.*, Civil Action n. 02-CIV-7988 (S.D.N.Y.); Litigation Release n. 17776 (Oct. 8, 2002), the Commission filed a civil injunctive action in the United States District Court for the Southern District of New York against ACLN, Ltd., a Cypriot Corporation operating from Antwerp, Belgium that purportedly shipped used vehicles to North and East Africa and new cars in that region. The SEC sued three of ACLN's officers and its Cyprus auditor. The complaint alleges that ACLN was the vehicle for an elaborate financial fraud (overstating assets/revenue, nonexistence of new car line of business) that resulted in losses of hundreds of millions of dollars to investors in the United States and abroad. The fraud included the falsification of bank records to distort the company's financial picture, and the sale of at least $ 80 million of ACLN stock by company principals when they knew the financial disclosures were fraudulent. The Commission received assistance from several foreign government agencies in Belgium, Denmark, Luxembourg, Monaco, the Netherlands, Norway and the United Kingdom to freeze approximately $ 45 million in bank accounts. The SEC will be seeking to have proceeds returned to defrauded investors.

Besides the cooperative work in investigating and prosecuting cross-border securities fraud, some initiatives have also been taken to prevent frauds. For example, in the countries where American firms have a significant presence (such as the United Kingdom, Switzerland, Germany and Japan), the SEC periodically reviews the financial, operational and management controls used by selected securities firms in conjunction with foreign regulators. Moreover, the Commission offers comprehensive technical assistance and training programs for senior regulatory and stock exchange officials in emerging and developed securities markets.

The SEC has been working to improve its international enforcement with the assistance of foreign authorities to protect investors from cross-border fraud. The basic idea is to improve the mutual cooperation, not only through information-sharing agreements, but also through training programs with foreign counterparts. This has been considered the most efficient way to combat cross-border fraud.

V. Possible responses of the market to the Sarbanes-Oxley Act

a) ADR Programs

Nowadays American investors can buy foreign issuers' securities abroad or, more easily, in the US through the acquisition of American Depositary Receipts. ADRs are certificates representing home-market securities, which are traded freely in the United States as US securities and in American dollars. The ADR programs were created to meet the demand of American investors for foreign securities. The objectives of an ADR program for the issuer are: access to deeper capital markets, better

71. Practising Law Institute (PLI), *The SEC's International Program*, The SEC Speaks in 2003, 1233 (2003).
72. Id., p. 1.234.

share valuation, flexible funding, broader shareowner base, protection against unwanted mergers and acquisitions, and increasing name recognition. For the investors, the advantages are: increasing diversification, quotation in US dollars, payments of dividends or interests in US dollars, clear and settle according to US standards, overcoming foreign investment restrictions, eliminating global custodian charges, possibility of tax efficiency, enhancing liquidity, and improving information flow.

There are four kinds of ADR Programs:

a) Offering of existing shares (secondary market):

• Level I (over-the-counter): It does not require reconciliation of the issuer's financial statement to US GAAP. The issuer must give in the United States the same disclosure it gives in the home country.

• Level II (exchange listed): It requires reconciliation of the issuer's financial statement to US GAAP and extensive disclosure.

b) Offering of new shares (primary market or secondary market of a large block of shares):

• Level III (exchange listed public offering): It requires reconciliation of the issuer's financial statement to US GAAP and extensive disclosure.

• Rule 144A/Regulation S (private placement offerings): It is restricted to QIBs (qualified institutional buyers[73]) and it is exempted from registration with the SEC.

As mentioned before, the Sarbanes-Oxley Act and the new SEC rules apply basically to the foreign issuers with Levels II and III ADR Programs.

b) Alternatives to ADR Programs

Foreign issuers with Levels II and III ADR Programs are subject to greater regulatory burdens by the Sarbanes-Oxley Act. The SEC, however, has been trying to accommodate some of the complaints of the foreign issuers, especially those related to the inconsistencies between home-country laws and the provisions of the Act, as is the case of the final rule on the Audit Committee. Some complaints, however, were not heard, such as those related to the executive certifications. The SEC justifies this different treatment by the fact that the first one is related to corporate governance, while the second one is a disclosure requirement. Other issues still have to be addressed by the SEC, such as the prohibition on personal loans to executives.

Some argue that the new requirements of the Sarbanes-Oxley Act might:

a) cause some foreign companies that trade on US stock exchanges to delist and discourage others considering to list on American stock exchanges;

b) give force to initiatives to improve the trading of securities abroad, such as the Global Equity Market and the Transatlantic Securities Market.

Analyses of both of them, as well as of the likelihood of each one, are provided below.

b.1) *Deciding to Delist or not to List on US Stock Exchanges*

Companies that perceive the new requirements as too onerous could be dissuaded from seeking or maintaining a listing for their securities in the United States. By making this decision, companies must take into consideration that they might be sending a bad message for the market, since

73. QIBs are defined in Rule 144A, basically as investors who own and invest in a discretionary basis more than $ 100 million. For dealers, this limit is $ 10 million or there is no limit, if the dealer is acting in a riskless principle transaction for QIBs. For banks and savings and loan associations, there is an additional requirement of audited net worth of at least $ 25 million.

it will appear that they cannot or are unwilling to comply with the new American Corporate Governance standards. Moreover, they will be losing access to the biggest capital market of the world. In 2001, the American capital market capitalization was almost half the world's stock market capitalization — $ 13,876.6 billions out of $ 28,875.1 billions.[74]

The decision on delisting can impact capital formation and negatively impact the transparency and liquidity of its securities, since many shareholders, mainly the small ones, might dump. The possibility of these effects and their magnitude if they were to occur are difficult to quantify.

Finally, a listed company must also consider that it is harder to withdraw the American market than not to enter, and, even after delisting, it may still be subject to securities laws and regulations in the US

b.2) *Initiatives to Improve the Trading of Securities Abroad*

Even if some non-US companies decide to delist and others are discouraged from listing on American stock exchanges, the demand for their securities would remain. Investors would have to trade foreign securities at each local market, bearing the costs of trading at different currencies and under different regulations. On this token, some believe that the increase of the level of regulation in the United States will stimulate some initiatives to facilitate the trading of foreign securities, such as those already taken by the New York Stock Exchange and Nasdaq some years ago.

The NYSE announced in 2000 that it had invited stock exchanges from Australia, Belgium, Brazil, Canada, China, France, Japan, Mexico and Netherlands to provide a 24-hour market for the biggest multinational stocks. This is the so-called Global Equity Market — GEM.[75] Investors would be able to access the GEM through their domestic stock exchanges. Participant exchanges' trading systems would be interconnected in a way that order-driven trading in blue chips from the 10 exchanges would be traded in an order book passed from one time zone to the next, with regulation for each listing still coming under its domestic supervisory body. Participation in the GEM would be open to all stock exchanges, which adhere to the principles of transparency, self-regulation, and the agency auction structure. In turn, Nasdaq has been negotiating technological integrations with foreign stock exchanges, such as the London Stock Exchange and the Deutsche Borse. Both initiatives would keep the need of two brokers, one in the country where the investor is located, and another one where the issuer's securities are traded. Despite the fact that the first agreements started in 2000, both initiatives are still in very early stages, and many issues still need to be addressed, such as the clearing and settlement systems and minimal requirements for listing on these global markets.

A deeper integration between the American and the European capital markets was recently proposed through the creation of the so-called Transatlantic Securities Market, defined as "an open market in which European and American investors and traders can buy and sell financial products of companies and firms on the other side of the Atlantic as easy as if they were buying or selling domestic financial products at home, with equivalent levels of appropriate investor protection".[76]

74. IMF, *Global Financial Stability Report*, 121 (2003), at <http://www.imf.org/external/pubs/ft/gfsr/2003/01/pdf/appendix.pdf>, march 2003.

75. NYSE, *The Formation of a Global Equity Market*, (2000) at <http://www.nyse.com/content/articles/1043269646746.html>.

76. Gunter Burghardt, *A Transatlantic Securities Market Would Benefit Everyone*, European Affairs (2003).

A report *Building a Transatlantic Securities Market*[77] published by the International Securities Market Association (ISMA) in cooperation with the independent New York-based research center, the Council on Foreign Relations, on December 2002 urges a US-EU accord on transatlantic exchange access to jumpstart integration of the two mammoth securities markets. The report proposes a regulatory regime based on mutual recognition, allowing exchanges authorized on one side of the Atlantic to give direct trading access to professional investors on the other side. It is argued that unnecessary regulation inflates trading costs for US investors in Europe and vice versa, and such an accord would significantly cut transatlantic trading costs as well as the cost of capital for American and European companies.

This proposal is based on the idea that trading in the ADRs is more costly than trading in the underlying shares if US investors could trade the underlying shares without the layers of redundant intermediaries. Currently, for example, the investor's US broker must pay a second broker — one which is based in Europe and a member of the relevant European exchange — to trade the stocks on behalf of its client. That cost is ultimately borne by the client. Under this proposal, European exchanges would extend membership — and therefore direct, electronic trading access — to brokers in the United States, and vice-versa.

The report proposes to eliminate the regulatory barriers to transatlantic trading which have no useful role in terms of investor protection. The proposal is focused on integrating the secondary equity markets of the United States and the European Union via a system of mutual recognition of exchange and trading regulations combined with home country control and minimal harmonization of corporate financial disclosure rules. This would be accomplished through a mutual recognition agreement that would allow securities exchanges authorized on one side of the Atlantic to offer direct trading access to investors based on the other side, for the purpose of trading listed equities and derivatives based on equities. Under this scheme, US exchanges operating in the European Union would be regulated by the SEC and European Union exchanges operating in the US would be regulated by their respective home market authorities. Direct electronic trading access to the exchanges would be limited to broker-dealers and so-called "qualified institutional buyers", although individual investors would be able to place orders through registered local brokers in accordance with current retail investment law in the investor's jurisdiction.

Under this proposal, it would be permitted US trading of European Union-listed securities meeting International Accounting Standards (IAS) rather than US Generally Accepted Accounting Principles (GAAP) disclosure requirements.

It is also argued that ADR programs would be eliminated. Once European exchanges are permitted to provide trading access in the United States, cross-listed companies will find much of the existing NYSE and Nasdaq trading of their stocks migrating back to the home exchange in Europe. Over time, many of these companies can be expected to drop their redundant US listings. This is based on the evidence from within the European Union itself that the removal of regulatory barriers to crossborder trading leads to repatriation of trading to the home exchange, and delisting from secondary exchanges.

This is a proposed alternative for issuers and investors to avoid regulatory barriers on international trades. Many issues, however, still need to be addressed, such as the clearing and settlement systems and minimal requirements for listing on this market.

77. Benn Steil, *Building a Transatlantic Securities Market*, International Securities Market Association (2002).

This alternative seems unlikely to succeed, since it is very doubtful that the SEC and the NYSE would support it. The SEC would oppose it on the grounds of its responsibility to protect the investors on the American capital markets, while the NYSE, on its turn, would try to avoid losing trading volumes. The SEC, for example, would hardly accept US trading of European Union-listed securities meeting International Accounting Standards (IAS) rather than US generally accepted accounting principles (GAAP) disclosure requirements, despite the convergence of both. Europeans, however, may try to negotiate such an agreement, as it would arguably provide benefits to European companies looking to attract US investor interest, since it would eliminate the necessity of a redundant US exchange listing, thereby allowing them to access American institutional investor capital without having to suffer the costs imposed by extraterritorial US legal initiatives, such as the Sarbanes-Oxley Act. This, however, can already be done through Regulation S.

Currently, investors can choose from 2,100 ADR programs from 80 countries[78] of the five continents. The Transatlantic Securities Market is much more selective, since it would provide American investors with access only to European Union listed companies. It does not seem to be feasible to have similar initiatives worldwide. Another restriction of the Transatlantic Securities Market is that it inter-connects only the secondary markets, while the ADR programs also allow companies to raise capital. Finally, the difficulties of trading at different currencies and under different regulations, which are eliminated in the ADR programs, would still remain in the Transatlantic Securities Market. Therefore, it seems that, even though this initiative could arguably succeed, the ADR programs would not be eliminated, since it appears that US investors would have more difficulties in investing in foreign companies through the Transatlantic Securities Market than through ADR programs, and the Transatlantic Securities Market allows fewer alternatives for issuers if compared to the ADR programs.

In the end, American investors would be able to trade European Union companies on this market or through ADRs and other foreign companies through ADRs or in the local markets at different currencies and under different regulations. This is similar to what happens nowadays, since American investors can trade foreign securities abroad or through ADRs. The main difference would be the elimination of some layers when institutional investors would be trading abroad. However, this can already be done through Regulation S.

Conclusion

The Sarbanes-Oxley Act, aiming to restore the investors' confidence and prevent new corporate scandals, brought many new rules on disclosure and Corporate Governance applicable not only to US issuers, but equally to foreign issuers.

Traditionally, non US-issuers were required to provide some disclosure in the US to access the American capital market, but were exempt from in-house management and control requirements. The SEC could have kept this policy and exempted the foreign issuers from many of the new rules, but did not want to seem to back away.

Most of the new rules represent an extension of federal law into areas that have traditionally been left to state corporate law and, in regard to foreign issuers, to local regulators abroad. Thus, the SEC should be particularly wary of intruding into areas already subject to similar oversight by other legal or regulatory regimes outside the US.

The Act brings new rules to foreign issuers and foreign gatekeepers, such as

78. Data provided by the Bank of New York on a presentation made at Columbia Law School on February 26, 2003.

accountants and attorneys. The SEC has not completely exempted foreign issuers and gatekeepers from the new rules, but has reasonably accommodated some of their requests, especially when the new rules contradict local laws. Moreover, the SEC has also provided more time for foreign issuers to comply with the new requirements in many cases.

Companies now are assessing if the benefits of being traded in the US outweigh the greater regulatory burdens. If not, some of them might decide to delist or be discouraged from listing on US stock exchanges. As a result, new ways to make it easier for American investors to trade foreign securities could develop, such as the Transatlantic Securities Market.

First, if the new requirements discourage some companies to list on US stock exchanges, this would happen only on the short term. It seems to be unlikely that this would continue on the long run and that a lot of companies with ADR programs would delist because of the new regulatory burdens, since this decision would cause the company to lose access to the biggest capital market of the world, and would also send a bad message for the market, by showing its unwillingness or impossibility to provide more disclosure and to follow the new American corporate governance standards. Few companies might delist because of the Sarbanes-Oxley Act, and those that decide to delist might allege this reason, but, in fact, the real cause might be another one.

In thinking about delisting, a company must also consider that this is costly, may decrease the liquidity of its securities, because many small shareholders might dump, and, even after delisting, it may still be subject to securities laws and regulations in the US

Second, the proposed ways for American investors to trade foreign securities, the so-called Transatlantic Securities Market, might be less costly than trading directly abroad or through ADRs, since it requires fewer intermediaries. However, it is very unlikely that the SEC and the NYSE would support it. The first one is concerned with the investor's protection, while the second one would not like the idea of losing trading volumes. Moreover, this would not be perceived to bring benefits to the United States, since US institutional investors are already allowed to trade directly abroad under the Regulation S. It also does not seem to make this kind of trading easier, due to the difficulties of trading abroad at different currencies and under different regulations. If this was not a problem, ADR Programs would not exist.

Finally, ADR programs yet seem to be the easiest way for foreign issuers to access the biggest capital market of the world and for American investors to trade foreign securities, since ADRs are considered securities under the American law, quoted in US dollars and freely traded on the American market. They can be used for companies from all around the world to raise capital or simply to expand the secondary market, by listing on US stock exchanges or trading over-the-counter (OTC). American investors are provided with periodic disclosure in English and, in certain cases, according to the US GAAP. Moreover, the depositary bank also plays a relevant role and makes trading foreign securities easier for American investors due to the services it provides, such as interface with investors, processing corporate actions, responding to inquiries, and tax reporting. The depositary bank is also helpful for the issuers, due to its interface between the company and the investors, and the strategic consulting it provides. It also helps to enhance the visibility of the company, and to promote the program.

In short, for all these reasons, it seems unlikely that foreign issuers will delist and ADR programs will be eliminated. There is no way for those who want or need to access the biggest capital market in the world other than to comply with the American rules.

APENDIX

INDEX OF THE SEC FORMAL INFORMATION SHARING ARRANGEMENTS

Argentina	December 9, 1991
Australia	October 20, 1993
Belgium	January 30, 2001
Brazil	July 1, 1988
Canada	January 7, 1988
Chile	June 3, 1993
China	April 28, 1994
Costa Rica	October 10, 1991
Egypt	February 11, 1996
European Community	September 23, 1991
France	December 14, 1989
Germany	November 22, 1993 March 24, 1994 December 20, 1995 October 17, 1997
Hong Kong	October 5, 1995
Hungary	June 22, 1990
India	March 6, 1998
Indonesia	March 24, 1992
IADB/UNECLAC	September 26, 1991
Israel	February 13, 1996
Italy	May 5&7, 1993
Japan	May 23, 1986 May 17, 2002
Jersey	May 22, 2002
Mexico	October 18, 1990
Netherlands	December 11, 1989 July 1, 1992
Norway	September 24, 1991
Portugal	October 10, 1997
Russia	December 5&6, 1995
Singapore	May 16, 2000
South Africa	March 2, 1995
Spain	July 8, 1992
Sweden	September 25, 1991
Switzerland	August 31, 1982 November 10, 1987 November 3, 1993
United Kingdom	September 23, 1986 September 25, 1991 May 1, 1995

Source: Practising Law Institute (PLI). *The SEC's International Program*, The SEC Speaks (2003).

Atualidades

OS TÍTULOS DE CRÉDITO E O CÓDIGO CIVIL VIGENTE

JOÃO LUIZ COELHO DA ROCHA

A sistemática do Código. Normas gerais suplementares às específicas. Os preceitos vedados pelo novo Código. As cláusulas de juros. Os endossos clausulados. O endosso limitativo e outras cláusulas. Restrições de direitos e obrigações cambiárias. A formalidade estrita e a virtualidade. Acréscimos moratórios. Princípios cambiários genéricos. Conclusão.

A sistemática do Código

Ao contrário do que acontecia com o Código de 1916, a atual lei civil básica encarta entre os seus dispositivos um setor especialmente dedicado aos títulos de crédito (arts. 887 a 926).

E o faz em uma sistemática correta, pois que insere a matéria no Livro pertinente ao Direito das Obrigações, pois que de obrigações muito particularizadas ("cambiárias" e, portanto, juridicamente autônomas) aqui se trata, lado a lado com os contratos e com os atos unilaterais as outras fontes obrigacionais, à parte a própria lei.

Ao mesmo tempo em que entende-se os títulos de créditos como escapando à natureza contratual, nascidos, a rigor, da simples vontade expressa de seu emitente, eles não se confundem inteiramente, de outro modo, com os atos obrigacionais puramente unilaterais, como a gestão de negócios, pela própria carga obrigacional toda própria das cambiais, pelo aspecto tão importante da circulabilidade autônoma e formal — dos títulos de crédito.

Normas gerais suplementares às específicas

Até aqui temos em vigor na ordem jurídica brasileira dezenas de leis que tratam da matéria afeta a títulos de crédito, (a) seja a paradigmática Lei Uniforme de Genebra (LUG), relativa a letras de câmbio e notas promissórias à qual se sujeitam tantos atos legais posteriores invocando sua incidência subsidiária(s), (b) seja a antiga Lei Cambial (Lei 2.044/1908), que trata ainda de certos institutos ligados aos títulos de crédito, como o protesto de títulos, (c) sejam as diversas leis tópicas que regem títulos em espécie (a Lei do Cheque, a Lei das Duplicatas etc.)

E o art. 903 do Código Civil de 2002 vem logo esclarecer que todo esse aparato legislativo anterior continua vigente, só superado pelas regras agora criadas no Código naquilo em que não dispuserem, tais leis específicas, em contrário.

Para ficar bem claro: o Código reafirma o princípio da prevalência da lei especial em face de nossa nova lei geral, permanecendo íntegras todas as regras e dis-

posições que acaso contrariarem os princípios normativos embutidos na lei geral.

Os preceitos vedados pelo novo Código

É só lançarmos mão das regras proibitivas contidas no art. 890 do Código Civil para confirmamos como prevalecem válidos e aplicáveis tantas qualidades e efeitos jurídicos dos títulos de crédito existentes, nos termos de suas leis especiais, apesar de aparentemente afrontosos a tais padrões proibitivos agora instaurados via lei civil básica.

As cláusulas de juros

"Consideram-se não escritas no título, a cláusula de juros (...)."

Bem, há títulos de crédito que, pela sua essência jurídico-econômica, contemplam necessariamente a estipulação de juros, como as cédulas de crédito rural (Decreto-lei 147/1967), industrial (Decreto-lei 413/1969), comercial (Lei 6.840/1980), bancário (Medida Provisória 2.160/2001), os CDBs etc. Suas leis de regência assim dispõem e a convenção de juros é plenamente válida.

Mesmo no tocante a letras de câmbio e notas promissórias, a LUG admite a estipulação de juros naquelas vencíveis à vista, ou a data certa da vista, flutuando, pois, com o acréscimo a letra, conforme seja apresentada mais cedo ou mais tarde ao aceite do sacado.

A disposição, ainda que contida no trato das letras de câmbio, é considerada aplicável também (art. 77) às promissórias, raras que sejam as hipóteses destas últimas emitidas com vencimento dependente de uma segunda assinatura do emitente, a qual representará o seu aceite.

Nessa hipótese, pois, não há de se levar em conta a proibição do art. 890 do Código, cabível a estipulação de juros, assim como no caso evidente das debêntures (art. 56 da Lei 6.404).

Quanto aos cheques, realmente títulos de créditos impróprios que são, por serem ordens de pagar à vista, incompatíveis com a previsão de juros e sua própria lei de origem já o diz (art. 10).

Sobre a hipótese da duplicata e sua lei especial (Lei 5.474/1968) nada dispõe a respeito, mas o seu art. 25 remete à aplicação da LUG e, sendo possível duplicata à vista (art. 2º, III, da Lei 5.474), entendemos que, pela regra acima, nessa determinada hipótese a estipulação dos juros é cabível.

Os endossos clausulados

O art. 890 do Código novo ainda declara a invalidade da cláusula proibitiva de endosso e a excludente de responsabilidade pelo pagamento ou por despesas.

Temos aí nesse conjunto proibitivo justamente aquelas hipóteses conhecidas de "endosso proibitivo de outro endosso" e de "endosso limitativo".

No primeiro caso o endossante ao ceder títulos, ao "vender" os direitos dali emergentes, estipula que o seu cessionário, ou endossatário, não mais pode alienar o título, cedendo-o terceiros.

Em geral o interesse nesta cláusula será o de o endossante ter bem claro quem poderá ser seu credor cambial (aquele endossatário), resguardando-se do aparecimento de outro(s) credenciado(s) cambiariamente.

Na verdade, se o endossatário vender o tributo descumprindo a cláusula, essa cessão terá apenas os efeitos de uma cessão de crédito ordinária, desprovida da garantia cambiária da autonomia, cujos efeitos benéficos, protetores de crédito, não serão extensivos ao cessionário novo.

Tudo isto se contempla, permitindo-se tais estipulações, no art. 15 da LUG, o que nos leva a crer que a proibição do Código Civil não se aplica às letras de câmbio e notas promissórias, assim como às duplicatas, por força do art. 25 de sua lei específica que remete às regras da LUG.

Também no caso do cheque, a Lei 7.357/1985 concede, no seu art. 21, parágrafo único, o endosso proibitivo de outro, excluindo, se acaso desobedecida a proibição, a responsabilidade do endossante perante os subseqüentes detentores do título.

Ainda aqui, pois, a regra proibitiva do art. 890 do Código Civil não vinga.

Nas recentes cédulas de crédito bancário (Medida Provisória 2.160/2001, art. 20), ou no que toca às cédulas de crédito rural (Decreto-lei 147/1967, art. 60), industrial (Decreto-lei 143/1969, art. 2º), comercial (Lei 6.840, art. 5º) ou a exportação (Lei 6.313, art. 3º), a LUG é invocada como lei subsidiária, motivo pelo qual também aqui a vedação do endosso proibitivo de outro não vinga.

Nas cédulas hipotecárias (Decreto-lei 70/1966) ou nas cédulas de crédito imobiliário ou nas letras de crédito imobiliário (Medida Provisória 2.223/2000) não há submissão às regras da LUG e nada ali se prevê sobre tipos de endosso proibitivo, pelo que se conclui que a vedação do Código Civil a esses títulos se aplica e o mesmo se poderia dizer das debêntures, no contexto da Lei 6.404, se ainda se permitisse legalmente debêntures endossáveis.

No que toca a *warrants* e conhecimento do depósito, títulos representativos de direitos reais sobre mercadorias, não só não existe submissão subsidiária à LUG nas normas do Decreto 1.102/1903, como seu art. 37 estipula que "são nulas as convenções ou cláusulas que discriminam ou restringem as obrigações e responsabilidades que, por essa lei, são impostas às empresas de armazéns gerais *e aos que figurarem nos títulos que elas emitirem*", apontando pois para o descabimento do tipo de endosso agora vedado expressamente no Código Civil.

O endosso limitativo e outras cláusulas

Iguais considerações às acima feitas, quanto ao endosso proibitivo de outro endosso, cabem quanto ao endosso limitativo, onde o tramitente reserva o direito de não responder pelo pagamento do título, regra contida no art. 15 da LUG e aplicável aos títulos de crédito regidos principal ou subsidiariamente por esta Lei Uniforme, apesar da proibição genérica do art. 890 do Código Civil que neste particular, pois não se aplica.

Também no caso do cheque, a estipulação limitativa vale, tal como conformado no art. 21 da Lei 7.357/1985.

Restritos hoje as debêntures e demais títulos derivados da Lei 6.404 à forma nominativa, descabe aqui qualquer ponderação sobre tais proibições genéricas do Código Civil quanto a endosso.

Ao declarar no art. 890 a invalidade de cláusulas excludentes "de responsabilidade pelo pagamento ou por despesas", ou que dispensem "a observância de termos e formalidades presentes", o Código está expressando sua destinação proibitiva:

- aos chamados endossos limitativos (art. 15 da LUG);
- ainda aos chamados aceites limitativos ou modificativos (arts. 25 e 26 da LUG);
- às cláusulas "sem protesto" ou "sem despesas";
- ao saque na letra de câmbio sem garantia de aceite (art. 9º da LUG).

Em relação, portanto, a todos os títulos de créditos submetidos às regras da LUG, seja diretamente seja por remissão de algum artigo de suas leis específicas de regência, as proibições acima não vingam.

E, assim, será o caso das notas promissórias, letras de câmbio, duplicatas, cédulas de crédito rural, industrial, comercial etc.

Restrições de direitos e obrigações cambiárias

No fim do art. 890 ainda se proíbem as cláusulas que, além dos limites previstos na lei, excluam ou restrinjam direitos e obrigações.

Esta regra sim, genérica, aplica-se de logo a todo e qualquer título, pois que, (a) ou sua lei especifica comporta tal cancelamento ou restrição de direito ou admissão da clausulação de tal tipo de acerto (restrições a defesas cambiárias, limitação ao exercício da execução do crédito etc.) e aí estará tal clausulação "nos limites previstos da lei", (b) ou ela é inválida.

A formalidade estrita e a virtualidade

Sabe-se que um dos princípios regentes da matéria atinente aos títulos de crédito é o da formalidade ou tipicidade estrita. Só tem eficácia, efeito jurídico de título de crédito — como a garantia autônoma aos créditos ali envolvidos — aqueles que obedecem de rigor as prescrições de suas correspondentes leis próprias.

Assim, só é letra de câmbio o documento que contenha os requisitos do art. 1º da LUG (regra do art. 2º, com as exceções ali apontadas), ou promissória a que atende os requisitos do art. 75 da LUG (regra do art. 76, com as exceções alinhadas), ou duplicata, a que venha com os requisitos do art. 2º da Lei 5.474, ou o cheque com aqueles do art. 1º da Lei 7.357, e assim por diante.

O Código, nesta linha, evidentemente respeita, até pela sua regra própria de mera generalidade (art. 903), tais condições formais de cada título de crédito, delineando no *caput* do art. 889 uma estrutura formal básica ("data da emissão, indicação precisa dos direitos que confere, e a assinatura do emitente") para futuros títulos cambiários e repetindo nos §§ 1º e 2º regras próprias da LUG quanto à consideração à vista do título sem vencimento e do domicílio do emitente como lugar de emissão e de pagamento, se outro ali não existir.

Ao contemplar como uma novidade formal na ordem jurídica os títulos de crédito virtuais (art. 889, § 3º), o Código avança e reflete no sedimento da normatividade orgânica aquilo que já era uma demanda óbvia dos avanços tecnológicos nas relações econômicas.

No ambiente virtual o título será emitido pelo devedor (promissórias, certificados de depósito etc.) ou pelo credor (duplicatas, duplicatas rurais etc.) e, compulsoriamente, registrado "na escrituração do emitente", o que nos parece ser a âncora escrita demandada pela lei como reserva de comprovação do nascimento da cártula.

Tal exigência já nos convence de que pessoas físicas, que não possuem por suposto escrituração legal compulsória — não estão autorizadas a criar o título virtual.

Os requisitos mínimos para a cártula virtual serão, nas palavras do Código, "a data da emissão, a indicação precisa dos direitos que confere, e a assinatura do emitente" (art. 889, *caput*).

Para além desses, cada título de crédito em espécie vai ter que observar as exigências de requisitos de suas leis específicas, claro, os quais, é fácil ver, envolvem aquelas demandas do art. 889 do Código e outras mais.

Assim, nos termos da Lei 5.474/1968, as duplicatas virtuais necessitarão ainda registrar o número das faturas a que correspondem e demais requisitos listados no art. 2º, § 1º, daquela lei, ou, pelas regras do Decreto-lei 413/1969, as cédulas industriais terão que apontar no seu corpo todas aquelas demandas ali exigidas sobre o financiamento, seu orçamento anexo, as garantias reais acaso existentes etc.

No caso de título cujo emitente seja o credor, evidentemente o devedor sacado — como na duplicata — deve expressar seu aceite no ambiente virtual, onde será colhido com *back up* conveniente em um disco de computador para plena evidência da obrigação cambiaria; o mesmo se pode concluir no tocante ao aceite da letra de câmbio.

Já o cheque, título de crédito impróprio sendo expressão cambiaria da movimentação financeira mais oficializada pois lindando com os "meios de pagamento" (dinheiro de todos colocados em depósitos à vista nos bancos), sua função e sua necessária comprovação, tão caras e próximos ao trato públicos das finanças nos convencem de que, por hora, a expressão virtual válida do mesmo não pode ser adotada.

Acréscimos moratórios

Ao cuidarmos, como se viu no art. 890, de cláusulas que o Código determinou serem incompatíveis com os títulos de crédito, vimos algumas que, na verdade, por oposição à regra geral, encontram aceitação e emprego em certas leis específicas (p. ex.: cédulas de crédito industrial, rural, imobiliário etc. no caso dos juros).

E, contudo, não vemos restrições aí à estipulação de multa pelo atraso no pagamento daquele valor cambiário, algo que, inobstante parte da doutrina (Luiz Emyglio Rosa Jr.) entende como cláusula não cambiária.

Já a LUG nada veda a respeito. Se houvesse por certo alguma incontinência entre a cambiariedade e a estipulação de multa tal seria acolhida nessa regra geral (art. 890), onde o Código abrange diretrizes sobre o que pode ou não ser objeto de ajuste obrigacional num título de crédito.

A estipulação moratória nos parece, assim, cabível e pertinente aos títulos de crédito.

Princípios cambiários genéricos

O novo Código Civil reitera, na generalidade de seus dispositivos (arts. 891, 892, 893, 894, 895, 896, 899, 901), várias regras cambiárias já contempladas na LUG, e, no caso do art. 894, nas regras do Decreto 1.102 (lei dos armazéns gerais).

Ali estão o princípio da boa-fé do credor endossatário, da inexigência de reconhecimento de firma no título, da regularidade da cadeia cambiária, da independência da obrigação do avalista etc.

O princípio único do art. 897 proíbe o aval parcial e, no seguimento da regra do art. 903, não se vai aplicar tal vedação aos títulos de crédito submetidos à LUG cujo art. 30 permite, com razão, que apenas parte de obrigação cambiária seja garantida, favorecendo, assim, algum escopo de segurança ao credor se maior não for conseguido.

A regra, agora generalizada (art. 902), da não obrigatoriedade para o credor, de acolhimento de pagamento antecipado, não se estende, então, às duplicatas, pois o art. 9º da Lei 5.474 admite ao devedor resgatar o título antes da data. O pagamento parcial, no vencimento, já era previsto em várias normas cambiárias e agora se consagra como regra geral (art. 902, § 1º).

Conclusão

Não é simplesmente pelo apego à expressão do art. 903 do Código que se devem ter como inaplicáveis todas as regras novas de modo orgânico completo, quanto aos títulos cambiários.

Há que se ver, caso a caso, onde o con junto de expressões normativas próprias a cada espécie de título de crédito dispõe de um trato específico contrário, ou mesmo excedente ao que se prevê nos art. 890 e ss. do Código Civil. Se nada houver com tais características, as provisões do Código Civil haverão de ser exigíveis e aplicáveis àquele específico título de crédito.

Novembro/2003.

Atualidades

DO EXERCÍCIO DO DIREITO DE VOTO DAS AÇÕES PREFERENCIAIS COM DIVIDENDO DIFERENCIADO

JORGE LOBO

1. A doutrina, no *regimen* do Decreto-lei 2.627, de 1940, ensinou, sem voz discrepante, que os titulares de ações preferenciais de ***todas*** as classes adquiriam, por força do art. 81, parágrafo único,[1] *direito de voto se a companhia deixasse de pagar dividendos por três exercícios consecutivos*, conforme se constata em Trajano de Miranda Valverde[2] e Cunha Peixoto,[3] por ser o art. 81, parágrafo único, preceito de ordem pública.

2. Por igual, ao interpretar o art. 111, § 1º, da Lei 6.404, de 1976,[4] cuja redação era idêntica à do art. 81, parágrafo único, do Decreto-lei 2.627/1940, apenas acrescentando ao texto original a palavra "mínimo", sempre se entendeu que *os preferencialistas, se a companhia deixasse de pagar dividendos por três exercícios consecutivos, adquiriam direito de voto*, consoante se verifica em Fran Martins,[5] Wilson de Souza Campos Batalha,[6] Luiz Gastão Paes de Barros Leães,[7] Arnoldo Wald[8] e do Parecer CVM/SJU 129/1983, porque, neste caso, os preferencialistas, para todos os efeitos, passavam a ser acionistas ordinários com direito de voto.

3. No exterior, essa orientação é uniforme e pacífica:

3.1 Na Alemanha: "O direito ao dividendo privilegiado (...) é cumulativo (cf. § 140 Abs. 2) e se não for pago, total ou parcialmente, num ano e (ou) no ano seguinte, permite aos acionistas privilegiados recuperarem o direito de voto, até que lhe se-

1. Parágrafo único do art. 81: "As ações preferenciais adquirirão o direito de voto, de que não gozarem em virtude dos estatutos, quando, pelo prazo neles fixado, que não será superior a três anos, *deixarem de ser pagos os respectivos dividendos **fixos***, direito que conservarão até o pagamento, se tais dividendos não forem cumulativos, ou até que sejam pagos os cumulativos em atraso".

2. Trajano de Miranda Valverde, *Sociedades por Ações*, v. II, Rio de Janeiro, Forense, 1959, p. 65.

3. Carlos Fulgência da Cunha Peixoto, *Sociedades por Ações*, 2º v., São Paulo, Saraiva, 1972, p. 359.

4. § 1º do art. 111: "As ações preferenciais sem direito de voto adquirirão o exercício desse direito se a companhia, pelo prazo previsto no estatuto, não superior a três exercícios consecutivos, *deixar de pagar os dividendos **fixos** ou **mínimos*** a que fizerem jus, direito que conservarão até o pagamento, se tais dividendos não forem cumulativos, ou até que sejam pagos os cumulativos em atraso".

5. Fran Martins, *Comentários à Lei de Sociedades Anônimas*, v. 2, t. I, 2ª ed. revista, Rio de Janeiro, Forense, 1984, p. 54.

6. Wilson de Souza Campos Batalha, *Comentários à Lei das Sociedades Anônimas*, v. 2, Rio de Janeiro, 1977, p. 552.

7. Luiz Gastão Paes de Barros Leães, *Comentários à Lei das Sociedades Anônimas*, 2º v., São Paulo, Saraiva, 1980, p. 236.

8. Arnoldo Wald, "Do direito de voto dos titulares de ações preferenciais após o decurso de três exercícios sem pagamento de dividendos", *RT* 634/10, 1988.

jam satisfeitas essas quantias (§ 140 Abs. 2 Satz l, *in fine*)";[9]

3.2 Na Espanha: "(...) son aquellas (as preferenciais) que están desprovistas del derecho de voto y conceden a sus titulares ciertos privilegios de carácter patrimonial como contrapartida a la privación de aquel derecho";[10]

3.3 Na Itália: "In contrapartida della privazione di alcuni importanti diritti amministrativi (in specie del diritto di voto), il legislatore ha voluto riconoscere agli azionist di risparmio una posizione patrimoniale privilegiata";[11]

3.4 Na França: "La privation du droit de vote est conditionnelle, et le droit de vote à l'assemblée générale réapparaît si le dividende prioritaire n'est pas versé pendant un certain temps".[12]

4. Após a promulgação da Lei 9.457, de 1997, que alterou a redação do art. 17, da Lei 6.404, de 1976, sem, entretanto, modificar o § 1º do art. 111, os estudiosos continuaram a proclamar que *os preferencialistas, se a companhia deixar de pagar dividendos por três exercícios consecutivos, adquirem o direito de voto*, conforme enfatizam Modesto Carvalhosa[13] e Nelson Eizirik,[14] por constituir-se o "preceito legal" (o do § 1º do art. 111) o meio mais eficaz de "evitar uma das formas mais iníquas de domínio dos controladores".[15]

5. Anote-se que o legislador, ao modificar a redação do art. 17, para criar o dividendo diferenciado em seu inciso I, e ao não alterar o § 1º, do art. 111, para inserir o vocábulo diferenciado, não suprimiu a regra de que os preferencialistas adquirem o direito de voto caso a companhia não distribua dividendos por três exercícios consecutivos: primeiro, porque assim sempre entenderam e doutrinaram os mais autorizados especialistas do Direito Societário brasileiro desde 1940 até os nossos dias; segundo, em virtude da própria natureza das ações preferenciais; terceiro, pelo fato inconteste de que, não havendo rateio dos lucros e, em conseqüência, tendo sido frustrada a expectativa de obter vantagens e benefícios pecuniários em contrapartida da suspensão do exercício do direito de voto, os preferencialistas adquirem o direito político de votar, eis que "se não existe vantagem patrimonial não há como caracterizar a ação como preferencial; terá que ser considerada ordinária e terá direito de voto".[16]

6. Esta a lição de Alfredo Lamy Filho que, com a incontestável autoridade de ín-

9. Paulo Miguel Olavo de Pitta e Cunha, *Os Direitos Especiais nas Sociedades Anónimas: as Acções Privilegiadas*, Coimbra, Livraria Almedina, 1993, p. 56.

10. Carmen Alborch Bataller, *El Derecho de Voto del Accionista*, 1ª ed., Madri, Tecnos, 1977, p. 346.

11. Paola Balzarini, *Le Azioni Senza Diritto di Voto*, Milão, EGEA, 1992, p. 32.

12. Georges Ripert, *Traité Élémentaire de Droit Commercial*, t. I, 2ª ed. de René Roblot, Paris, LGDJ, 1980, p. 766.

13. "(...) as preferenciais com dividendo calculado sobre o lucro do exercício obrigatoriamente terão o direito de receber o diferencial de 10% sobre o valor pago às ordinárias. Conseqüentemente, poderá o estatuto suprimir total ou parcialmente o direito de voto (arts. 111 e 19). Às ações com dividendo fixo ou mínimo, somente poderá ser restringido o direito de voto se o estatuto previr a suplementação do dividendo, 10% maior do que o valor pago às ações ordinárias. (...) A simples acumulação das vantagens (dividendos e reembolso), sem a previsão de suplemento a maior, torna inaplicável o art. 111, não podendo haver qualquer restrição ao direito de voto. (...) *Se a promessa estatutária de dividendo preferencial não se cumprir, surge o direito de voto do acionista preferencial*" (Modesto Carvalhosa, *Comentários à Lei de Sociedades Anônimas*, 2ª ed., São Paulo, Saraiva, 1998 — v. 1, pp. 144-145 e v. 2, p. 357).

14. "A partir da reforma instituída pela Lei 9.457/1997, as vantagens atribuídas aos titulares de ações preferenciais passam a ser *efetivas*; devem eles receber *sempre* um dividendo superior ao distribuído às ações com direito de voto; *se assim não proceder a companhia, os preferencialistas adquirem direito de voto, posto que desaparece o fundamento legal para a sua supressão*" (Nelson Eizirik, *Reforma das S/A e do Mercado de Capitais*, Rio de Janeiro, Renovar, 1997, pp. 44-45).

15. Carvalhosa, ob. e v. cits., p. 357.

16. Alfredo Lamy Filho e José Luiz Bulhões Pedreira, *A Lei das S/A*, v. II, Rio de Janeiro, Renovar, 1996, p. 148.

clito autor do Anteprojeto de LSA, em notável Parecer — extraído dos autos da ação ordinária 951/2000, em trâmite perante a 1ª VC da Comarca de Mirassol/SP, em que se discute se as ações preferenciais com dividendo diferenciado têm ou não direito de voto —, pontifica:

> *Toda ação preferencial* — excluída do direito de voto em troca de uma vantagem patrimonial — *readquire o exercício desse direito se a sociedade, gerida pelos acionistas ordinários, não realiza a finalidade para a qual foi constituída, de gerar lucros e distribuir dividendos.*

7. A seu turno, Arnoldo Wald, em excelente Parecer, entranhado nos mesmos autos, afirma:

> A interpretação lógica e sistemática dos arts. 17 e 111 da Lei 6.404/1976, bem como a investigação da finalidade econômica das mencionadas normas legais, levam a concluir que *a aquisição do direito de voto, prevista no § 1º do art. 111, é* ***dirigida a todo acionista preferencial, independentemente da forma de preferência estatutariamente conferida***, inclusive dividendos fixos e mínimos.

8. A sua vez, Modesto Carvalhosa, em Parecer lapidar, que também instrui a citada ação ordinária, assegura:

> (...) *As ações preferenciais sem direito de voto adquirirão o exercício desse direito se a companhia, pelo prazo não superior a três exercícios consecutivos, deixar de pagar os dividendos que por lei ou pelo Estatuto lhes são prioritariamente assegurados,* ***sejam*** eles dividendos mínimos obrigatórios (art. 222), sejam dividendos fixos, dividendos mínimos, ou ainda, ***dividendos sobre os lucros do exercício***.
>
> (...) *Excluir do exercício do direito de voto, previsto no § 1º do art. 111, as ações preferenciais* com prioridade no reembolso ou então *com dividendos sobre os lucros no exercício seria enormemente discriminatório,* ***não comportando a lei tal iniqüidade***.

9. Portanto, a despeito de não ter sido modificada a redação do § 1º do art. 111, sua interpretação deve ser consentânea com o espírito do "microssistema" societário, que, repita-se, à exaustão, visa garantir efetiva vantagem patrimonial aos acionistas preferencialistas privados do direito de voto, conforme doutrina Carmem Alborch Bataller, nas palavras de Fran Martins "uma das maiores autoridades européias sobre o direito de voto dos acionistas":[17] "(...) se a sociedade não obteve lucros e, portanto, não pode distribuí-los e satisfazer aos interesses dos acionistas privilegiados, de alguma forma deve intentar compensar ditos acionistas. O reconhecimento do direito de voto atua, nesse sentido, concedendo oportunidade aos acionistas para que intervenham nas assembléias gerais, podendo, inclusive, se bem que de fato não o façam, intervir na adoção de acordos, evitando, em última instância, presumíveis abusos por parte dos acionistas ordinários ou também exigir responsabilidades dos administradores".[18]

10. Por fim, atente-se que, no julgamento de recurso da Plascar Participações Industriais S/A (Processo RJ 2002/2941), dirigido ao Colegiado da CVM, a Professora Norma Jonssen Parente, em notável voto, assentou:

> Efetivamente, seria iníquo para o acionista, que tem como contrapartida da exclusão de seu voto o recebimento de um dividendo privilegiado, assistir amordaçado o desenrolar da decadência da sociedade sem poder interferir. É irrazoável admitir-se que fique à frente da sociedade quem deu margem aos prejuízos, sob o risco de se atingir a total desvalorização do patrimônio social. Evidentemente não foi esse desígnio antidemocrático que movimentou o legislador. O espírito é permitir o exercício do poder de controle pelos acionistas prejudicados, ao menos, até que a sociedade retorne a seu rumo.

17. "Direito de voto de ações preferenciais", in *Novos Estudos de Direito Societário*, São Paulo, Saraiva, 1988, p. 94.

18. *El Derecho de Voto del Accionista*, Madri, Technos, 1977, *apud* Fran Martins, art. cit., p. 94.

Já é questionável, em termos de boa Governança Corporativa, a existência de ações sem direito de voto, quiçá admitir-se que tais ações também fiquem indiscriminadamente privadas de participar dos lucros, direito intangível dos acionistas.

O direito de participar dos lucros sociais tem caráter periódico (anual). Assim, a cada ano em que não se pagam os dividendos está se impedindo um direito essencial do acionista. A contrapartida para essa obstrução só pode se o direito de votar para tentar sustar a infração continuada. Trata-se de direito individual do acionista, *ope legis*, insuscetível de modificação, nem mesmo pela Assembléia Geral.

Assim, a única conclusão lídima acerca do pleito é de que todos os preferencialistas adquirem o direito de voto após a inadimplência contínua da companhia, em razão da própria natureza das ações preferenciais.

11. Com apoio na abalizada opinião desses renomados mestres, podemos afirmar que as ações preferenciais de qualquer espécie e, por conseguinte, as ações preferenciais com dividendo diferenciado, adquirem o exercício do direito de voto se a companhia deixar de pagar dividendos pelo prazo previsto no estatuto social, não superior a três exercícios consecutivos, com a devida vênia dos doutos Fábio Ulhoa Coelho,[19] Luiz Leonardo Cantidiano,[20] Paulo César Aragão,[21] Paulo Afonso de Sampaio Aragão[22] e Leslie Amendolara,[23] que defendem ponto de vista contrário.

19. Parecer também entranhado nos autos do processo 951/2000.

20. *Revista ABAMEC-RJ*, out. 1997.

21. "A reforma da Lei das S/A", Jorge Lobo (coord.), Atlas, pp. 158-169.

22. *S/A — Como Era e como Ficou após a Lei 9.457/1997*, Ed. Oliveira Mendes.

23. *O Direito dos Acionistas Minoritários*, p. 55.

Atualidades

O PROTESTO DE TÍTULO DE CRÉDITO EM QUE CONCORDATÁRIO FIGURA COMO DEVEDOR DIRETO

Vinícius Jose Marques Gontijo

1. Introdução. 2. Protesto cambial. 3. A falência do devedor cambial direto. 4. A concordata do devedor cambial direto. 5. Da interpretação do art. 24 da Lei 9.492/1997. 6. Conclusões.

1. Introdução

Recentemente, temos observado empiricamente o crescimento de apontamentos de títulos de crédito[1] levados a efeito em face de sociedades concordatárias, por títulos sujeitos às suas propostas e termos.

Isso decorre, no mais das vezes, da leitura gramatical do texto do art. 24 da Lei 9.492/1997, chamada de Lei de Protestos,[2] pois, como se sabe, a Lei Uniforme de Genebra não regulamentou o procedimento de protesto.[3]

Com efeito, o mencionado dispositivo legal é expresso em prescrever que o deferimento do processamento da concordata não impede o protesto. Contudo, parece-nos que o artigo não está a merecer interpretação gramatical, mas, sim, lógico-sistemática, sob pena de vulneração dos institutos da concordata e do protesto. Isso é o que pretendemos demonstrar neste nosso articulado.

2. Protesto cambial

Com o passar dos anos, o instituto do protesto cambial[4] percebeu profundo des-

1. Títulos de crédito, aqui tratados, na sua acepção propriamente dita e na conceituação de Cesare Vivante: título de crédito é o documento necessário para exercer o direito, literal e autônomo, nele mencionado (cf. Tullio Ascarelli, *Teoria Geral dos Títulos de Crédito*, Campinas, Red Livros, 1999, p. 357).

2. Sabidamente a Lei 9.492, de 10.9.1997, decorreu do *lobby* desenvolvido pelos oficiais de protesto, trazendo em si dispositivos que restaram ineficazes. "Em última análise, a Lei 9.492/1997 é omissa, contraditória, cheia de impropriedades. Certamente vai causar sérios problemas com sua interpretação e, na sua aplicação, permitirá entendimentos absurdos que só servirão para confundir e prejudicar o instituto, sem resolver os problemas que surgirão" (Wille Duarte Costa, *Títulos de Crédito*, Belo Horizonte, UFMG, 1999, p. 183).

3. Cf. Luiz Emygdio F. da Rosa Júnior, *Títulos de Crédito*, Rio de Janeiro, Renovar, 2000, p. 391.

4. "Há em direito pelo menos três tipos de protesto: o cambiário, o falimentar e o judicial" (Celso Barbi Filho, "Protesto de duplicata simulada e procedimentos judiciais do sacado", *RDM* 110/173, São Paulo, Malheiros Editores, abr.-jun. 1998). Por sua vez, Wille Duarte Costa registra com propriedade: "Existem três espécies de protesto: o *protesto formado a bordo*, o *protesto judicial* e o *protesto cambial*". Com isso, ele registra a modalidade, quase sempre esquecida, do protesto formado a bordo. Registrando: "O primeiro, *protesto formado a bordo*, é também chamado *processo testemunhável* (arts. 725 a 729 do CPC anterior, ainda vigente por força do art. 1.218, VIII, do CPC atual; e arts. 504, 505 e 511 do Código Comercial). Decorre de acontecimentos extraordinários ou ocorrências interessantes à nave-

vio de seu conteúdo jurídico, o que terminou por atribuir-lhe um conceito legal totalmente divorciado daquele doutrinário e jurisprudencialmente aceito. Esse conceito legal se compreende pela disposição dos oficiais de cartório de protestos em transformarem o meio de prova de apresentação em modalidade de coação para cobrança.

A definição que o art. 1º da Lei 9.492/1997 descreve é a seguinte: "Protesto é o ato formal e solene pelo qual se prova a inadimplência e o descumprimento de obrigação originada em títulos e outros documentos de dívida".

No entanto, a doutrina verdadeiramente esfrangalha a definição legal. Nesse sentido, uma das críticas mais veementes é a de João Baptista Villela que enxerga um agravamento da deformação do instituto pela "prática do protesto". Nesse diapasão, colha-se o magistério do mestre mineiro:

"A definição não poderia ser mais infeliz.

"Em primeiro lugar atribui ao sacado a obrigação de aceitar. O despropósito raia pelo absurdo. A ser assim, como quer a definição da Lei, está criado o poder de qualquer um produzir, por ato unilateral, tantas obrigações quantas queira, no valor que lhe dite seu arbítrio ou capricho. E a ordem jurídica deixaria de ser ordem e de ser jurídica para se trasmudar em reino de anomia."

E ele arremata: "Com sua linguagem imprópria e quase truculenta, o art. 1º da Lei só faz agravar uma iníqua deformação: a que fez do protesto cambial no Brasil cada vez menos um expediente de proteção do crédito e cada vez mais um instrumento de intimidação. Ou de chantagem".[5]

Em nossa opinião, o protesto não tem como, juridicamente, ser assimilado na forma estabelecida na lei, pois ele não tem como comprovar inadimplência e descumprimento de obrigação,[6] na medida em que o título apontado pode ser nulo, falso, inexistente[7] ou, por qualquer razão, indevido.

O conceito, a despeito de ser legal, não é adequado: "Esse conceito de protesto, embora legal, não é correto. Há protestos que nele não se podem enquadrar, como o de falta de aceite da letra de câmbio. Como visto, o sacado desse título (ao contrário do que se verifica em relação à duplicata) não está obrigado a aceitar a ordem de pagamento que lhe é dirigida. Ao recusar o aceite, ele não descumpre obrigação nenhuma, e, ainda assim, caberá o protesto por

gação, servindo para comprovar sinistros, avarias ou quaisquer perdas, que devem ser ratificados com juramento do capitão perante a autoridade competente do lugar que chegar. Esse protesto será escrito pelo piloto, datado e assinado pelo capitão, pelos maiores da tripulação e outros, devendo ser lavrado no *Diário de Navegação*" (Wille Duarte Costa, "Protesto cambial", *Revista da Faculdade de Direito Milton Campos* 7/267, Belo Horizonte, FDMC, 2000). Não se perca de vista que essa parte do Código Comercial não foi revogada pelo novo Código Civil.

5. João Baptista Vilella, "Inadimplência e descumprimento? A propósito do art. 1º da Lei 9.492/1997", *Repertório IOB de Jurisprudência*, 1ª quinzena de fev. 1998, n. 3/1998, caderno 3, p. 69, *RJIOB* 3/14.050.

6. Rubens Requião apresenta opinião de jurista italiano que, ao que dá a entender, concordaria com o legislador brasileiro. "Em monografia dedicada ao tema, o jurista italiano Mario Battaglini explica o protesto como 'um ato solene, pelo qual a lei impõe a forma escrita *ad substantiam*, mediante o qual se certifica, de um lado, o exercício do direito cambiário de parte do portador ou do detentor do título (no caso de falta de aceite), ou de qualquer outro interessado (no caso de falta de pagamento) e, de outro lado, o *inadimplemento* ou, mais genericamente, a resposta negativa do obrigado cambiário'" (Rubens Requião, *Curso de Direito Comercial*, v. 2, 18ª ed., São Paulo, Saraiva, 1992, p. 354. Grifo acrescido ao original).

Quando o autor italiano faz referência ao gênero, em nossa opinião, ele está correto, pois a resposta negativa não significa obrigatoriamente inadimplência, uma vez que a obrigação cambial pode não ser devida; no entanto, quando ele faz referência àquilo que alcunha de espécie: "inadimplência", ousamos divergir, pois, como já dito, a obrigação pode não ser devida ou mesmo válida, e, dessa feita, não há que se falar em inadimplência.

7. Inexistente porque muitas vezes o protesto se faz da boleta bancária à qual não corresponde efetiva emissão de título de crédito (cf. Amador Paes de Almeida, *Teoria e Prática dos Títulos de Crédito*, 20ª ed., São Paulo, Saraiva, 2001, p. 219).

falta de aceite, como condição indispensável ao vencimento antecipado da letra".[8]

Com efeito, o protesto é mero meio de prova da apresentação, que pode ser para pagamento, aceite, datar título sacado a certo termo de vista (art. 25 da Lei Uniforme de Genebra — LUG),[9] aportar visto em nota promissória sacada a certo termo de vista (art. 78 da LUG) etc.

Nesse sentido, é a melhor doutrina:[10] "O protesto é, antes de tudo, prova. Dentro das finalidades legais contidas na legislação que rege os títulos de crédito, ele é *prova insubstituível da apresentação* do título ao devedor. O resto é conseqüência".[11]

De fato, o protesto tem de ser considerado como mero meio de prova da apresentação, por causa da natureza das obrigações. Como se sabe, as obrigações podem ser: *quérable* ou *portable*, variando conforme o lugar da adimplência da obrigação; ou seja: de seu pagamento.

De Plácido e Silva conceitua:

"*Quérable*. Expressão francesa, da linguagem técnica forense, em que é empregada na acepção de *requerível*.

"*Quérable*, assim, exprime, propriamente, o que se pode requerer, o que é lícito pedir em juízo.

"*Quérable*. Na terminologia jurídica brasileira, vem sendo aplicado, ao contrário de *portable* (conduzível), para designar a *dívida* ou a *prestação obrigacional*, que deve ser cumprida na residência ou domicílio do devedor, quando a exige por ser oportuno, o credor.

"Nesta razão, *quérable*, se instituída contratualmente ou resultante de disposição tácita, importa na cláusula ou condição de ser paga a dívida no próprio domicílio do devedor.

"E, assim, não cabe a ele a obrigação de cumprir o pagamento no domicílio do credor, o que é da natureza da *dívida portable*.

"Conforme princípio já firmado na jurisprudência, mesmo que se tenha instituído a obrigação, pela qual o devedor deva cumprir a prestação no domicílio do credor, se usualmente vai este receber as que se têm vencido na residência ou domicílio do devedor, de *portable*, que era, a prestação fica subordinada à condição de *quérable*.

"Desse modo, não se constitui o devedor em mora por *não ter levado* a prestação ao credor, no respectivo domicílio, embora vencido e exigível."[12]

"*Portable*. Vocábulo francês, que se traduz *que se traslada*, é geralmente empregado na terminologia jurídica para indicar as obrigações que devem ser cumpridas pelo devedor no domicílio do credor.

"*Portable*, pois, indica a condição de ser paga a dívida no domicílio do credor,

8. Fábio Ulhoa Coelho, *Curso de Direito Comercial*, v. 1, 2ª ed., São Paulo, Saraiva, 1999, p. 415.

9. Conquanto seja possível ao credor preencher o título com a data correta, na forma do estabelecido na Súmula 387 do STF. Observe-se que o novo Código Civil (Lei 10.406/2002, em vigor a partir de 11.1.2003) positivou a mencionada Súmula no *caput* do seu art. 891: "O título de crédito, incompleto ao tempo da emissão, deve ser preenchido de conformidade com os ajustes realizados".

10. De maneira mais restrita, por se referir expressamente apenas ao aceite e ao pagamento, não obstante o emprego da palavra "principalmente" nos faça depreender que se aplica a outras modalidades de apresentações, esse também é o conceito de Fran Martins quando diz: "Entende-se por *protesto* o ato solene destinado principalmente a comprovar a falta ou recusa do aceite ou do pagamento da letra. É esse um ato de natureza cambial que não consta do próprio título. Não se confunde com o *protesto* judicial, de que tratam os arts. 867 e ss. do Código de Processo Civil, destinado a 'prevenir responsabilidade, promover a conservação e ressalva de seus direitos, ou manifestar qualquer intenção de modo formal' de quem o formula. Se bem que, entre os efeitos do protesto, figure o asseguramento do direito regressivo contra os coobrigados no título, a sua finalidade maior é comprovar a falta ou recusa do aceite ou do pagamento, sendo, assim, um *meio de prova*" (Fran Martins, *Títulos de Crédito*, v. 1, 13ª ed., Rio de Janeiro, Forense, 2000, p. 199).

11. Wille Duarte Costa, *Títulos...*, cit., p. 182.

12. De Plácido e Silva, *Vocabulário Jurídico*, 17ª ed., Rio de Janeiro, Forense, 2000, p. 666.

levada a respectiva importância pelo devedor ou por outrem, a seu mando.

"Opõe-se ao sentido de *quérable*, indicativo daquela que deve ser *procurada pelo credor*."[13]

Em suma, na obrigação *quérable* compete ao credor apresentar ao devedor, em seu domicílio, o título ou documento de dívida para que ele possa adimplir, em sendo devida, a obrigação. Já na obrigação *portable*, compete ao devedor procurar o credor em seu domicílio e oferecer-lhe o pagamento, adimplindo a obrigação.

O art. 950 do Código Civil/1916-1917, assim como o art. 327 do novo Código Civil/2002-2003, não deixa margens para dúvidas quando estabelece que, salvo estipulação em contrário, o pagamento deve ser feito no domicílio do devedor. Com isso, tem-se uma presunção legal de que as obrigações, no Brasil, são quesíveis.[14] "Presume a lei, no silêncio das partes, que escolheram o *domicílio do devedor*".[15]

Destarte, vencida uma obrigação, presumivelmente, o devedor não estará, *ipso facto*, em mora,[16] mas, sim, o credor. É a chamada *mora creditoris*, competindo-lhe apresentar ao devedor o título ou documento de dívida para que possa ser pago. Com essa apresentação, o credor extrai os efeitos jurídicos comportados pela chamada *mora debitoris*, caso, efetivamente, a obrigação seja devida, desonerando se de sua obrigação de apresentação.

Ora, considerando o fato de que os títulos de crédito comportam, em regra, uma obrigação endossável[17] e, por isso mesmo, nascem para circular, eles são o que se pode considerar como sendo exemplo mor de obrigações quesíveis, na medida em que, caso as partes não elejam a praça de pagamento, ela será presumida como sendo o domicílio do devedor direto (arts. 2º e 76, LUG). Tullio Ascarelli, examinando a legislação cambial e civil brasileira, anota que "a dívida cartular é, portanto, pagável no domicílio do devedor (*dette quérable*)",[18] sendo, também, esse o entendimento de João Eunápio Borges[19] e Wille Duarte Costa.[20]

Não poderia mesmo ser diferente, pois dado devedor de um título o saca em benefício de uma pessoa a qual poderá, simplesmente, endossá-lo a outrem e, assim, sucessivamente, sendo praticamente inviável ao emitente, após certo prazo, saber a quem poderia oferecer o pagamento. Por isso mesmo, as leis que tratam dos títulos de crédito, de uma maneira geral, estabelecem que, na omissão da indicação da praça de pagamento, o título deve ser pago no lugar indicado como sendo, obrigação quesível

13. De Plácido e Silva, *Vocabulário*..., 17ª ed., p. 618.

14. Cf. Maria Helena Diniz, *Código Civil Anotado*, São Paulo, Saraiva, 1995, p. 641. Caio Mário da Silva Pereira ensina que: "Pelo Direito brasileiro, a presunção é que o pagamento é *quesível*, isto é, deve ser procurado pelo credor (dívida *querable* ou *chiedibile*), salvo se tiver ficado convencionado o contrário, vale dizer que pelo ajuste cumpre ao devedor oferecer o pagamento ao credor (dívida *portável*, *portable* ou *portabile*)" (Caio Mário da Silva Pereira, *Instituições de Direito Civil*, v. 2, 10ª ed., Rio de Janeiro, Forense, 1990, p. 127).

15. Orlando Gomes, *Obrigações*, 12ª ed., Rio de Janeiro, Forense, 1999, p. 103.

16. Com efeito, o Egrégio Tribunal de Justiça de São Paulo já teve ocasião para decidir: "*Consignação em pagamento*. Compra e venda. Mora do autor. Efeitos dela decorrentes que não são automáticos e necessários se o credor também permaneceu inerte. Cabimento da ação. Quantia depositada, ademais, ofertada com a devida correção monetária. Ação procedente. Recurso provido" (TJSP, 9ª CC, Ap. 118.191-2-SP, j. 14.5.1987, v.u., Rel. Desembargador Camargo Viana, *Lex — Revista de Jurisprudência do TJSP* 108/92).

17. Lembrando sempre que existem títulos que, segundo a lei que os criou e os regulamenta, podem não ser endossáveis. Nesse sentido, tem-se, por exemplo, a Cédula de Crédito Bancário — cf. inc. IV do art. 4º da Medida Provisória 2.160-25, de 23.8.2001 e suas posteriores reedições. Isso a despeito da duvidável validade de tal disposição.

18. Tullio Ascarelli, *Teoria Geral*..., cit., p. 338.

19. João Eunápio Borges, *Títulos de Crédito*, 2ª ed., 6ª tir., Rio de Janeiro, Forense, 1976, p. 99.

20. Wille Duarte Costa, "Protesto cambial", *Revista da Faculdade de Direito Milton Campos* 7/273, cit.

que é, o domicílio do devedor.[21] Caso o título não seja pago no domicílio do devedor, ainda assim ele lhe deve ser apresentado para que seja efetuado o pagamento.

Essa apresentação poderá ser extrajudicial ou mesmo judicial, posto que há modalidade de protesto judicial (cf. arts. 867 *et seq.*, CPC). Judicialmente ainda existe a possibilidade da própria execução, em que o título é apresentado especificamente para o pagamento e diretamente na ação, sendo o protesto, neste caso, facultativo em face dos devedores diretos.[22]

No caso específico deste artigo, interessa-nos a apresentação extrajudicial dos títulos, que se comprova pelo protesto. Evidentemente, como o título de crédito externa uma obrigação *quérable*, compete ao credor apresentar o título ao devedor para que ele possa honrar a obrigação devida, mas essa apresentação necessita ser prontamente demonstrada e, para isso, destina-se o protesto: comprovar a apresentação do título, reitere-se.

"É muito importante para o direito cambiário que o cumprimento de certas obrigações seja formalizado de modo inequívoco. Como os atos cambiários são realizados entre o devedor e credor torna-se difícil, senão impossível, assegurar uma prova de ato que ocorreu reservadamente e sem ostentação. Como provar, na verdade, valendo-nos dos meios probatórios comuns e privados, que o portador, por exemplo, apresentou em determinada data fatal a letra para aceite, ou para pagamento, se o devedor negar a ocorrência? A prova somente poderia ser colhida em Juízo contencioso, mediante prévia propositura de medida judicial.

"Mas o direito cambiário, como já estudamos, requer celeridade e efeitos instantâneos, nos problemas relativos à circulação da letra. A única solução, portanto, para a comprovação fácil e prática do cumprimento de certos atos é determinar sua realização perante ou por intermédio de serventuário, com fé pública. Somente assim, de forma precisa e segura, pode obter-se a certeza probatória que o direito cambiário requer."[23]

Ora, diante do exposto, tem-se por corolário que o protesto se destina a comprovar a apresentação do título ao devedor para que o credor se desonere de sua obrigação, posto que se trata de dívida *quérable*.

Os prazos exíguos para o apontamento[24] são compreensíveis, assim como a sua sanção. Se as obrigações são exigíveis, elas devem ser prontamente apresentadas ao devedor para que as honre, mormente quando há devedores de regresso, que poderão restar prejudicados pela inação do credor, na medida em que o devedor direto poderá ter sua vida econômica piorada e, com a morosidade, via de conseqüência, torna-se inviável ao devedor indireto, que venha a pagar o título, exercer o seu direito de regresso.

Nesse diapasão e em raciocínio analógico, colha-se decisão do Tribunal de Alçada do Rio Grande do Sul da lavra do

21. Nesse sentido são os arts. 2º e 76 da Lei Uniforme de Genebra.

22. A *contrario sensu* é o que pontifica o mestre mineiro João Eunápio Borges: "Não tirado oportunamente, ficando exonerados todos os devedores de regresso, o portador só poderá exigir a letra dos credores diretos: do aceitante (se houver) e de seus avalistas" (João Eunápio Borges, *Títulos...*, 2ª ed., 6ª tir., p. 112). O art. 20 do Decreto 2.044, de 31.12.1908, prescreve a perda da ação somente em relação dos obrigados de regresso. Observe-se que no caso do cheque existe até mesmo a Súmula 600 do STF, que permite a execução ainda que não apresentado o título ao sacado no prazo legal.

23. Rubens Requião, *Curso de Direito Comercial*, v. 2, 18ª ed., p. 354.

24. Segundo o entendimento dominante: um dia útil após o vencimento para a letra de câmbio e a nota promissória (cf. João Eunápio Borges, *Títulos...*, 2ª ed., 6ª tir., p. 109), na medida em que o Brasil acolheu reserva sobre o assunto e assim estabelece o art. 28 do Decreto 2.044/1908. Na duplicata o prazo é maior: são trinta dias (art. 13, § 4º da Lei 5.474, de 18.7.1968). No caso do cheque, o prazo varia: se as praças de emissão e pagamento são coincidentes, o prazo será de trinta dias, se diversas, o prazo será de sessenta dias (art. 59 da Lei 7.357, de 2.9.1985).

então Juiz Arnaldo Rizzardo e assim ementada:

> *Fiança. Exoneração.*
>
> O fiador fica exonerado da garantia que prestou se a dívida é prorrogada sem o seu consentimento. Nos efeitos práticos, não interessa se a dívida é prorrogada ou e lhe é concedida a moratória.
>
> Apelação improvida.[25]

A decisão proferida demonstra qual é o escopo da lei civil[26] ao exonerar o fiador quando o credor concede ao afiançado moratória: é que tal procedimento poderá resultar na impossibilidade do exercício do direito de regresso. No caso dos títulos de crédito, vimos na exigüidade do prazo legal do apontamento para protesto a mesma *mens legis*, mesmo porque, conforme já dito, o protesto somente é obrigatório para acionar os devedores de regresso. O legislador quis impor ao credor o ônus de uma pronta apresentação para que ele possa receber o título do devedor direto, que efetua o pagamento extintivo da obrigação cambial, sob pena de não poder cobrar o título dos devedores de regresso e/ou de seus avalistas.

Ante o exposto, tem-se por conclusão que o protesto cambial se destina a comprovar que o credor apresentou o título ao devedor, desonerando-se de sua obrigação e assegurando o seu direito de ação contra os devedores de regresso. A obrigação de o credor fazer a apresentação decorre da natureza dos títulos que são circuláveis.

3. *A falência do devedor cambial direto*

Para a perfeita compreensão do tema a que nos dispusemos trabalhar neste artigo é necessário que, também, examinemos a questão atinente à falência do devedor cambial direto, para que, com isso, possamos fazer uso de raciocínio analógico nas modalidades de "execução coletiva". Naturalmente, a falência do devedor cambial direto, por si só, comportaria outro artigo e, diante disso, será aqui tratado de forma objetiva e como subsídio para a melhor compreensão do tema objeto deste artigo. Assim, passamos à nossa exposição.

O art. 19, II, do Decreto 2.044/1908, prescreve que a letra é considerada vencida quando protestada pela falência do aceitante. Daí emerge na doutrina discussão se a *falência* é que gera o vencimento antecipado da obrigação ou se seria o *protesto* do título pela declaração da falência que o geraria.

Estudando o tema, João Eunápio Borges entende que seria o protesto que atribuiria o vencimento antecipado ao título e não a simples declaração da falência do aceitante. Nesse sentido, ele leciona: "Não é a falta ou recusa do aceite, nem a falência do aceitante que, por si só, determina o vencimento antecipado da letra. É indispensável o protesto, motivado por um desses fatos. Depende, pois, do portador — levando a letra a protesto — provocar o seu vencimento extraordinário. Mesmo no caso de falência do aceitante (ou emitente da nota promissória)".[27]

Em seguida, o Professor mineiro classifica modalidades de vencimento, argumentando acerca da viabilidade do *vencimento da obrigação do aceitante falido* e *vencimento da própria cambial*, enxergando ali dois casos diversos. "Não se confunda, pois, o vencimento antecipado da obrigação do aceitante falido (a falência determina o vencimento antecipado de todas as dívidas do falido) com o vencimento da letra. E poderá o portador, mesmo sem tirar o protesto, habilitar-se na falência do aceitante pela soma cambial. Se quiser, porém, exigir o pagamento de qualquer dos coobrigados, deverá fazer protestar a letra — por motivo de falência do aceitante — provo-

25. TARS, 3ª CC, Ap. 191034388, j. 8.5.1991, v.u., Rel. Juiz Arnaldo Rizzardo, *RT* 673/162, São Paulo, Ed. RT.

26. Cf. art. 1.503, I, do Código Civil/1916-1917 e art. 838, I, do novo Código Civil/2002-2003.

27. João Eunápio Borges, *Títulos...*, 2ª ed., 6ª tir., p. 98.

cando assim o seu vencimento antecipado e tornando-a exigível de todos os devedores".[28]

Essa também é a lição que se extrai de Waldirio Bulgarelli[29] e de J. X. Carvalho de Mendonça, que anota: "Não é o requerimento ou a declaração da falência que opera *ipso facto* o vencimento da letra para com todos os obrigados. A falência somente a torna exigível para com o aceitante falido. Depois do protesto, é que a letra pode ser exigida de qualquer dos coobrigados".[30]

A jurisprudência, por sua vez, admite o protesto dos títulos sujeitos aos termos da falência e da concordata para assegurar o direito de regresso, conforme se depreende da seguinte ementa, que bem sintetiza as razões de decidir do acórdão:

> Agravo de instrumento. Ação cautelar. Sustação de protesto. Concordata preventiva. Direito de regresso contra o avalista.
>
> A condição de concordatária da agravante não impede seja o título levado a protesto, ademais levando-se em conta o objetivo de resguardar direito de regresso contra o avalista.
>
> Precedentes jurisprudenciais.
>
> Agravo de instrumento desprovido.[31]

No entanto, na atual sistemática da Lei Uniforme de Genebra e da Lei de Falências, ousamos divergir do entendimento apresentado. Com efeito, assim doutrina, o também já clássico, Waldemar Ferreira:

"Ao que preceitua o art. 19, n. II, do Decreto 2.044, de 31 de dezembro de 1908, letra de câmbio se considera vencida, quando protestada pela falência do aceitante.

"Ficou o vencimento, nessa hipótese, subordinado ao protesto.

"Era por efeito desse ato extrajudicial que a letra de câmbio se venceria.

"Esse dispositivo se acha ab-rogado. Já agora, em face do Decreto-lei 7.661, art. 25, a cambial se vence, tenha ou não sido interposto o protesto, pela falência do coobrigado, seja o aceitante, seja outro.

"A responsabilidade cambial é solidária; e, assim, todos os coobrigados respondem pelo pagamento no vencimento, quer o constante do título, que o imposto por lei."[32]

Nessa mesma linha de entendimento, mas não admitindo o vencimento extraordinário[33] pela falência dos devedores indiretos, que se nos apresenta como sendo mais razoável, Fábio Ulhoa Coelho assim se manifesta acerca do espinhoso tema: "Na segunda circunstância em que ocorre o vencimento extraordinário da letra de câmbio, a da falência do aceitante, a exigibilidade antecipada é garantia dos credores. Note-se que é efeito de qualquer falência a antecipação do vencimento de todas as obrigações do falido (LF, art. 25). Há, no entanto, uma grande diferença entre a quebra do devedor principal do título de crédito e a de co-devedor. Quando falir o aceitante da letra, vencerá antecipadamente o *título*, de modo que o credor poderá optar entre habilitar seu crédito na massa falida do deve-

28. Idem, ibidem.

29. Waldirio Bulgarelli, *Títulos de Crédito*, 18ª ed., São Paulo, Atlas, 2001, p. 190.

30. José Xavier Carvalho de Mendonça, *Tratado de Direito Comercial Brasileiro*, v. 5, 3ª ed., Rio de Janeiro, Freitas Bastos, 1938, p. 352. Em nota de rodapé, o autor, na mesma obra e página, observa que "Para a admissão do portador na falência do aceitante não há necessidade do protesto da letra de câmbio. Esta *se vence* quanto ao *aceitante* falido por força do art. 26, da Lei 2.024, de 17 de dezembro de 1908 [art. 26 da Lei (*sic*) 5.746, de 9.12.1929]; *para se vencer* relativamente aos *coobrigados* deve ser protestada pelo portador, conforme o art. 19, II, da Lei (*sic*) 2.044, de 30 de dezembro de 1908". A Lei 2.024/1908 e o Decreto 5.746/1929 são antigas leis de falência. O vencimento antecipado continua previsto na atual Lei de Falência: art. 25 do Decreto-lei 7.661/1945.

31. TJRS, 6ª CC, AI 70003006632, j. 24.10.2001, v.u., Rel. Desembargador Cacildo de Andrade Xavier.

32. Waldemar Ferreira, *Tratado de Direito Comercial*, v. 14, São Paulo, Saraiva, 1965, p. 360.

33. "Vencimento por antecipação" é a expressão utilizada na falência, por sua vez, no direito cambial, tem sido utilizada a expressão "vencimento extraordinário".

dor principal ou cobrá-lo, de imediato, de qualquer co-devedor; enquanto falindo o sacador ou endossante, o credor pode se habilitar no processo de falência do co-devedor, mas não poderá executar o título contra os demais obrigados, nem mesmo o devedor principal. E isso porque, na última hipótese, o *título* não venceu antecipadamente, mas apenas a obrigação do falido, nele mencionada. A falência do sacador, endossante e avalista, portanto, não são casos de vencimento extraordinário".[34]

Já Fran Martins, Rubens Requião[35] e Luiz Emygdio da Rosa Júnior[36] fundamentam de maneira diferente. Eles não examinam a questão apenas sob a vertente da Lei de Falências, mas principalmente em razão da edição da Lei Uniforme de Genebra, assim concluindo o Mestre cearense: "Desse modo, a nova lei não deixa dúvidas sobre poder o portador exercer a ação regressiva, em caso de falência do aceitante, sem que para tal seja necessário tirar o protesto do título".[37]

Com efeito, entendemos que, declarada a falência do devedor cambial direto, o título se vence por antecipação, na medida em que não há como se falar em "vencimento parcial", pelo princípio da cartularidade. O documento não tem como estar vencido em relação a um obrigado cambial e não estar em relação a outro. A autonomia das obrigações cambiais não significa a existência de mais de um título em um único documento. As obrigações cambiais são autônomas, mas se elas estão incorporadas em um único título que se vence, isso ocorre em relação a todos os signatários da cártula.

Assim, o protesto cambial hodiernamente seria desnecessário. Ao credor basta, ao acionar o devedor de regresso e seus avalistas, que têm conhecimento presumido da falência com a publicação da sentença que instaura o processo concursal e do vencimento por antecipação — uma vez que todos conhecem a lei —, demonstrar em juízo a falência do devedor direto.

4. A concordata do devedor cambial direto

Por força do que estatui o *caput* do art. 147 do Decreto-lei 7.661, de 21.6.1945 (Lei de Falência — LF), a concessão da concordata obriga a todos os credores quirografários do requerente existentes até a data da distribuição do pedido, sendo que aqueles que surgirem após essa data não sofrerão os seus efeitos.

Iniciamos este artigo referindo-nos aos títulos de crédito sujeitos aos efeitos da concordata que têm sido levados a apontamento para protesto exatamente por haver o art. 24 da Lei 9.492/1997 estabelecido que a concessão da concordata não impede o protesto, tendo ficado demonstrada também as impropriedades da referida lei e o fato de que ela é fruto do *lobby* de oficiais dos cartórios de protesto e dos interesses que envolvem os seus emolumentos, que pretenderam fazer do protesto um meio de cobrança moral extrajudicial.[38]

A concordata, que alguns autores insistem em chamar por "favor legal", não representa qualquer favor, mas prestação jurisdicional, decorrente do atendimento aos requisitos legais,[39] atribuída ao comerciante que não esteja impedido (art. 140, LF).

34. Fábio Ulhoa Coelho, *Curso...*, v. 1, 6ª ed., p. 417.

35. Rubens Requião, *Curso de Direito Comercial*, v. 2, 18ª ed., p. 348.

36. Luiz Emygdio F. da Rosa Júnior, *Títulos* ..., p. 339. Sendo que, este autor, examina a questão sob o prisma da Lei de Falências com maior referência que os demais mencionados.

37. Fran Martins, *Títulos de Crédito*, v. 1, 13ª ed., Rio de Janeiro, Forense, 2001, p. 176.

38. Esses argumentos aparentam ser metajurídicos e, portanto, inválidos segundo a moldura kelseniana de interpretação. Contudo, isso não é bem assim, pois se trata de uma perspectiva histórica da lei, que merece ser melhor compreendida e estudada.

39. Para o caso da concordata preventiva estabelecidos basicamente no art. 158 da LF e no art. 3º do Decreto-lei 858, de 11.9.1969.

A concordata gera, na esfera do direito dos credores quirografários, modificações impostas por lei, mas ela pode ser, a qualquer tempo, convolada em falência.[40]

"A concordata, conforme a concepção do direito brasileiro, provém de *limitação* ao direito dos credores. Mediante as regras jurídicas que criaram o direito, a pretensão e a ação de concordata, a esfera jurídica dos credores sofre a alteração nos créditos quirografários, que resulta do exercício bem sucedido da pretensão à concordata."[41]

Com a instituição do direito à concordata, o Estado está reconhecendo o interesse social na manutenção da sociedade como ente gerador de riquezas não apenas para o empresário, mas também para toda a sociedade civil, na medida em que propicia o emprego, com a conseqüente diminuição da violência, paga tributos etc. Ela representa o mecanismo para que as sociedades possam se recuperar, mantendo-se no mercado.[42] Nesse diapasão, é precisa a lição que se colhe do Mestre mineiro Osmar Brina Corrêa-Lima: "A concordata suspensiva é um dos institutos legais ensejadores da recuperação da empresa, ao lado da concordata preventiva e da continuação do negócio".[43]

Foi mesmo em decorrência desse interesse que a concordata deixou de ser um contrato havido entre os credores e o comerciante, para se tornar o direito que hoje representa, em que se prescinde do consentimento daqueles que sofrerão a modificação de seus direitos: os credores.[44]

Contudo, a concordata não é um meio de solução egoístico de um empresário mercantil, mas ela visa, também, à defesa dos interesses dos credores que nada lucrariam com a falência do devedor. Assim, manifestava-se o já vetusto e imortal J. X. Carvalho de Mendonça ainda sob a égide da lei pretérita: "Procura-se por meio da concordata defender e salvar os interesses comuns do devedor e dos credores. Kohler bem o disse que ela consistia numa comunhão de perdas (*Verlustgemeinschaft*). Pela falência, nem sempre é responsável o devedor, que a ela pode ser levado pela crise do tempo. A formação deste convênio é especialmente inspirada, escreve Munzinger, pelo sentimento da solidariedade e da reciprocidade entre comerciantes, e este sentimento confunde-se com o pensamento de ser mais vantajoso aos credores estender ao falido a mão que o auxilia a levantar-se do que lhe tirar toda a esperança e todos os recursos".[45]

Por tudo isso, constata-se que o pedido de concordata e o próprio instituto jurídico têm como premissas a salvaguarda da higidez do mercado como um todo, razão pela qual não pode um ou outro credor, por puro capricho, pretender fazer uma cobrança moral (ou talvez imoral).

Ora, ao teor do que dispõe o *caput* do art. 163 da Lei de Falência, o despacho que

40. "*A conversão do pedido a qualquer momento em falência* — Porque, como já foi dito em acórdão, concordatas se deferem e mandam processar na natural suposição de satisfazerem as condições legais, a lei confere ao Juiz poder de convertê-las em falência, a qualquer momento" (Waldemar Ferreira, *Tratado de Direito Comercial*, cit., v. 15, p. 303.) Por isso mesmo, o empresário durante todo o trâmite do pedido de concordata estará em um momento nevrálgico da existência de seu negócio, não podendo ser toleradas ações dos credores que visem a subtrair o exercício de seu direito.

41. Pontes de Miranda, *Tratado das Ações*, t. 3, Campinas, Bookseller, 1998, p. 486.

42. Hodiernamente, a doutrina e a jurisprudência já apreenderam o interesse público existente na preservação da empresa, tendo, por isso mesmo, construído o instituto da dissolução parcial das sociedades (cf. Celso Barbi Filho, *A Dissolução Parcial da Sociedade por Quotas de Responsabilidade Limitada*, Tese de Doutoramento ainda não publicada, Belo Horizonte, UFMG, 2000, pp. 74 e ss.), da mesma forma, o legislador cria institutos como a concordata, buscando a preservação da empresa.

43. Osmar Brina Corrêa-Lima, *Direito Falimentar*, <www.obcl.com.br>, em 1.5.2001, p. 276.

44. Cf. Trajano de Miranda Valverde, *Comentários à Lei de Falências*, v. 2, 4ª ed., Rio de Janeiro, Forense, 1999, p. 232.

45. José Xavier Carvalho de Mendonça, *Tratado de Direito Comercial Brasileiro*, v. 8, 3ª ed., cit., p. 333.

manda processar o pedido de concordata determina o vencimento antecipado de todos os créditos quirografários,[46] que estarão sujeitos à sua proposta.[47] Essa é uma situação específica, pois a despeito de vencida a obrigação não é exigível, uma vez que o credor não poderá exigir do devedor concordatário a execução da obrigação senão nos termos da proposta.[48]

46. Razão pela qual não faria sentido nem mesmo o protesto por falta de aceite para obter o vencimento antecipado da obrigação cambial, na forma do art. 44, LUG, pela simples razão de que a própria lei já estabelece que o despacho de processamento determinará essa modalidade de vencimento, qual seja: por antecipação.

47. A proposta é também conhecida doutrinariamente por "moeda da concordata", por ser o meio de extinção das obrigações do concordatário. Para a concordata preventiva, as propostas admissíveis estão estabelecidas no § 1º do art. 156 do Decreto-lei 7.661/1945 e, para a concordata suspensiva, estão previstas no parágrafo único do art. 177 do mesmo Diploma Legal.

48. Naturalmente, por força do prescrito pelo art. 148, LF, o deferimento da concordata não beneficia senão a quem foi deferida, mormente se considerarmos a autonomia das obrigações cambiais. Assim, "Embora os credores quirografários não possam iniciar ou dar prosseguimento às ações e execuções contra o devedor, nada os impede de moverem as competentes ações de execução contra os avalistas, conforme jurisprudência pacífica, de que é exemplo marcante a decisão proferida na apelação cível 6083/54, da 1ª CC do TACRJ, Rel. Juiz Affonso Rondeau, publicado no *Boletim Informativo Coad-ADV*, 1995, n. 5, verbete 68.242: 'A concordata preventiva da devedora principal não impede a execução direta dos seus avalistas, de vez que o aval consiste exatamente na garantia do pagamento por inteiro da dívida. O aval é obrigação autônoma e independente que não se liga ao negócio subjacente, embora dele decorra como garantia'.

"A questão, aliás, era pacífica no STF, como se verifica do RE 80.936-PA, Rel. Min. Cordeiro Guerra, em que se decidiu: 'A concordata preventiva do devedor não impede a ação executiva do credor contra os avalistas do concordatário. A habilitação simultânea do credor na concordata não suspende a ação executiva contra o avalista, apenas obriga o credor a deduzir os recebimentos parciais' (Cordeiro Guerra, in *Rev. Jurisprudência Brasileira*, Ed. Juruá, v. 36, p. 79).

"Acentue-se que o avalista, que paga dívida do concordatário, pode habilitar-se na concordata" (Jorge Lobo, *Direito Concursal*, Rio de Janeiro, Forense, 1996, p. 92).

Com efeito, deferida a concordata, compete ao devedor concordatário efetivar o pagamento das obrigações nos exatos termos da proposta, sob pena de ter convolado o seu pedido em falência (art. 175, LF).

O depósito, que se fará em dinheiro, será realizado nos autos do processo de concordata à disposição do juízo, que deferirá oportunamente o levantamento pelos credores quirografários constantes da relação apresentada pelo concordatário (art. 159, VI, LF) ou que foram incluídos no quadro geral de credores, por ordem judicial, ou por qualquer meio previsto em lei, tal como declaração de crédito na forma prevista no inc. III do § 1º do art. 161, LF.[49]

Com isso, tem-se, no caso vertente, uma imposição legal do lugar do pagamento da obrigação da concordatária, que será o juízo da concordata, independentemente daquele ajustado entre as partes credora e devedora ou mesmo do estabelecido no Código Civil (art. 950 do Código Civil/1916-1917, assim como o art. 327 do novo Código Civil/2002-2003).[50] Dessa feita, a obrigação sujeita à concordata, por força de lei, deixa de ser aquela convencionada entre as partes ou *quérable* ou ainda *portable*, na medida em que competirá ao de-

49. "O depósito obrigatório a que se refere a lei deve ser, pois, entendido como o que corresponde, de fato, às parcelas dos créditos já habilitados (nesse sentido: ac. 2ª CC-TJGB, Rel. Des. Faria Coelho, *DJ* 24.8.1972, ap. 161, ementário 12), quer dentro do prazo fixado pelo juiz, em seu despacho inicial, quer posteriormente, como retardatários" (J. C. Sampaio de Lacerda, *Manual de Direito Falimentar*, 13ª ed., Rio de Janeiro, Freitas Bastos, 1996, p. 288).

50. Isso porque o juízo competente para o pedido de concordata é o mesmo que seria o competente para declarar-lhe a falência (cf. art. 7º c/c art. 156, LF), o do principal estabelecimento, que não se confunde com a sede social e, portanto, com o domicílio da sociedade. "Todas essas regras [do Código de Processo Civil] são proscritas pelo direito falimentar que, abandonando o conceito de *sede estatutária*, elege a competência de juízo pela determinação do lugar onde o devedor, seja pessoa física ou pessoa jurídica, possui seu *principal estabelecimento*" (Rubens Requião, *Curso de Direito Falimentar*, v. 1, 14ª ed., São Paulo, Saraiva, 1991, p. 81).

vedor oferecer o pagamento nos autos do processo de concordata, sob pena de falência, como já aqui consignado.[51]

Observe-se, ainda, que a época da exigibilidade da obrigação, em face do devedor direto concordatário, também está prevista em lei. Ela é a da proposta deferida, cujo pagamento se inicia na data de ingresso do pedido em juízo (art. 175, *caput*, LF).

"A concordata tem o seu início determinado pela distribuição do pedido formulado pelo devedor. Daí, todas *as obrigações renegociadas, em juízo*, passam a ter início daquela data."[52]

Posto isso, tem-se que com o deferimento da concordata há uma modificação não só na obrigação,[53] mas também no local de seu pagamento, na medida em que ela se tornará, obrigatoriamente, exeqüível nos autos do processo de concordata. A obrigação, a despeito de vencida, não é exigível senão naqueles autos e nos estritos termos da proposta deferida.

Com isso, não se compreende o protesto de qualquer título que esteja sujeito aos efeitos da concordata, pois o título não é exigível do concordatário de modo diverso da proposta,[54] não competindo ao credor apresentá-lo a este devedor, na medida em que ele mesmo já teve reconhecido o crédito pelo devedor ou mesmo judicialmente. Essa apresentação não tem qualquer conotação jurídica, mas exclusivamente busca dificultar o trabalho da concordatária.

Desse modo, tendo o crédito sido gerado em período anterior ao benefício da concordata, conquanto seja seu vencimento posterior a ela, sujeitar-se-á aos seus efeitos, vertendo, tal mister, no impedimento de apresentação do título a protesto. A decisão que defere o processamento da concordata detona o vencimento antecipado dos créditos sujeitos aos respectivos efeitos, ao teor do art. 163 da Lei Falitária.[55]

O Tribunal de Justiça de Minas Gerais, em caso de inclusão do nome da concordatária em órgão de proteção ao crédito, teve oportunidade de decidir em acórdão cuja ementa é a seguinte:

Agravo de instrumento. Concordata preventiva. Inclusão do nome do devedor nos Serviços de Proteção ao Crédito.

Só o fato de a pessoa estar em concordata preventiva é um sinal evidente de que é um devedor em mora e insolvente, sendo desnecessária a inclusão do nome do concordatário nos órgãos de proteção ao crédito, com a finalidade de advertir seus parceiros de negócios, pois tal atitude dificultaria o regular funcionamento da empresa e o cumprimento das obrigações assumidas.[56]

Destarte, deferido o pedido de concordata, tem-se que há uma modificação nos direitos dos credores no que se refere aos seus créditos quirografários, cujo vencimento não implica exigibilidade do concordatário, assim como os créditos podem sofrer variações de valores por força de lei e há também imposição de local para a exe-

51. Cf. Ruben Ramalho, *Curso Teórico e Prático de Falência e Concordatas*, São Paulo, Saraiva, 1984, p. 329.

52. Ruben Ramalho, *Curso*..., cit., p. 329. Grifo acrescido ao original.

53. Prazos e valores variando conforme a proposta formulada.

54. Da mesma maneira que não o é na falência. "Não há *exigibilidade*, mas somente *vencimento antecipado*. Vencem-se as dívidas do falido para serem pagas na falência pelo modo e no tempo a esta relativos" (J. X. Carvalho de Mendonça, *Tratado de Direito Comercial Brasileiro*, v. 7, 3ª ed., cit., p. 389). Isso, a despeito de entendimentos contrários, capitaneados por Miranda Valverde (cf. Trajano de Miranda Valverde, *Comentários à Lei de Falências*, v. 1, 4ª ed., p. 222).

55. TJRS, 5ª CC, Ap. Cív. 70003076866, j. 6.12.2001, v.u., Rel. Desembargador Clarindo Favretto.

56. TJMG, 1ª CC, Ap. 260.493-2/00, j. 5.3.2002, v.u., Rel. Desembargador Antônio Hélio Silva, *DJMG* 8.3.2002. Com efeito, ousamos divergir do acórdão quando diz que a concordatária estaria em mora e seria insolvente, pois não há mora, na medida em que mesmo estando vencida a obrigação não lhe é exigível. Além disso, a concordatária não está, só pelo pedido, insolvente.

cução da obrigação: autos do processo de concordata.

Caso haja interesse do credor em promover a cobrança de devedores de regresso, bastaria que ele, da mesma maneira que na falência, demonstrasse o pedido de concordata, bem como a sujeição do título aos seus termos.

5. *Da interpretação do art. 24 da Lei 9.492/1997*

Resta, agora, fazermos a interpretação que, segundo entendemos, é a mais apropriada para o art. 24 da Lei 9.492/1997.

Seguindo a proposição de Osmar Brina Corrêa-Lima,[57] os créditos sujeitos à concordata podem ser classificados segundo a data da negociação havida entre o credor e o concordatário e somente nos interessam os créditos quirografários, na medida em que apenas eles sofrem os efeitos da concordata.

Assim, os créditos quirografários podem ter emergido de uma negociação havida até a distribuição do pedido da concordata ou depois disso ter ocorrido.[58] Aqueles havidos até a distribuição se sujeitam aos termos da proposta deferida, enquanto aqueles que surgiram após não se sujeitam e terão sua execução normal, ou seja, nos termos ajustados ou presumidos em lei.

Aquele título sujeito à concordata, como vimos, não é exigível do concordatário fora dos autos do processo nem de maneira diversa da proposta apresentada e deferida judicialmente, assim como não se compreende a sua apresentação ao devedor que terá que o pagar mediante o oferecimento da execução da obrigação também no processo de concordata. Por isso, o protesto cambial dos títulos sujeitos aos efeitos da concordata se nos apresenta não apenas como ilegal, por violação do sistema jurídico-positivo, mas também passível de ser sancionado por implicar manifesta má-fé do credor que estará plenamente ciente da concordata, de seus termos, de sua época e do valor dos pagamentos, bem assim do local onde deverá buscar a execução de sua obrigação: autos do processo de concordata.

O apontamento de títulos sujeitos aos efeitos da concordata denota procedimento ilícito sancionável também por dano moral. Com o procedimento cambial, poderá haver agravamento considerável do estado do devedor gerando, eventualmente, até mesmo a convolação da concordata em falência.

Pois bem, o preceito contido no art. 24 da Lei de Protestos somente não se aplicaria para os títulos *quirografários* havidos *antes* da distribuição do pedido de concordata, aplicando-se, portanto, a todos os credores não quirografários e mesmo aos quirografários havidos após a distribuição do pedido.[59]

Para a lavratura desses protestos é que se estabeleceu, no art. 24 da Lei 9.492/1997, que a concessão da concordata não os impediria, assim como para que se realizasse livremente o protesto de títulos não sujeitos aos termos e efeitos da concordata deferida, quer por ter preferências de ordem material, como a garantia real, quer processual, como o privilégio fazendário e trabalhista.

6. *Conclusões*

Ao longo deste nosso trabalho, já fomos fazendo constar ao final de cada item a sua respectiva conclusão. Contudo, por uma questão de sistemática, tem-se por corolário o seguinte:

57. Osmar Brina Corrêa Lima, *Direito Falimentar*, <www.obcl.com.br>, 1.5.2001, p. 248.

58. Lembrando sempre, e por óbvio, que o pedido de concordata ou mesmo seu deferimento não implicam vício de continuidade na execução do objeto do concordatário.

59. Esses poderiam protestar os seus títulos, até mesmo para, eventualmente, formularem pedido de falência da concordatária, conforme previsto no art. 154 da Lei de Falência.

O protesto cambial comprova que o credor apresentou o título exigível ao devedor, desonerando-se de sua obrigação e assegurando o seu direito de ação contra os devedores de regresso (art. 32 do Decreto 2.044/1908). A obrigação de o credor fazer a apresentação decorre da natureza dos títulos que são circuláveis e quesíveis.

Declarada a falência do devedor cambial direto, o título se vence por antecipação, na medida em que não há como se falar em "vencimento parcial", pelo princípio da cartularidade. A autonomia das obrigações cambiais não significa a existência de mais de um título em um único documento. As obrigações cambiais são autônomas, mas se elas estão incorporadas em um único título que se vence, isso ocorre em relação a todos os signatários da cártula.

Deferido o pedido de concordata, tem-se que há uma modificação nos direitos dos credores no que se refere aos seus créditos quirografários, cujo vencimento não implica exigibilidade do concordatário senão nos termos da proposta do pedido de concordata, assim como os créditos podem sofrer variações de valores por força de lei e há também imposição de local para a execução da obrigação: autos do processo de concordata.

Para a lavratura dos protestos dos títulos que representam obrigações quirografárias havidas após a distribuição do pedido de concordata, é que se estabeleceu, no art. 24 da Lei 9.492/1997, que a sua concessão não os impediria, assim como para que se realizasse livremente o protesto de títulos não sujeitos aos termos e efeitos da concordata deferida, quer por ter preferências de ordem material, como a garantia real, quer processual, como o privilégio fazendário.

O ACORDO GERAL SOBRE O COMÉRCIO DE SERVIÇOS (GATS) E O TURISMO SUSTENTÁVEL[1]

HEE MOON JO

1. Introdução. 2. Desenvolvimento sustentável e turismo sustentável: 2.1 Desenvolvimento sustentável; 2.2 Desenvolvimento sustentável do turismo. 3. Ecoturismo como alternativa para o turismo sustentável. 4. Turismo sustentável e o GATS. 5. Considerações finais.

1. Introdução

Este artigo tem como objetivo analisar o turismo nos contextos do desenvolvimento econômico, da preservação do meio ambiente e do comércio internacional. É bem verdade que tais termos não são facilmente associáveis, dado que cada qual foi desenvolvido para atender necessidades peculiares da sociedade. No entanto, quando o desenvolvimento começou a ameaçar os recursos naturais e a aumentar a discrepância existente entre os níveis de riqueza, perturbando, em última análise, a mantença da paz e segurança internacionais, a sociedade internacional decidiu por buscar conciliar estes termos em diversas ocasiões. Com este espírito, introduziu-se o conceito de desenvolvimento sustentável, na tentativa de uma conciliação entre as forças do desenvolvimento e o meio ambiente, visando um maior controle sobre os processos de exploração — muitas vezes irresponsáveis — dos recursos naturais.

Quando do início da Rodada Uruguai para a criação do sistema da OMC, as controvérsias sobre as relações entre comércio e meio ambiente começavam a tomar força. Mais tarde a OMC, através da Agenda de Doha,[2] passou a discutir ativamente as relações entre comércio e meio ambiente, além do tema do desenvolvimento no contexto de um tratamento especial para os países menos desenvolvidos. Por seu turno, o conceito de desenvolvimento sustentável somente começou a atrair uma maior atenção, no âmbito do comércio internacional, a partir da Cúpula Mundial sobre Desenvolvimento Sustentável de Johannesburgo, em 2002.[3]

Hoje, a relação entre turismo e meio ambiente vem sendo discutida no contexto do chamado turismo sustentável e responsável. No entanto, quando o turismo entrou na categoria dos serviços do Acordo Geral sobre o Comércio de Serviços (GATS), ele ficou em uma situação muito delicada, já que os próprios compromissos do GATS limitariam em muito a força e a habilidade

1. Esse trabalho foi apresentado no II Encontro de Direito do Turismo, que se realizou nos dias 25-26.9.2003, no Teatro da UNIMEP, *campus* Taquaral, Piracicaba-SP.

2. Sobre a Agenda Doha de desenvolvimento, v. as informações na OMC, <http://www.wto.org/english/tratop_e/dda_e/dda_e.htm>.

3. V. o Relatório final da Conferência (*Report of the World Summit on Sustainable Development*) in <http://ods-dds-ny.un.org/doc/UNDOC/GEN/N02/636/93/PDF/N0263693.pdf>.

dos governos para implementarem e manterem um modelo de turismo sustentável, o que viria a realçar ainda mais a enorme importância do GATS para o futuro do turismo sustentável. Assim, no intuito de promover um melhor entendimento sobre as relações existentes entre o GATS e o turismo sustentável, decidimos por dividir este artigo em três tópicos, quais sejam, desenvolvimento sustentável e turismo sustentável; turismo sustentável e ecoturismo; e turismo sustentável e GATS. Ao cabo dos mesmos, teceremos nossas considerações finais.

2. *Desenvolvimento sustentável e turismo sustentável*

2.1 Desenvolvimento sustentável

A idéia inicial acerca da sustentabilidade surgiu na década de 1970 por meio de várias conferências e publicações. Como exemplo, podemos citar a Conferência das Nações Unidas sobre o Homem e o Meio Ambiente (*United Nations Conference on Human and Environment*),[4] realizada em Estocolmo, 1972. Esta Conferência chamou a atenção da comunidade internacional para o fato de que a ação humana estava degradando de modo acelerado o meio ambiente, ameaçando a sobrevivência da humanidade. Durante a Conferência, os países desenvolvidos argumentaram pela mera preservação dos recursos naturais, enquanto que os países em desenvolvimento buscaram demonstrar que a solução da pobreza era uma condição fundamental para a efetiva preservação do meio ambiente, relacionando, assim, a questão do desenvolvimento à proteção do meio ambiente.

Durante a Conferência da União Internacional para a Conservação da Natureza e dos Recursos Naturais (IUCN — *International Union for Conservation of Nature and Natural Resources*), realizada em 1980, foi adotada a Estratégia Mundial de Conservação de 1980 (*The 1980 World Conservation Strategy*) e foi introduzido, pela primeira vez, o conceito de "desenvolvimento sustentável".

Por sua vez, a Organização das Nações para o Meio Ambiente (UNEP) promoveu a Assembléia Mundial dos Estados, em Nairóbi, dos dias 10 a 18 de maio de 1982, visando celebrar o décimo aniversário da Conferência das Nações Unidas sobre o Homem e o Meio Ambiente (Estocolmo). A Declaração de Nairóbi, adotada nesta Assembléia, representou uma clara tentativa no sentido da busca por uma conciliação entre as múltiplas e diferentes posições existentes entre os países industrializados e os países em desenvolvimento sobre as questões do desenvolvimento econômico e da proteção do meio ambiente, através da adoção do conceito de desenvolvimento sustentável.

Já em 1987, a Comissão *Brundtland*[5] apresentou um relatório denominado *Our Common Future*. Este relatório buscou, em síntese, explicar que, embora o desenvolvimento econômico não possa ser interrompido, este deve se dar estritamente dentro dos limites ecológicos do planeta. Foi este mesmo relatório que popularizou o termo "desenvolvimento sustentável". Para tanto, o relatório definiu conceitualmente o termo *desenvolvimento sustentável* (*The Environmentally and Socially Sustainable Development* — ESSD), asseverando que este significa um "desenvolvimento que atende as necessidades do presente sem comprometer a habilidade das futuras gerações a atenderem suas próprias necessidades".[6] Desde então, inúmeras tentativas vem sendo feitas para se definir material-

4. V. relatório da Conferência in <http://www.unep.org/Documents/Default.asp?DocumentID=97>.

5. Pertencente à Comissão Mundial sobre Meio Ambiente e Desenvolvimento (*World Commission on Environment and Development*).

6. Nos termos do relatório: "'sustainable development' is defined as 'development that meets the needs of the present without compromising the ability of future generations to meet their own needs'" (WCED, 1987).

mente tal proposta conceitual nas áreas relacionadas já tendo, até hoje, alcançado-se alguns pontos comuns, como, dentre outros, as idéias de que: (1) o desenvolvimento contém o amplo conceito da melhoria da qualidade de vida; (2) deve haver um equilíbrio entre as gerações e dentro de uma mesma geração; e (3) existe a necessidade de se adotar medidas preventivas, considerando-se os impactos de curto, médio e longo prazo.

Resumindo a idéia de desenvolvimento sustentável, podemos entendê-la da seguinte forma: como a capacidade do meio ambiente em se renovar encontra seus limites no longo prazo, o homem deve buscar manter relações simbióticas com a natureza e, para tanto, deve necessariamente desenvolver suas atividades dentro dos limites da capacidade sustentável do meio ambiente. A partir desta ampla conceituação, o desenvolvimento sustentável passou a significar um sistema de controle do meio ambiente que integra o próprio meio ambiente (a sociedade dos animais — natureza) à economia (a sociedade humana). Em outras palavras, a melhoria da qualidade de vida, um dos objetivos da sociedade humana, sem que haja o comprometimento das gerações futuras, só será possível se forem levados em consideração tanto o sistema econômico-social quanto o ecossistema. Em suma, o desenvolvimento sustentável implica natural e necessariamente no desenvolvimento dentro dos limites nos quais a "eco-continuidade" possa garantir a continuidade econômica.

Sob esta ótica, o desenvolvimento sócio-econômico não é permitido caso este se dê de uma forma que não garanta ou atente contra a sustentabilidade do meio ambiente. Assim, todas as políticas governamentais, quer em nível central ou mesmo regional, sobre desenvolvimento, devem se realizar estritamente dentro dos limites que garantam um meio ambiente sustentável.

Por fim, em 1992 foi realizada a Conferência das Nações Unidas sobre o Meio Ambiente (Rio de Janeiro), ocasião na qual, dentre outras coisas, pode-se esclarecer com maior precisão o conceito de desenvolvimento sustentável. Os trabalhos desta Conferência redundaram na adoção de um plano de ação, o qual ficou conhecido com o nome de Agenda 21.[7] Nos dias atuais os países seguem, via de regra individualmente, trabalhando na elaboração de estratégias — aplicáveis tanto em nível nacional quanto regional — para o desenvolvimento sustentável em todas as áreas referentes a este amplo tema.

2.2 *Desenvolvimento sustentável do turismo*

O desenvolvimento sustentável do turismo significa a garantia da continuidade do uso e exploração racionais dos recursos turísticos de uma determinada região, através do desenvolvimento e emprego de modelos de exploração que levem em consideração a proteção do meio ambiente e da natureza como um todo, impedindo ou pelo menos limitando uma exploração abusiva dos recursos turísticos (Agenda 21). Aqui, a idéia contida no Relatório da WCED exerceu uma enorme influência quando da definição do conceito de desenvolvimento sustentável do turismo. Ora, isto se deu porque o desenvolvimento sustentável do turismo implica no desenvolvimento de uma indústria de turismo que atenda tanto as necessidades da atual geração de turistas e de moradores da área explorada como também garanta estes mesmos direitos às futuras gerações (de turistas e moradores).

Portanto, o conceito de desenvolvimento sustentável do turismo enfoca primordialmente o dever da atual geração de proteger, preservar os atuais recursos turísticos para que as futuras gerações possam vir a usufruir deles. Dentro destes limites, a atual geração pode desenvolver amplamente os recursos turísticos visando satisfazer suas necessidades culturais, econômi-

7. V. Hee Moon Jo, *Introdução ao Direito Internacional*, São Paulo, LTr, 2000, p. 427.

cas e sociais. Porém, devem buscar minimizar o consumo dos recursos turísticos naturalmente recicláveis. Como os recursos turísticos representam um bem não só da geração presente, mas das vindouras, tanto os moradores locais destas regiões como os turistas têm o dever de protegerem estes recursos.

A Agenda 21 requer a participação ativa da população local na elaboração e execução dos projetos de desenvolvimento do turismo. Antes, era comum que a população local fosse excluída das discussões por razões econômicas, sociais e até mesmo históricas, ou seja, elas ficavam à margem do projeto e da exploração do turismo na área em que residiam. Contudo, após a Agenda 21, enfatizou-se a importância da participação da população local para garantir a sustentabilidade cultural, social e econômica do projeto a ser implementado, além, é claro, da proteção do meio ambiente.

Em 1996, o Conselho Mundial de Turismo e Viagens (*World Travel & Tourism Council* — WTTC), a Organização Mundial de Turismo (*World Tourism Organization*) e o Conselho da Terra (*Earth Council*) adotaram conjuntamente a Agenda 21 para a denominada Indústria de Viagens & Turismo (*Agenda 21 for the Travel & Tourism Industry*),[8] no intuito de promoverem o crescimento do turismo sustentável no contexto do desenvolvimento sustentável.[9] Desde então, sob este novo paradigma ambiental no setor turístico, começaram as discussões sobre o chamado turismo alternativo,[10] como sendo este um elemento fundamental para a implementação definitiva do modelo de desenvolvimento sustentável de turismo. O modelo alternativo de turismo sustentável mais conhecido hoje em dia é o denominado *ecoturismo*.

3. *Ecoturismo como alternativa para o turismo sustentável*

Há uma tendência muito interessante no desenvolvimento do turismo mundial, representada pela ligação entre turismo, desenvolvimento e meio ambiente. Como nós observamos, a conexão entre desenvolvimento e meio ambiente tem uma relativamente longa história, no contexto da sustentabilidade dos recursos naturais disponíveis na sociedade internacional. Mais recentemente, temos também que o turismo entrou na pauta da agenda de liberalização, no contexto do comércio internacional. Assim, apesar da questão do turismo, no âmbito do desenvolvimento econômico, apresentar-se com diversos objetivos, esta promove os mesmos impactos: por um lado, busca promover o desenvolvimento no contexto da sustentabilidade do meio ambiente (desenvolvimento sustentável); por outro, busca fomentar o desenvolvimento no contexto da liberalização dos mercados (desenvolvimento econômico).

Ora, o ecoturismo (*ecotourism*) é um dos melhores modelos alternativos para o turismo sustentável. Foi Hector Ceballos-Lascurain quem empregou esta expressão pela primeira vez, quando liderava a PRONATURA, uma organização não-governamental mexicana de proteção ambiental, objetivando preservar o *habitat* de uma espécie de flamingos, em julho de 1983. Para impedir a construção de marinas em um determinado local ele argumentou, ao invés de evocar a desgastada retórica da mera proteção ambiental, que o local estava recebendo um número significativo e crescente de turistas do mundo inteiro, particularmente norte-americanos, que vinham até ali para observar a riqueza e a beleza da fauna local. Este tipo específico de turismo estava revitalizando a economia local, ge-

8. V. o texto in <http://www.wttc.org/promote/agenda21.htm>.

9. Frederico Neto, *A New Approach to Sustainable Tourism Development: Moving beyond Environmental Protection*, DESA Discussion Paper 29, Department of Economic and Social Affairs, United Nations, março 2003, p. 7.

10. V. V. L. Smith & W. R. Eadingtom (eds.), *Tourism Alternatives? Potentials and Problems in the Development of Tourism*, Filadélfia, University of Pennsylvania Press, 1992.

rando um aumento de postos de trabalho, de receita e, por conseguinte, auxiliando na preservação ecológica da área. Assim, ao demonstrar a força econômica aliada à preservação ambiental, ele cunhou o termo "ecoturismo" para tentar descrever este novo fenômeno.

Assim, Ceballos-Lascurain apresentou uma definição de ecoturismo no final do mesmo ano, durante o encontro da PRONATURA, argumentando que "ecotourism is that tourism that involves traveling to relatively undisturbed natural areas with the specific object of studying, admiring and enjoying the scenery and its wild plants and animals, as well as any existing cultural aspects (both past and present) found in these areas. Ecotourism implies a scientific, esthetic or philosophical approach, although the 'ecotourist' is not required to be a professional scientist, artist or philosopher. The main point is that the person who practices ecotourism has the opportunity of immersing him or herself in nature in a way that most people cannot enjoy in their routine, urban existences. This person will eventually acquire a consciousness and knowledge of the natural environment, together with its cultural aspects, that will convert him into somebody keenly involved in conservation issues".[11] Porém, ele acabou revendo algumas de suas posições e, em 1993, decidiu por propor que "ecotourism is environmentally responsible travel and visitation to relatively undisturbed natural areas, in order to enjoy and appreciate nature (and any accompanying cultural features — both past and present) that promotes conservation, has low negative visitor impact, and provides for beneficially active socio-economic involvement of local populations".[12]

Apesar da identificação com o autor que criou o termo "ecoturismo", há hoje diversas definições aceitas para tal, espalhadas pelo mundo todo. Entretanto, como este termo está consolidado, sendo comumente aceito em toda a parte, há a necessidade de se adotar uma definição única, que possa bem explicar o fenômeno do ecoturismo. Para tanto, além das discussões em âmbito internacional, há a necessidade de mais pesquisas acadêmicas sobre o assunto. Tais esforços poderiam resolver a confusão que existe entre os conceitos de ecoturismo e de turismo sustentável (o qual se dá em um nível mais amplo), ou mesmo entre ecoturismo e turismo de aventura (o qual nada tem a ver com a temática do ecoturismo).

O aumento do interesse pelo ecoturismo é mais um dos reflexos do fenômeno da globalização. Sem o esforço das ONGs, este aumento não teria ocorrido. Isto bem explica o aumento da preocupação com a proteção do meio ambiente, ou seja, indica uma mudança paradigmática relativa ao novo pensamento sobre os valores sociais. Não é mais a questão da proteção do meio ambiente contra os abusos praticados pelos turistas, mas sim a proteção do meio ambiente pelos próprios turistas. Logo, o ecoturismo, como uma das modalidades do turismo alternativo,[13] representa uma das melhores opções para a implementação do turismo sustentável. De fato, o ecoturismo não é um conceito inovador, mas sim um conceito que evoluiu tendo como base as experiências passadas. A diferença dele para os antigos conceitos está na expansão dos interesses turísticos no contexto da proteção ambiental.

2002 foi o ano eleito, pela ONU, como o ano do ecoturismo. Tradicionalmente a ONU elege e celebra, a cada ano, um tema

11. Esta mesma definição foi anteriormente tornada popular através do livro *Ecotourism: The Potential and Pitfalls*, editado por Elizabeth Boo e publicado pela WWF-US, em 1990.

12. Esta definição aparece no livro de Ceballos-Lascurain (ed.), *Tourism, Ecotourism and Protected Areas*, IUCN (*The World Conservation Union*), 1996.

13. O turismo alternativo significa o conjunto de esforços empregados para minimizar os efeitos negativos provocados nas áreas social, econômica e ambiental pelo turismo em massa, além de buscar aumentar as experiências qualitativas no âmbito do turismo.

específico, e o faz desde 1970, quando celebrou este ano como "o ano da educação". Mas por que este interesse da ONU sobre o ecoturismo, o qual iniciou-se, como movimento, apenas em 1983? Ora, isto ocorre porque o ecoturismo atende a duas grandes preocupações da ONU: a proteção do meio ambiente e o desenvolvimento econômico. Sabemos que os locais com mais alto valor de preservação ecológica são locais, via de regra, pobres. O povo local sofre muito com a pobreza. Daí resulta que sem a solução da pobreza não há como se falar em preservação ecológica. Destarte, sem uma adequada exploração econômica não há preservação. Assim, para a efetiva preservação ecológica é francamente necessária a exploração do local. O nascimento do ecoturismo, no México, foi exatamente uma resposta à esta difícil questão. Hector Ceballos-Lascurain argumenta que o ecoturismo é um meio alternativo de exploração de um local com alto valor de preservação ecológica. Ora, é muito melhor para o meio ambiente local explorar o ecoturismo do que construir fábricas.

Desde então vários países, em geral, os países em desenvolvimento da Ásia, África e das Américas, iniciaram várias experiências buscando viabilizar esta alternativa. Em alguns locais realmente foram atingidos bons resultados; entretanto, em outros o interesse foi totalmente perdido. Contudo, todos estes esforços esporádicos e dirigidos individualmente pelos países acabaram por receber grande apoio e força internacional quando da Conferência do Rio, em 1992. Nesta, oficializou-se o desenvolvimento sustentável como um critério fundamental para a relação entre desenvolvimento e meio ambiente.[14] Porém, nem todas as experiências dos países foram, de fato, positivas. Muitas indústrias investiram pesado neste novo ramo e, em nome do ecoturismo, algumas chegaram até mesmo a expulsar os habitantes locais. A questão que se impõe, portanto, é a de como explorar, como manter e como proteger os interesses locais.

Assim, para chamar a atenção da sociedade internacional, a Comissão Econômica e Social da ONU recomendou a declaração do ano de 2002 como o Ano Internacional do Ecoturismo (*The International Year of Ecotourism*),[15] tendo a Assembléia Geral da ONU acolhido esta recomendação.

Conforme a declaração da Assembléia Geral da ONU, todas as atividades programadas para o Ano Internacional do Ecoturismo foram dirigidas pela OMT (Organização Mundial do Turismo) e pelo Programa do Meio Ambiente da ONU (*United Nations Environment Programme* — UNEP). O evento mais importante relacionado foi a Cúpula Mundial do Ecoturismo (*World Ecotourism Summit*), a qual tomou lugar em Quebec, no Canadá. Este evento ocorreu durante os dias de 19 a 22 de maio de 2002, com a participação de mais de 1.100 participantes oriundos de 132 países.

Nesta, o Secretário-Geral da OMT enfatizou a importância de uma definição e conceituação mais precisa do ecoturismo para impedir abusos no emprego do termo, bem como sua desvalorização. A OMT e o Programa do Meio Ambiente da ONU já haviam preparado a minuta da Declaração de Quebec, a ser adotada ao final da Conferência. No entanto, devido a firmes divergências relativas a várias questões, a Conferência foi encerrada com a mensagem de que a Declaração de Quebec é o resultado de consultas, e não o resultado de negociações. Somente no dia 25 de junho, ou seja, um mês após a Conferência, é que a OMT e o UNEP publicaram a Declaração de Quebec sobre Ecoturismo no seu *site* na internet.[16]

A Declaração de Quebec reconhece que o ecoturismo engloba os princípios do

14. Hee Moon Jo, ibid., pp. 425-430.

15. *Resolution 1998/40*, 46th Plenary Meeting, 30 de julho de 1998.

16. Texto in <http://www.world-tourism.org/sustainable/IYE/quebec/anglais/declaration.html>.

turismo sustentável referentemente aos impactos econômico, social e ambiental do turismo. Aliás, o ecoturismo engloba os seguintes quatro princípios específicos, os quais o distingue claramente do amplo conceito do turismo sustentável. São eles: (1) o princípio de contribuição ativa à conservação do patrimônio natural e cultural; (2) o princípio de inclusão das comunidades locais e indígenas no planejamento, desenvolvimento, operação e contribuição ao seu bem-estar; (3) o princípio de interpretação da herança natural e cultural do destino aos visitantes; e (4) o princípio de melhor prestação tanto aos viajantes independentes quanto ao turismo organizado para grupos de pequeno tamanho.

A Declaração de Quebec adotou um total de 49 recomendações para os governos, setores privados, organizações não-governamentais, associações baseadas nas comunidades locais, instituições acadêmicas e de pesquisa, organizações intergovernamentais, instituições financeiras internacionais e também para a Cúpula Mundial do Desenvolvimento Sustentável (WSSD).[17] Assim, a Declaração de Quebec representou a criação de critérios internacionais que servirão de base às futuras conferências ou atividades sobre ecoturismo ou turismo sustentável.

4. Turismo sustentável e o GATS

O Acordo Geral sobre Comércio de Serviços da OMC (GATS) visa, fundamentalmente, estabelecer as regras internacionais para a liberalização do comércio de serviços. Assim sendo, os principais objetivos do GATS são: manter o ritmo de abertura dos mercados de serviços e obrigar os países a não criarem novas barreiras referentes a entrada, nos seus mercados, de serviços.[18] Para mais de 83% dos países do mundo, o setor do turismo é um dos mais importantes das suas pautas comerciais. Aliás, este setor já é o mais liberalizado na categoria dos serviços classificados pelo GATS.[19] Logo, a identificação do turismo no contexto do comércio internacional foi o caminho natural para todos aqueles que possuíam interesse pela regulamentação do comércio internacional, o que redundou na sua inclusão no GATS.

No entanto, o problema fundamental que surgiu com a inclusão do turismo no GATS é que este funciona sob o fundamento da liberalização dos mercados em um contexto puramente comercial; portanto, sob a regra da livre concorrência. Ora, tratar o turismo sob o ângulo exclusivo do comércio internacional acarretaria no fato de que questões sobre a proteção do meio ambiente e sobre a sustentabilidade, por exemplo, fatalmente tornar-se-iam considerações meramente secundárias. Ora, a regra básica do comércio internacional no GATS é a da liberalização dos mercados domésticos e da facilitação do investimento estrangeiro. No nosso caso, isto implicaria na abertura do mercado interno de turismo para as empresas estrangeiras e para o investimento estrangeiro.

Portanto, a grande tarefa do turismo no GATS é a de como introduzir os conceitos de sustentabilidade, meio ambiente e responsabilidade no seio desta instituição, de modo que tais conceitos "hetero-econômicos" possam conviver harmonicamente com as regras econômicas e comerciais que dominam o GATS.[20]

No entanto, antes de se fazer qualquer esforço para introduzir estes novos concei-

17. Frederico Neto, ibid., p. 7.

18. V. Rupa Chanda, "GATS and its implications for developing countries: key issues and concerns", in *DESA Discussion Paper 25*, Department of Economic and Social Affairs, United Nations, nov. 2002, p. 2.

19. V. Hee Moon Jo, "Turismo e Direito Internacional", in Rui Aurélio de Lacerda Badaró, *Turismo e Direito — Convergências*, São Paulo, Senac, 2003.

20. Xavier Font e Jem Bendell, *Standards for Sustainable Tourism for the Purpose of Multilateral Trade Negotiations — Studies on Trade in Tourism Service Report*, Leeds, Leeds Metropolitan University, 2002, p. 1.

tos no GATS, há a necessidade de uma avaliação relativa ao impacto do GATS na sustentabilidade do meio ambiente. Como as regras do GATS ainda estão em negociações, ou seja, em contínua evolução, elas foram muito pouco testadas na prática. Portanto, esta não é uma tarefa fácil e sequer possível, nos tempos atuais, de se perfazer por completo. Neste sentido, a avaliação dos efeitos do GATS com relação a sustentabilidade do turismo pode vir a ser superficial. Contudo, esta preocupação não somente explica como justifica a necessidade da tomada de medidas cautelares, no âmbito do GATS, visando minimizar os eventuais efeitos negativos deste no setor do turismo.

De fato, o GATS irá afetar diretamente as legislações domésticas. Isto ocorrerá porque, como a maior parte do turismo desenvolve-se nos mercados domésticos, as exigências do GATS indubitavelmente afetarão as legislações domésticas. Ora, os dispositivos do art. VI do GATS são muito claros neste sentido; porém, o escopo destas provisões ainda não está bem definido. Como estes dispositivos não expressam preocupação alguma com relação a proteção ambiental, existe a possibilidade de que eles limitem a capacidade dos governos em adotarem medidas visando proteger o meio ambiente. Vejamos o § 4 do art. VI do GATS:

> 4. Com o objetivo de assegurar que medidas relativas a requisitos e procedimentos em matéria de qualificação, de normas técnicas e requisitos em matéria de licenças não constituam obstáculos desnecessários ao comércio de serviços, o Conselho para o Comércio de Serviços, por meio dos órgãos apropriados que venha a instituir, estabelecerá as disciplinas necessárias. Tais disciplinas objetivarão assegurar que tais requisitos, *inter alia*:
>
> a) sejam baseados em critérios objetivos e transparentes, tais como a competência e a habilidade para prestar o serviço;
>
> b) não sejam mais gravosas que o necessário para assegurar a qualidade do serviço;
>
> c) no caso dos procedimentos em matéria de licença, não constituam em si mesmos uma restrição para a prestação do serviço.

Assim sendo, quais exceções do GATS os governos locais poderiam aproveitar na eventualidade de terem de agir ostensivamente para a proteção do meio ambiente ligado ao setor do turismo? O art. XIV, que trata das exceções gerais do GATS, não deu nenhuma atenção à proteção do meio ambiente como fundamento para uma eventual exceção. Teoricamente, os governos locais poderiam vir a invocar a letra *b)* "necessárias para proteger a vida e a saúde das pessoas e dos animais ou para a preservação dos vegetais" como fundamento para a proteção do meio ambiente relativo ao setor do ecoturismo. No entanto, tal interpretação certamente gerará fortes polêmicas. Vejamos o art. XIV:

> Art. XIV:
>
> 1. Sob reserva de que as medidas abaixo enumeradas não sejam aplicadas de forma que constituam um meio de discriminação arbitrário ou injustificável entre países em que prevaleçam condições similares ou uma restrição encoberta ao comércio de serviços, nenhuma disposição do presente Acordo será interpretada no sentido de impedir que um Membro adote ou aplique medidas:
>
> a) necessárias para proteger a moral ou manter a ordem pública; (...)
>
> b) necessárias para proteger a vida e a saúde das pessoas e dos animais ou para a preservação dos vegetais;
>
> c) necessárias para assegurar a observância das leis e regulamentos que não sejam incompatíveis com as disposições do presente Acordo, inclusive aquelas com relação a: (...).

Algumas questões que vinculam comércio e meio ambiente já foram discutidas em várias oportunidades na OMC. Por exemplo, o *Case Tuna/Dolphin I* (1991), o *Case Tuna/Dolphin II* (1994), o Caso da Gasolina (1996) e o *Case Shrimp-turtle* (1998) levantaram interessantes questões sobre as relações existentes entre meio ambiente e comércio internacional. Infelizmente, em nenhum deles a OMC deu uma resposta satisfatória.

Um fato muito interessante decorrente da análise destes casos é que o painel do *Case Tuna/Dolphin I* (1991) assumiu uma posição mais favorável ao comércio do que ao meio ambiente, enquanto que nos outros três casos os painéis tenderam a considerar e valorar mais os elementos ambientais nas suas decisões. Esta tendência demonstra que a OMC irá priorizar o mecanismo de solução por acordo multilateral sobre o meio ambiente no caso da ocorrência de conflito entre meio ambiente e comércio internacional. É nesta direção que caminha a Agenda de Doha.

De fato, como o setor do turismo é uma área relativamente aberta, dada a franca e natural movimentação dos turistas, a liberalização deste setor focalizaria a retirada das barreiras ao investimento e à prestação de serviços de turismo. Ora, a classificação dos serviços de turismo no GATS (W/120) em quatro categorias (setor 9) bem explica esta tendência.[21] Portanto, na situação atual poderá ocorrer até naturalmente uma limitação da competência dos governos locais para executarem planos específicos de desenvolvimento do turismo vinculado a sustentabilidade.

Desde a 4ª Conferência Ministerial em Doha (novembro de 2001), a questão do meio ambiente ou, mais especificamente, as relações entre as regras da OMC e os Acordos Multilaterais sobre o Meio Ambiente (MEA — *Multilateral Environment Agreement*), entraram definitivamente na agenda de negociação multilateral.

Durante toda esta nova rodada de negociações multilaterais (9ª Rodada), como alguns temas, tais como agricultura ou mesmo serviços, tenderão a criar um maior volume de compromissos de liberalização do que temas que não foram previamente definidos (transportes, por exemplo), os países enfrentarão grandes dificuldades para assegurarem a preservação dos seus recursos naturais vinculados ao turismo. Por exemplo, no caso dos investimentos em massa nos setores de hotelaria e *resorts* em áreas de preservação ambiental, caso o governo local limite estes investimentos, imponha a participação do povo local ou indígena no projeto de desenvolvimento, ou ainda dê preferência ao povo local no sentido do manejo do turismo sustentável, os investidores poderão questionar, com amparo legal, cada uma das medidas tomadas, o que demonstra a transferência de poder operada ao nível multilateral mas aplicada, na prática, ao nível local.

Por outro lado, a Agenda de Doha poderá reverter a situação defensiva dos países em desenvolvimento que se estabeleceu durante a Rodada Uruguai, uma vez que o poder de barganha destes países na OMC cresceu significativamente. Assim, dependendo da estratégia cooperativa internacional a ser adotada por estes países, as questões referentes aos serviços, a proteção do meio ambiente e ao desenvolvimento poderão ser vinculadas, no sentido de se buscar ampliar a responsabilidade dos países ricos na preservação ambiental como garantia ao desenvolvimento.

5. Considerações finais

Como o turismo tem a ver, cada vez mais, com a vida dos povos locais e com a preservação do meio ambiente, ele deve ser pensado no contexto do desenvolvimento sustentável e da preservação ambiental, seja em nível local, nacional ou mesmo internacional. Como o turismo possui diversas características, ele não pode ser definido por uma simples e única estratégia de desenvolvimento. Dependendo do caso, a exploração dos recursos turísticos engloba tanto a natureza local quanto a cultura e o próprio povo local, o que exige uma participa-

21. Estas quatro categorias são: (1) hotéis e restaurantes; (2) agências de turismo e serviços de operadores de turismo; (3) serviços de guias de turismo; e (4) outros (não especificados).

ção ativa do povo local neste processo e a garantia da distribuição dos benefícios gerados. Ora, o turismo sustentável e o chamado turismo responsável nasceram para responder a necessidades e preocupações de vários grupos. Neste contexto, a inclusão do turismo na pauta do comércio internacional, *prima facie*, limitaria substancialmente a habilidade e o poder dos governos locais no planejamento e execução das estratégias para o turismo sustentável, uma vez que os fundamentos da OMC e os do desenvolvimento sustentável são bem diferentes. Além disto, sabemos que a OMC ainda não desenvolveu as regras para a solução dos conflitos, em matéria de turismo, entre os interesses empresariais e os interesses locais.

O Brasil foi um dos países que participou da formulação da idéia vinculativa entre meio ambiente e turismo. Ao sediar a Conferência do Rio, em 1992, o Brasil apresentou toda a riqueza da sua natureza e o seu enorme potencial para o turismo ecológico. Dependendo do uso que se faça destes recursos naturais, os ideais de preservação e de desenvolvimento podem ter muito a ganhar ou perder na guerra do comércio internacional. As negociações constantes da Agenda de Doha são importantíssimas neste sentido, uma vez que elas definirão as relações que serão estabelecidas entre "liberalização", "proteção" e "desenvolvimento", no contexto do comércio internacional. Para isto, o Brasil deve assumir uma posição pró-ativa e até mesmo um tanto quanto agressiva nas negociações de que participa, ou seja, tanto na Agenda de Doha quanto nas negociações sobre a Área de Livre Comércio das Américas (ALCA).

Contudo, internamente, o governo deveria assumir uma atitude mais democrática e participativa perante as sociedades civis. Como o turismo sustentável e responsável requer a participação ativa do povo local, é imperativo que este conheça muito bem os efeitos do GATS sobre o desenvolvimento sustentável, sobre o turismo sustentável e sobre o turismo responsável. Para tanto, entendemos que o governo deve informar e trabalhar, em conjunto com a sociedade brasileira, todas as implicações advindas dos compromissos do GATS, buscando aproveitar, em favor da sociedade, esta oportunidade (ou ameaça, caso as negociações sejam mal conduzidas).

ALIENAÇÃO DA EMPRESA NA FALÊNCIA E SUCESSÃO TRIBUTÁRIA

HUMBERTO LUCENA PEREIRA DA FONSECA

1. Introdução. 2. Alienação da empresa ou de suas unidades produtivas. 3. O problema da sucessão tributária. 4. Interpretação restritiva do art. 133 e integração por analogia ao art. 130, parágrafo único, do CTN. 5. Interpretação "a contrario sensu". 6. Confronto das duas teses. 7. Conclusões.

1. Introdução

Tramitou por dez anos na Câmara dos Deputados — de 1993 a 2003 —, o Projeto de Lei 4.376, de iniciativa do então Presidente da República. Aprovado naquela casa legislativa na forma do último substitutivo apresentado pelo relator, tal projeto foi remetido ao Senado Federal para revisão, onde tramita como Projeto de Lei da Câmara (PLC) 71, de 2003, e aguarda parecer da Comissão de Assuntos Econômicos. A proposição tem por objetivo regular a falência e a recuperação de empresas, ab-rogando, se aprovado, o Decreto-lei 7.661, de 1945, atual Lei de Falências em vigor no Brasil.

Tive a oportunidade de colaborar com as discussões travadas no âmbito do Banco Central acerca da nova Lei de Falências, discussões essas que acabaram por concluir pela conveniência de alterações destinadas a corrigir distorções, propondo novos mecanismos, já experimentados em outros ordenamentos jurídicos, mais adequados à realidade do mercado e mais benéficos à economia como um todo. Muitas das sugestões apresentadas pelo Banco Central foram implementadas no texto finalmente aprovado na Câmara dos Deputados.

A diretriz dos estudos e discussões foi a de aumentar a eficiência do processo de falência e de recuperação de empresas. Tomou-se como princípio norteador a idéia de que a legislação deve efetivamente promover o soerguimento das empresas em dificuldades ou possibilitar a continuação da atividade produtiva pela preservação da empresa, distinta da figura de seus administradores. A eficiência que se busca deve direcionar-se a esse fim. Por outro lado, no caso de a recuperação mostrar-se inviável, um processo de falência eficiente deve promover a realização do ativo e o rateio do produto da forma mais célere possível, procurando-se maximizar o valor obtido para, assim, diminuir o risco de mercado, com evidentes benefícios econômicos à sociedade, especialmente no que tange ao custo do crédito, à circulação de riquezas e ao estímulo ao investimento.

2. Alienação da empresa ou de suas unidades produtivas

Em conformidade com esses objetivos, a lei deve estabelecer ordem de preferência entre as possíveis formas de realização do ativo, privilegiando, como primeira opção, a alienação da empresa como um todo. A segunda opção na linha de preferência seria a alienação de filiais ou de unidades produtivas da empresa. Essa orientação foi uma das poucas unanimidades em todas as discussões visando aperfeiçoar a legislação falimentar e foi inserida no corpo do art. 153 do PLC 71, de 2003, a ser examinado pelo Senado Federal.

A alienação dos bens em conjunto, como núcleos econômicos completos, deve ser levada a efeito sempre que possível, uma vez que o valor obtido nessa modalidade de venda supera o somatório dos valores de cada um dos bens vendidos separadamente para adquirentes diversos. Tal se dá porque a alienação do estabelecimento engloba intangíveis, como nome, ponto comercial, marcas, clientela, *know-how*, treinamento, perspectiva de lucro futuro, entre outros, levados em conta pelo mercado para avaliar seu interesse e fixar o valor das ofertas. Esses intangíveis seguramente se perderiam numa venda em separado.

Além da maximização do valor, decisiva para a proteção dos credores e para a redução do risco da atividade econômica, outro grande benefício da alienação em conjunto dos bens da massa falida é a preservação da empresa. A venda em separado, se tratada como regra na falência, causa a dissipação do ativo e retira da economia uma unidade produtiva, com conseqüências bem conhecidas: desemprego, diminuição da produção e da concorrência, redução de arrecadação, perda do valor dos intangíveis, retração da economia.

Há que se separar o conceito de empresa, como núcleo produtivo organizado, da figura do empresário, maior responsável pelos atos que a levam à ruína. Se os interesses deste não se identificam com os da comunidade, não se pode dizer o mesmo daquela. A alienação da empresa implica a substituição de seus administradores, e é vantajoso à sociedade brasileira o estímulo à iniciativa econômica, deferindo-se a outros a oportunidade de, organizando mais eficientemente o capital e o trabalho, ter sucesso onde outros falharam.

Pelos demonstrados benefícios da alienação da empresa ou de suas unidades produtivas, o Estado deve, por meio da lei, estimulá-la, tomando a preservação da empresa como princípio de política econômica.

Entretanto, em que pese a vigente Lei de Falências, já abrir em seu art. 116 a possibilidade de alienação da empresa como um todo, tal opção não tem sido utilizada na liquidação dos bens das empresas falidas, talvez por não estar suficientemente explicitada na lei, mas, também — e, a nosso ver, principalmente — em virtude, dos riscos a que os potenciais adquirentes entendem estar submetidos pela interpretação da legislação em vigor.

3. *O problema da sucessão tributária*

Identificou-se, na prática do processo falimentar, possível distorção extremamente nociva tanto à preservação da empresa quanto à maximização do valor obtido com a realização de ativos. Trata-se da sucessão de obrigações, especialmente as de natureza tributária, na alienação dos estabelecimentos comerciais da sociedade falida.

Na verdade, a sucessão tributária traz mais detrimentos que benefícios à Fazenda Pública. Ao estabelecer a oferta pela empresa, os interessados, normalmente os próprios concorrentes da empresa à venda, evidentemente levam em consideração todos os fatores que possam diminuir o valor do negócio. Se a sociedade oferecida é devedora de obrigações tributárias, não pode haver dúvidas de que o mercado não negligenciará essa informação e o valor oferecido naturalmente sofrerá a redução correspondente às obrigações transferidas ao arrematante. Assim, no que tange ao volume das garantias do Fisco, a sucessão não traz vantagens aos cofres públicos.

Agrava-se a situação se se considerar que a sucessão tributária envolve não somente os tributos definitivamente constituídos, que podem ser averiguados pelos eventuais interessados, mas também os não lançados ou não definitivamente constituídos, e mesmo aqueles decorrentes de fatos jurígenos de que a Receita Federal sequer teve conhecimento. Nessa situação, a regra da sub-rogação pessoal do adquirente impossibilita uma análise adequada do risco envolvido no negócio e, assim, diminui sobremaneira o interesse do mercado na empresa a ser vendida, a ponto de tornar inviável sua alienação, seja em razão da falta de interessados, seja pelo baixo valor oferecido em face do risco não calculável e, portanto, superestimado pelos eventuais interessados.

Para ilustrar a questão, consideremos três cenários: no primeiro, o passivo tributário da falida é maior que o valor de avaliação da empresa como um todo, hipótese nada incomum no Brasil. Nesse caso, a prevalecer a sucessão tributária, a venda da empresa não poderia ser implementada, já que não é razoável esperar que alguém se interesse por continuar o empreendimento sabendo que estaria assumindo obrigações que superam o valor de mercado da unidade produtiva adquirida. Os bens terminariam por ser vendidos separadamente, com perda do valor dos intangíveis, e a empresa desapareceria, deixando um passivo tributário a descoberto muito maior. Os cofres públicos seriam prejudicados diretamente pela diminuição do valor apurado com a venda e indiretamente com a diminuição da arrecadação em razão da cessação da atividade produtiva.

Num segundo cenário, os débitos tributários da empresa superam o valor dos bens avaliados em separado, mas não o valor da empresa tomada como unidade. Nessa hipótese, sem a sucessão, haveria maior possibilidade de acorrerem interessados à hasta pública e, assim, a empresa seria vendida por seu efetivo valor de mercado e não restaria passivo tributário inadimplido. Por outro lado, com a sucessão, em razão das incertezas que a permeiam, poderiam não acorrer interessados ou o valor atingindo seria reduzido em razão do risco excessivo, com a possibilidade de o sucessor também quedar-se inadimplente em relação às obrigações tributárias anteriores. Em resumo, a sucessão implicaria menor probabilidade de adimplemento do crédito tributário, com evidentes perdas ao erário.

Finalmente, num cenário em que o passivo tributário seja inferior ao valor dos bens avaliados em separado, a previsão de sucessão tributária pelo adquirente não implicaria prejuízo direto ao Fisco, já que, ainda que se frustrasse a tentativa de alienação da empresa ou de suas unidades produtivas, a venda dos bens em separado seria suficiente para garantir o passivo tributário. Nesse cenário, a sucessão tributária, embora não prejudique, também não melhora a situação do Fisco, pois os bens da empresa já serão suficientes para o pagamento dos créditos tributários, sem a necessidade de se excutirem os bens do sucessor. Entretanto, persiste o argumento da preservação da empresa e de seus benefícios sociais, bem como o do prejuízo indireto à Fazenda Pública em razão da diminuição da arrecadação decorrente da cessação da atividade produtiva. Além disso, os demais credores não podem ser negligenciados e o princípio da maximização do valor do ativo como objetivo da falência deve prevalecer.

Contudo, há entendimentos no sentido de que a venda em hasta pública de empresas falidas sem a sub-rogação do adquirente nas obrigações tributárias não é compatível com o disposto no art. 133 do Código Tributário Nacional (CTN), que assim dispõe:

> Art. 133. A pessoa natural ou jurídica de direito privado que adquirir de outra, por qualquer título, fundo de comércio ou estabelecimento comercial, industrial ou profissional, e continuar a respectiva exploração, sob a mesma ou outra razão social ou sob firma ou nome individual, responde pelos tributos, relativos ao fundo ou estabelecimento adquirido, devidos até à data do ato:
>
> I — integralmente, se o alienante cessar a exploração do comércio, indústria ou atividade;

II — subsidiariamente com o alienante, se este prosseguir na exploração ou iniciar dentro de seis meses a contar da data da alienação, nova atividade no mesmo ou em outro ramo de comércio, indústria ou profissão.

Economicamente, poder-se-ia argumentar que a sucessão tributária prevista no art. 133 do CTN constitui garantia ao Fisco em razão de os bens que compõem o ativo da empresa serem infungíveis, de difícil ocultação e de pouca liquidez. Se transformados em dinheiro, tais bens seriam facilmente dissipáveis, por expedientes conhecidos e que dispensam explicitação. Nesse caso, as garantias do Fisco poderiam ser reduzidas, já que a sub-rogação do crédito tributário no produto da venda não passaria de uma falácia.

Entretanto, tal argumento, não obstante defensável na hipótese de funcionamento normal da empresa, não se coaduna com a venda em hasta pública no processo de falência. Após a decretação da quebra, os administradores retiram-se da empresa e não mais podem utilizar-se dos mencionados expedientes para dissipar o valor obtido com a alienação. Em vez disso, os valores arrecadados são depositados em conta movimentável somente pelo juízo competente. Assim, ainda que transformados em numerário, a sub-rogação do passivo tributário nos valores apurados seria plenamente eficaz, uma vez que não seria lícito ao juízo violar a ordem de preferência no rateio do produto da arrecadação.

Outra alegação dos defensores da sucessão tributária na falência é a de que, se esta for eliminada, ficariam prejudicados os créditos tributários relativos a fatos jurígenos ocorridos anteriormente à venda, mas ainda não apurados, já que o produto daquela alienação já teria sido irremediavelmente rateado entre os credores.

Tal preocupação não deve ser levada a tal extremo, pois, tradicionalmente, assim que é decretada a falência, as Fazendas Públicas municipais, estaduais e federal investigam minudentemente a empresa falida, concentrando esforços para apurar o mais rapidamente possível o tamanho do passivo tributário. Além do mais, o procedimento de verificação de créditos e de rateio entre credores, mesmo levando-se em conta a possibilidade de aumento da agilidade que se busca com o projeto da nova Lei de Falências, certamente ainda vai tomar certo tempo, a deferir ao Fisco prazo razoável para constituir seu crédito. Ressalte-se, ainda, que, distribuída a execução fiscal, o respectivo juízo poderá determinar a reserva dos valores ao pagamento das obrigações tributárias, minimizando o risco de prejuízo ao Fisco.

Saliente-se, outrossim, que a exclusão da sucessão tributária pelo arrematante em hasta pública na falência não implica exoneração dos demais responsáveis pelos créditos tributários nos termos dos arts. 134 a 138 do CTN, nem tampouco interfere na responsabilidade criminal que porventura houver. Portanto, se restar diferença a ser cobrada, o Fisco mantém a prerrogativa de exigi-la dos responsáveis tributários, cujas obrigações permanecem pelo passivo remanescente, independentemente da alienação da empresa.

Assim, com base nesses três pilares fundamentais — 1) maximização do valor dos ativos da falida; 2) inexistência de prejuízo ao Fisco e aumento de suas garantias; e 3) preservação da empresa — estamos convencidos de que a sucessão tributária é perniciosa a todas as partes nela envolvidas, inclusive ao próprio Fisco. Nenhuma interpretação da lei pode conduzir a tal absurdo e, levando em conta imperativos de ordem lógica e os princípios constitucionais que devem reger toda exegese jurídica, passamos à apresentação e à análise das possíveis interpretações do art. 133 do CTN, a fim de encontrar o melhor desfecho para a controvérsia.

Saliente-se, contudo, que, sensível a esse cenário desfavorável da sucessão tributária na alienação de empresas na falência, o Governo Federal chegou a consenso com o relator do projeto de nova Lei de

Falências na Câmara dos Deputados e sua equipe, tendo sido finalmente aprovado o Projeto de Lei Complementar (PLP) 72, de 2003, que promove modificações no CTN. Entre essas modificações, está a do art. 133, que visa a tornar clara a exclusão da sucessão nas alienações judiciais na falência ou na recuperação de empresas. O projeto tramita no Senado Federal como PLC 70, de 2003, e espera-se que seja aprovado ainda em 2004. Uma vez sancionada pelo Presidente da República, a lei afastará qualquer eventual controvérsia sobre a matéria. Até lá, porém, persiste a oportunidade de se analisar a correta interpretação do art. 133 do CTN em face dos processos de falência em curso.

4. Interpretação restritiva do art. 133 e integração por analogia ao art. 130, parágrafo único, do CTN

Com fundamento em todos os elementos até aqui narrados, o art. 133 do CTN deve ser interpretado restritivamente, considerando-se que, quando fala em aquisição de fundo de comércio ou estabelecimento comercial, industrial ou profissional, não abarca as aquisições feitas em hasta pública no processo de falência, já que, nessa hipótese, o crédito tributário já está suficientemente garantido pelo caráter público da venda e pela administração dos recursos pelo juízo competente para determinar o depósito do valor apurado.

O citado art. 133 estabelece garantia para o crédito tributário. À evidência, considerando-se o elemento teleológico da disposição, não se admite que uma garantia possa gerar detrimento em vez de benefício. Tendo restado suficientemente demonstrado que a sucessão tributária é lesiva aos cofres públicos, por diminuir as perspectivas de recebimento do crédito tributário, pode-se dizer, sem medo de errar, que interpretação dirigida ao reconhecimento da sucessão tributária na hasta pública da falência conduz ao absurdo, o que não se admite na aplicação da norma jurídica.

Oportuna é a lição de Carlos Maximiliano:

"(...) não basta determinar finalidade prática da norma, a fim de reconstituir o seu verdadeiro conteúdo; cumpre verificar se o legislador, em outras disposições, já revelou preferência por um meio, ao invés de outro, para atingir o objetivo colimado; se isso não aconteceu, deve-se dar primazia ao meio mais adequado para atingir aquele fim de modo pleno, completo, integral.

"Não se deve ficar aquém, nem passar além do escopo referido; o espírito da norma há de ser entendido *de modo que o preceito atinja completamente o objetivo para o qual a mesma foi feita*, porém dentro da letra dos dispositivos. Respeita-se esta, e concilia-se com o fim"[1] (grifei).

Na venda de bens em separado da sociedade, a regra é a inexistência de sucessão tributária, uma vez que raramente os tributos no ordenamento pátrio têm caráter real, ou seja, aderem a determinado bem e o acompanham independentemente da sujeição passiva de seu proprietário. O Código Tributário Nacional prevê exceção a essa regra em seu art. 130, que estabelece a sub-rogação pessoal do adquirente de imóvel nos créditos tributários relativos ao imóvel adquirido. O parágrafo único do mesmo artigo, entretanto, já ressalva o caso de a venda dar-se em hasta pública, hipótese em que não há sucessão, e o crédito tributário sub-roga-se no preço obtido. Eis a íntegra do dispositivo:

> Art. 130. Os créditos tributários relativos a impostos cujo fato gerador seja a propriedade, o domínio útil ou a posse de bens imóveis, e bem assim os relativos a taxas pela prestação de serviços referentes a tais bens, ou a contribuições de melhoria, sub-rogam-se na pessoa dos respectivos adquirentes, salvo quando conste do título a prova de sua quitação.
>
> Parágrafo único. No caso de arrematação em hasta pública, a sub-rogação ocorre sobre o respectivo preço.

1. *Hermenêutica e Aplicação do Direito*, 16ª ed., Rio de Janeiro, Forense, 1996, p. 152.

A integração analógica por aplicação do disposto no art. 130, parágrafo único, do CTN vem em reforço do entendimento aqui esposado, nos termos do art. 108, I, do CTN. O legislador, ao tratar da aquisição de estabelecimento, não mencionou a hipótese de tal aquisição dar-se em hasta pública no curso da falência, deixando a lacuna a ser preenchida pelo aplicador da norma. A analogia ao parágrafo único do art. 130 confirma a necessidade de interpretação restritiva do art. 133.

Hugo de Brito Machado, tratando da alienação de imóveis em hasta pública, ensina que "o arrematante não é responsável tributário. A não ser assim, ninguém arremataria bens em hasta pública, pois estaria sempre sujeito a perder o bem arrematado, não obstante tivesse pago o preço respectivo. Justifica-se o disposto no art. 130 do Código Tributário Nacional porque entre o arrematante e o anterior proprietário do bem não se estabelece relação jurídica nenhuma. A propriedade é adquirida pelo arrematante em virtude de ato judicial e não de ato negocial privado".[2]

A mesma justificativa é plenamente aplicável à alienação de empresas em hasta pública, já que, semelhantemente à praça para venda de imóveis, não há relação jurídica nenhuma entre a massa falida e o adquirente das unidades produtivas. Assim, como a identidade das premissas deve levar à identidade da conclusão, a participação do juízo da falência como intermediário na transferência do estabelecimento é elemento bastante para diferenciar a venda de empresas em hasta pública da hipótese prevista no art. 133 do CTN.

5. *Interpretação "a contrario sensu"*

Os opositores da tese até aqui pugnada apontam o seguinte argumento: o art. 133 do CTN é claro o suficiente e não há lacuna a ser preenchida. A sucessão tributária engloba qualquer modalidade de alienação, inclusive a levada a efeito por meio de hasta pública em processo de falência, pois o CTN, quando quis prever exceção à regra da sucessão, fê-lo expressamente, como no art. 130, parágrafo único. Não tendo feito a mesma ressalva ao art. 133, exsurge a conclusão de que a lei não teve e não tem por objetivo a exclusão do arrematante da subrogação pessoal que se impôs genericamente ao adquirente de estabelecimento comercial, industrial ou profissional.

6. *Confronto das duas teses*

Qualquer estudo baseado no ordenamento jurídico brasileiro, especialmente se envolver os mestres da hermenêutica e as decisões dos tribunais, terminaria por concluir que tanto a interpretação restritiva e a integração por analogia quanto a interpretação *a contrario sensu* são métodos legítimos para extrair da legislação a norma jurídica aplicável, ampla e reiteradamente aplicados na doutrina e na jurisprudência pátria.

Estamos, aqui, diante de dois caminhos possíveis, ambos defensáveis juridicamente e amparados por métodos exegéticos consagrados. No entanto, somente um deles é o mais adequado ao desate da questão e, portanto, só um deles conduz à enunciação correta da norma contida nos comandos legais. Qual deles? A resposta sugere-nos Gomes Canotilho, proficiente constitucionalista português: "O princípio da interpretação das leis em conformidade com a Constituição é fundamentalmente um princípio de controlo (tem como função assegurar a constitucionalidade da interpretação) e ganha relevância autônoma quando a utilização de vários elementos interpretativos não permite a obtenção de um sentido inequívoco dentre os vários significados da norma. Daí a sua formulação básica: no caso de normas polissémicas ou pluri-significativas deve dar-se preferência à

2. *Curso de Direito Tributário*, 19ª ed. rev., atual. e ampl., São Paulo, Malheiros Editores, 2001, p. 126.

interpretação que lhe dê um sentido em conformidade com a constituição".[3]

Teori Albino Zavascki, Ministro do Superior Tribunal de Justiça e um dos juristas mais claros e sensatos da atualidade, robustece o ensinamento:

"Em nosso direito, caracterizado pela supremacia da Constituição e pela viabilidade ampla de controle difuso dessa supremacia, todo e qualquer preceito normativo sofre inafastável relação de coordenação e de subordinação para com os preceitos constitucionalizados. É a Constituição que dá unidade ao sistema, que estabelece seus princípios basilares, que fixa as diretrizes e os limites do conteúdo da legislação ordinária.

"Essa advertência é especialmente relevante quando se está em face de instituto jurídico que o legislador ordinário importou do direito estrangeiro ou nele se inspirou para criá-lo. Também nesse caso, a nova ordem legislativa deve receber interpretação e aplicação que permitam que ela esteja em harmonia com os princípios da Constituição, de modo que passe a representar a mais fiel concretização dos valores constitucionais."[4]

José Afonso da Silva, citando Jorge Miranda, assim leciona: "Jorge Miranda ressalta a função ordenadora dos princípios fundamentais, bem como sua ação imediata, enquanto diretamente aplicáveis ou diretamente capazes de conformarem as relações político-constitucionais, aditando, ainda, que a 'ação imediata dos princípios consiste, em primeiro lugar, em funcionarem como critério de interpretação e de integração, pois são eles que dão coerência geral ao sistema'. Isso é certo".[5]

Deve-se, portanto, procurar na Constituição os preceitos fundamentais que solucionarão a controvérsia interpretativa, de forma que a ilação esteja, no maior grau possível, em harmonia com o texto constitucional que lhe dá fundamento. Eis os princípios constitucionais aplicáveis à espécie:

Desenvolvimento nacional

A primeira disposição constitucional aplicável constitui princípio fundamental, classificado entre os objetivos fundamentais da República Federativa do Brasil: garantir o desenvolvimento nacional (art. 3º, II).

Parece-nos suficientemente demonstrado que a exclusão da sucessão tributária em hasta pública no curso do processo de falência contribui para o desenvolvimento nacional, ao ensejar maior agregação de valor à empresa falida a ser vendida e promover a continuação da atividade econômica. Os benefícios ao desenvolvimento nacional estão na manutenção e possível criação de empregos, aumento das riquezas produzidas no País, no aumento de arrecadação e no estímulo a investimentos internos e externos.

Eficiência

O art. 37 da Constituição faz expressa menção ao princípio da eficiência na Administração Pública. Tal preceito não se presta somente à análise dos atos administrativos, mas também à elaboração e à interpretação das normas atinentes à atividade administrativa.

Já demonstramos que a alienação da empresa em bloco deve ser estimulada e só pode ser plenamente implementada se não houver a sub-rogação pessoal do arrematante, uma vez que o risco excessivo afugenta os possíveis interessados e diminui o valor da oferta. Eficiência, no que tange à Fazenda Pública, implica maximização do valor obtido com a venda dos bens do devedor e conseqüente aumento de arrecadação efetiva.

3. *Direito Constitucional e Teoria de Constituição*, 2ª ed., Coimbra, Almedina, 1998, p. 1.099.

4. *Antecipação de Tutela*, 3ª ed. rev. e ampl., Rio de Janeiro, Saraiva, 2000, pp. 58-59.

5. *Curso de Direito Constitucional Positivo*, 12ª ed., São Paulo, Malheiros Editores, 1996, p. 97.

A sucessão tributária, repita-se, tem efeitos opostos aos desejados. A alienação da empresa em bloco aumenta seu valor de mercado em relação a cada bem tomado individualmente. Se a venda de bens em separado, em regra, não implica sucessão tributária, a sucessão na alienação da empresa como um todo, em hasta pública de falência, significaria impor ônus a uma situação que se deseja estimular. A contrariedade ao princípio da eficiência, nesse caso, é patente.

Função social da propriedade e preservação da empresa

A função social da propriedade, erigida a princípio da ordem econômica e financeira pelo art. 170, III, da Constituição, tem como corolário o princípio da função social da empresa, já que, no Brasil, vigora como regra o regime da livre iniciativa e as empresas, salvo exceções constitucionalmente admitidas, são de propriedade particular.

Da função social deduz-se o princípio da preservação da empresa, amplamente defendido pelos comercialistas, principalmente após a Primeira Guerra Mundial. A evolução do Direito Comercial levou à proteção da empresa, a fim de que prosseguisse como unidade dinâmica e produtiva, sem colapso do sistema.[6]

E, realmente, o sofreamento da atividade produtiva, especialmente se analisada como processo econômico baseado na generalidade das regras jurídicas e não como questão pontual, traz conseqüências nefastas à sociedade, como o desemprego e a recessão, completamente incompatíveis com a função social que a Constituição tutela.

Assim, por contribuir para a preservação da empresa, a exclusão da sucessão tributária na venda por hasta pública na falência harmoniza-se com o texto constitucional.

Igualdade e razoabilidade

O princípio da razoabilidade decorre do conteúdo jurídico do princípio da igualdade, que, como ensina Celso Antônio Bandeira de Mello, exige, entre outras coisas, "que exista, em abstrato, uma correlação lógica entre os fatores diferenciais existentes e a distinção de regime jurídico em função deles, estabelecida pela norma jurídica".[7] Mais que isso, o princípio da igualdade enuncia ainda:

"(...) não é qualquer diferença, conquanto real e logicamente explicável, que possui suficiência para discriminações legais. Não basta, pois, poder-se estabelecer racionalmente um nexo entre a diferença e um conseqüente tratamento diferenciado. Requer-se, demais disso, que o vínculo demonstrável seja constitucionalmente pertinente. É dizer: as vantagens calçadas em alguma peculiaridade distintiva hão de ser conferidas prestigiando situações conotadas positivamente ou, quando menos, compatíveis com os interesses acolhidos no sistema constitucional.

"Reversamente, não podem ser colocadas em desvantagem pela lei situações a que o sistema constitucional empresta conotação positiva."[8]

A razoabilidade norteia tanto a elaboração da lei quanto a interpretação da norma jurídica. Desse modo, cabe perquirir qual seria o fim colimado por norma que estabeleça a sucessão tributária na alienação de empresa por hasta pública na falência. A resposta seria: estabelecer mais uma garantia ao crédito tributário. Como já vimos acima, não é razoável admitir que norma fixadora de garantia cause um detrimen-

6. A respeito, v. José da Silva Pacheco, *Processo de Falência e Concordata*, 6ª ed., Rio de Janeiro, Forense, 1995, p. 5 e Rubens Requião, *Curso de Direito Falimentar*, 13ª ed., São Paulo, Saraiva, 1989, pp. 10-13.

7. *O Conteúdo Jurídico do Princípio da Igualdade*, 3ª ed. atual., São Paulo, Malheiros Editores, 2000, p. 41.

8. Idem, pp. 41-42.

to a essa garantia, como seria o caso da sucessão na falência. Trata-se de dedução de ordem lógica.

7. Conclusões

Dessa forma, com base em três pila res fundamentais — 1) maximização do valor dos ativos da falida; 2) inexistência de prejuízo ao Fisco e aumento de suas garantias; e 3) preservação da empresa —, deve-se interpretar o art. 133 do CTN de forma a não englobar a sub-rogação do arrematante de estabelecimentos da sociedade falida nos créditos tributários anteriores à arrematação, por analogia ao art. 130, parágrafo único, do mesmo diploma legal e levando-se em conta, ainda, a natureza da venda do bem em hasta pública, que, diferentemente das transações privadas, conta com a participação do juízo competente, garantidor da lisura do procedimento. Tal conclusão reflete a interpretação jurídica mais consentânea com a Constituição, porquanto promove o desenvolvimento nacional (art. 3º, II); a eficiência da Administração Pública (art. 37, *caput*); a preservação da empresa (art. 170, III); e deduz-se logicamente dos objetivos colimados (art. 5º, *caput*).

Atualidades

OS FUNDOS DE INVESTIMENTO EM DIREITOS CREDITÓRIOS À LUZ DAS ALTERAÇÕES PROMOVIDAS PELA INSTRUÇÃO CVM 393

João Paulo F. A. Fagundes

1. Notas introdutórias. 2. Fundos de investimento em direitos creditórios. Composição da Carteira dos FIDCs. 3. Fundos abertos e fechados. 4. Outros aspectos dos fundos de investimento em direito creditório, à luz da recente Instrução CVM 393. 5. Fundos de investimento em direitos creditórios e operações de securitização de recebíveis. 6. Notas finais.

1. Notas introdutórias

Em novembro de 2001, o Conselho Monetário Nacional, através do Banco Central do Brasil, publicou a Resolução 2.908, autorizando e disciplinando a constituição e o funcionamento de fundos de investimentos em direitos creditórios (FIDC). No mês seguinte, a Comissão de Valores Mobiliários — CVM — publicou a Instrução 356, regulamentando os fundos de investimento em direitos creditórios. Apesar disso, pouquíssimos fundos de investimento em direitos creditórios foram criados no Brasil até o primeiro semestre de 2003.

Essa timidez na criação de fundos de investimentos em direitos creditórios em 2002 e no primeiro semestre de 2003 deveu-se, em grande parte, ao aperto econômico sentido nesse período,[1] mas, também, em menor escala, a algumas restrições contidas na regulamentação da CVM.[2] No dia 22 de julho de 2003, a Comissão de Valores Mobiliários publicou a Instrução CVM 393, alterando a regulamentação dos fundos de investimentos em direitos creditórios (FIDC). Com a instrução CVM 393, busca-se adequar a regulamentação dos fundos de investimento em direitos creditórios às necessidades do mercado e à conjuntura brasileira.

1. "(...) o ano de 2002 foi excepcionalmente ruim para o mercado de capitais. Problemas como a corrida dos fundos de investimento, em função da marcação a mercado dos títulos públicos, o agravamento da crise Argentina, a expressiva diminuição das linhas de crédito para as companhias brasileiras, a indefinição do cenário eleitoral, e ainda, o elevado custo de financiamento da dívida pública, 'travaram' o mercado. Com o clima pouco favorável, os originadores de recebíveis decidiram não se aventurar, optando pelas renegociações de suas dívidas ou emissões *plain vanila* acrescidas de caução de recebíveis" (artigo publicado no *site* da Pentágono, sociedade distribuidora de títulos e valores mobiliários).

2. "Além do cenário desfavorável, outro motivo que não permitiu o avanço maior dos FIDC's foi a própria legislação que os instituiu. Tendo em vista sua rápida elaboração, e a grande preocupação do órgão regulador em proteger ao máximo os investidores, alguns pontos relevantes necessitam ser alterados, entre os quais citamos: (i) o resgate de cotas subordinadas somente após a integral liquidação das cotas seniores; (ii) não previsão de emissão de cotas seniores com características distintas, e em séries indeterminadas; e (iii) a necessidade de seguro *performance*, nos casos onde os recebíveis não são performados" (idem).

2. *Fundos de investimento em direitos creditórios. Composição da Carteira dos FIDCs*

O fundo de investimento em direito creditório é uma comunhão de recursos, organizada sob a forma de condomínio, que destina parcela preponderante de seu patrimônio à aplicação em direitos creditórios.[3] É dizer, diferentes investidores com o mesmo objetivo de investimento entregam seus recursos ao fundo que, a seu turno, investirá parte preponderante desses recursos, em seu próprio nome, em direitos creditórios. Pelos recursos investidos, os investidores recebem cotas representativas de sua participação na carteira de ativos do fundo, tornando-se condôminos do fundo. O objetivo do fundo é a valorização das cotas através do investimento em direitos creditórios, adquiridos com desconto em relação ao valor de face, e, em última instância, a geração de ganhos para os cotistas-condôminos.

Os direitos creditórios em que os FDICs aplicam seus recursos são "os direitos e títulos representativos de crédito, originários de operações realizadas nos segmentos financeiro, comercial, industrial, imobiliário, de hipotecas, de arrendamento mercantil e de prestação de serviços",[4] além de outros títulos representativos de créditos aceitos pela Comissão de Valores Mobiliários — CVM.

Os FIDCs devem manter pelo menos 50% do seu patrimônio líquido aplicado em direitos creditórios após noventa dias contados do início de suas atividades. A Instrução CVM 393 permite que a CVM prorrogue esse prazo, a seu bel talante, por igual período, contanto que o administrador do fundo apresente justificativas para tal prorrogação. O remanescente do patrimônio líquido dos FIDCs pode ser aplicado em "títulos de emissão do Tesouro Nacional, títulos de emissão do Banco Central do Brasil, créditos securitizados pelo Tesouro Nacional, títulos de emissão de Estados e Municípios, certificados e recibos de depósito bancário e demais títulos, valores mobiliários e ativos financeiros de renda fixa, exceto cotas do Fundo de Desenvolvimento Social (FDS)".[5]

É permitido, ainda, que os FIDCs realizem operações compromissadas e no mercado de derivativos,[6] estas últimas somente com o objetivo de proteger posições mantidas à vista.

As aplicações do fundo em *warrants* e em contratos mercantis de compra e venda de produtos, mercadorias e/ou serviços para entrega ou prestação futura, bem como em títulos ou certificados que representem esses contratos, devem ser garantidos por instituição financeira ou seguradora, observando-se, no último caso, a regulamentação da Superintendência de Seguros Privados — SUSEP.

Ainda com relação à composição de suas carteiras, os FIDCs não podem alocar mais de 10% do seu patrimônio líquido em direitos creditórios de uma mesma pessoa jurídica, ou de empresas pertencentes ao mesmo grupo econômico. Esse limite é de 20% para direitos creditórios de instituições financeiras e sociedades pertencentes ao seu grupo econômico. Esses limites, previstos na Instrução CVM 356, podem ser extrapolados, contanto que tal possibilidade seja estabelecida no regulamento do FIDC e, além disso, desde que ela conste, de forma destacada, do prospecto entregue ao cliente. De resto, há que se destacar que tais percentuais devem ser atendidos diariamente,

3. Eduardo Fortuna, *Mercado Financeiro — Produtos e Serviços*, p. 378.

4. Consoante Instrução CVM 393, que será tratada detalhadamente neste trabalho.

5. Art. 40 da Instrução CVM 356.

6. As operações com derivativos podem se dar "tanto em mercados administrados por bolsas de mercadorias e de futuros, quanto no de balcão, nesse caso desde que devidamente registradas em sistemas de registro e de liquidação financeira de ativos autorizados pelo Banco Central do Brasil" (Instrução CVM 356, art. 40, § 3º).

tendo por base o patrimônio líquido do fundo no último dia útil.

3. *Fundos abertos e fechados*

Os FIDCs podem ser constituídos sob a forma de condomínio aberto ou fechado. A principal diferença é que os fundos abertos podem, a qualquer momento, emitir novas cotas e resgatar cotas anteriormente emitidas. Em outras palavras, pode-se entrar e sair de um fundo aberto a qualquer momento.[7] Nos fundos fechados, entretanto, os cotistas só podem resgatar as suas cotas ao término da existência do fundo, de sorte que a negociação de cotas de um fundo fechado se dá no âmbito do mercado secundário, isto é, em bolsa de valores ou mercado de balcão.[8] Justamente por isso, as cotas dos fundos fechados podem ser comparadas com ações comuns emitidas por companhias de capital aberto.[9] Outra diferença é que as cotas dos fundos fechados não são oferecidas continuamente. Nos fundos fechados, há uma oferta inicial de cotas (IPO) e, eventualmente, mas não necessariamente, pode ocorrer nova colocação no futuro.[10] Geralmente, a estrutura fechada é utilizada quando o objetivo é investir em ativos de menor liquidez, ou quando se procura maior retorno para os investimentos. De fato, como os fundos fechados não estão obrigados a resgatar suas cotas a qualquer momento, podem eles aplicar seus recursos em ativos de menor liquidez.[11]

Outra distinção que se pode fazer é que as cotas de FIDCs constituídos sob a forma de condomínio fechado podem ser amortizadas, mas as dos fundos abertos, não. Afigura-se oportuno, nesse passo, distinguir-se o resgate de cotas da amortização de cotas.

Resgate[12] é o mecanismo conferido a titulares de cotas de fundos abertos ou fechado pelo qual eles, titulares das cotas,

7. Embora tratando genericamente de fundos de investimento, ou seja, apesar de não estar se referindo especificamente aos fundos para investimento em direitos creditórios, Alvin D. Hall deixa bem clara essa diferença entre os fundos abertos e fechados, válida para qualquer espécie de fundo: "A mutual fund is called an 'open-end' management company because it stands ready to issue new shares and redeem old shares every business day. As individuals buy (i.e., invest more money in) a fund, it issues more shares and uses the proceeds to purchase additional stocks and bonds to put into the portfolio. When investors sell (i.e., redeem) shares of a fund, the fund itself buys the shares back from the investor. Hence, the total shares outstanding declines. Thus, the number of a mutual fund's shares outstanding changes daily depending on the number of purchases or redemptions" (*Getting Started in Mutual Funds*, Wiley, 2000, p. 3).

8. "O mercado de balcão compreende as negociações realizadas fora das bolsas, com a participação de empresas ou profissionais que compõem o sistema de distribuição de valores mobiliários. Esse mercado é dividido em duas categorias: a) mercado de balcão organizado, cujos negócios são supervisionados por entidade auto-reguladora, com funcionamento autorizado pela CVM; b) mercado de balcão não organizado, cujos negócios não são supervisionados por entidade auto-reguladora" (Andrea Fernandes Andrezo e Iran Siqueira Lima, *Mercado Financeiro*, Thomson, 2002, p. 278).

9. Essa comparação, naturalmente, não escapou da observação de Alvin Hall, *verbis*: "Just like the common shares issued by a publicly held corporation (*e.g.*, IBM, GE, AT&T), a closed-end fund's shares can be bought and sold on a stock exchange or in the over-the counter market — hence the name 'publicly traded fund'. These shares are described as being tradable securities. In contrast, mutual fund shares (i.e., shares of an open-end management company) are redeemable securities and cannot be traded in the secondary market" (*Getting Started in Mutual Funds*, Wiley, 2000, p. 15).

10. Nos termos do art. 41 da Instrução CVM 302, é competência privativa da assembléia geral de cotistas deliberar sobre nova emissão de cotas nos fundos constituídos sob a forma de condomínio fechado.

11. "The closed-end structure is usually used when a fund holds illiquid securities that cannot back redemption requirements or when a fund does not offer redeemable securities because it aims at long term investments, yet cannot be left without management" (Tamar Frankel e Clifford E. Kirsch, *Investment Management Regulation*, Carolina Academic Press, 1998, p. 411).

12. *Redemption* (resgate), segundo Alvin D. Hall, é a venda de cotas dos fundos abertos de volta ao fundo, ou aos agentes de venda do fundo, pelo valor líquido dos ativos proporcionais (Alvin D. Hall, *Getting Started in Mutual Funds*, Wiley, 2000, p. 4).

mediante a apresentação das cotas ao emitente ou à pessoa designada pelo emitente, têm direito a receber sua parte proporcional da carteira líquida de ativos do fundo, ou o equivalente em dinheiro.[13] De se lembrar que, no caso dos fundos fechados, o resgate só tem lugar com o término do prazo de existência do fundo. O resgate é mecanismo aplicável tanto para as cotas de fundos constituídos sob a forma de condomínio aberto como para as cotas de fundos organizados em condomínio fechado.

Amortização, a seu turno, "é o pagamento aos cotistas do fundo fechado de parcela do valor de suas cotas, sem redução de seu número" (Instrução CVM 356, art. 2º, XII). A amortização, entretanto, só é aplicável às cotas de fundos organizados em condomínio fechado.[14]

4. *Outros aspectos dos fundos de investimento em direito creditório, à luz da recente Instrução CVM 393*

Os fundos de investimento em direitos creditórios podem emitir dois tipos de cotas: as cotas de classe sênior — cotas seniores, e as cotas de classe subordinada — cotas subordinadas. Consoante definição da Instrução CVM 393, a cota de classe sênior é "aquela que não se subordina às demais para efeito de amortização e resgate". É dizer, a cota sênior é aquela que pode ser resgatada ou amortizada independentemente da prévia amortização e resgate de outras cotas. Também em conformidade com a Instrução CVM 393, cota de classe subordinada é "é aquela que se subordina às demais para efeito de amortização e resgate".[15] Trocando em miúdos, cota subordinada é aquela que, como regra geral, só pode ser amortizada ou resgatada depois de terem sido amortizadas ou resgatadas as cotas seniores ou, se assim previsto no regulamento, depois de terem sido amortizadas ou resgatadas cotas subordinadas de uma outra classe. Quadra observar que, nos termos do art. 18-B, acrescentado à Instrução CVM 356 pela Instrução CVM 393, a amortização de cotas subordinadas, nos fundos fechados, só pode ocorrer nas hipóteses previstas no regulamento do fundo, obedecidos aos critérios nele estabelecidos.

Na prática, as cotas subordinadas são subscritas pelo cedente dos direitos creditórios e servem para garantir a liquidez das cotas seniores no caso de inadimplemento dos direitos creditórios. Vale dizer, subscrevendo as cotas subordinadas, ou boa parte delas, o cedente só receberá seu investimento depois dos cotistas seniores. Daí dizer-se que as cotas subordinadas servem de colchão de liquidez para os cotistas seniores. Bem por isso, também, é que os cotistas seniores podem ser considerados como os verdadeiros investidores dos FIDCs.[16]

13. "Before we discuss the characteristics of redeemable securities, we define the term. Section 2(a)(32) of the Investment Company Act defines redeemably securities to mean 'any security (...) under the terms of which the holder upon its presentation to the issuer or to a person designated by the issuer, is entitled (...) to receive approximately his proportionate share of the issuer's current net assets, or the cash equivalent thereof'" (Tamar Frankel e Clifford E. Kirsch, *Investment Management Regulation*, Carolina Academic Press, 1998, p. 261).

14. Ao distinguir os FIDCs abertos e fechados, Eduardo Fortuna assim se manifestou: "Estes fundos podem ser constituídos na forma aberta, quando então, os condôminos podem solicitar resgate de cotas, em conformidade com o disposto no regulamento do fundo, ou na forma fechada quando então as cotas somente serão resgatadas ao término do prazo de duração do fundo, ou em virtude de sua liquidação, admitindo-se, ainda, a amortização de cotas (o pagamento aos cotistas do fundo fechado de parcela do valor de suas cotas, sem redução do seu número) por disposição do regulamento ou por decisão da assembléia geral de cotistas" (*Mercado Financeiro — Produtos e Serviços*, Qualitymark, 2003, p. 378).

15. A Instrução CVM 356 definia cota subordinada como "aquela que se subordina à cota sênior ou a outras cotas subordinadas, para efeito de amortização e resgate".

16. Eduardo Fortuna manifestou-se com muita propriedade sobre esse aspecto, *verbis*: "As empresas ou instituições que cedem os créditos que constituem os fundos devem subscrever parte das cotas subordinadas, o que significa que só receberão o rendimento da aplicação, depois dos cotistas sênior,

O regulamento do fundo deve estabelecer a proporção mínima entre o valor das cotas seniores e o patrimônio do fundo, assim como a periodicidade para aferição do cumprimento dessa proporção e da sua divulgação aos cotistas.[17]

De acordo com a antiga regulamentação, os fundos de investimento em direitos creditórios só podiam oferecer cotas seniores de uma única classe. Podiam, entretanto, oferecer mais de uma classe de cotas subordinadas (Instrução CVM 356, art. 12).

Agora, com a nova regulamentação, passa a ser possível que os fundos constituídos sob a forma de condomínio fechado ofereçam mais de uma série[18] de cotas seniores, com prazos e valores diferentes para emissão, resgate e amortização.[19]

Na prática, isso quer dizer que as administradoras de fundos de investimentos em direitos creditórios poderão atingir mais facilmente investidores com diferentes pretensões e possibilidades de investimento. Trata-se, certamente, de importante e acertada medida para estimular o crescimento da indústria de fundos de investimento em direitos creditórios.

De acordo com a nova redação dada pela Instrução CVM 393 ao art. 6º da Instrução CVM 365, o regulamento do fundo deve estabelecer os prazos para resgate e amortização de cada série e classe de cotas. No entanto, as cotas seniores de uma mesma série, além de possuírem iguais características, devem conferir aos seus titulares os mesmos direitos e obrigações.[20]

A nova Instrução inovou também ao dispor que, nos fundos de investimentos em direitos creditórios constituídos sob a forma de condomínios abertos, o resgate das cotas subordinadas pode-se dar antes do resgate das cotas seniores,[21] desde que transcorrido prazo de 60 dias a contar do pedido de resgate e, naturalmente, observando-se sempre o regulamento do fundo. Solicitado o resgate de cotas subordinadas, o administrador do fundo deve comunicar tal fato, em até três dias úteis contados a partir da solicitação de resgate, aos titulares de cotas seniores em circulação. O valor e a data da realização do resgate pretendido pelos titulares de cotas subordinadas também devem ser comunicados pelo administrador, no mesmo prazo de três dias úteis. O objetivo dessa comunicação é permitir que os titulares de cotas seniores resgatem suas cotas antes de transcorrido o prazo de sessenta dias para resgate das cotas subordinadas, garantindo-se assim a preferência da cotas seniores em relação às subordinadas.[22]

Impende observar que a nova regulamentação veda a "afetação ou a vinculação, a qualquer título, de parcela do patrimônio do fundo a qualquer classe ou série de cotas".[23] Todavia, "na hipótese de liquidação do fundo, os titulares de cotas seniores terão o direito de partilhar o patrimônio na

ou seja os investidores propriamente ditos" (*Mercado Financeiro...*, cit., p. 379).

17. Consoante o inc. XV do art. 24 da Instrução CVM 356, à esta acrescentado pela Instrução CVM 393.

18. Segundo a Instrução CVM 393, séries são "subconjuntos de cotas da classe sênior dos fundos fechados, diferenciados exclusivamente por prazos e valores para amortização, resgate e remuneração, quando houver".

19. De fato, assim dispõe o art. 12, § 1º, da Instrução CVM 393: "No caso dos fundos fechados, as cotas seniores podem ser divididas em séries com valores e prazos diferenciados para amortização, resgate e remuneração".

20. V. art. 12, § 2º, da Instrução CVM 356, com a nova redação dada pela Instrução CVM 393.

21. A regra geral é aquela contida no art. 24, VI, *a*, da Instrução CVM 356 (com as alterações promovidas pela Instrução CVM 393), segundo a qual "as cotas subordinadas somente poderão ser resgatadas após o resgate das cotas seniores (...)".

22. Em relação à amortização, a nova regulamentação reforçou a regra geral segundo a qual as cotas subordinadas somente podem ser amortizadas depois de amortizadas as cotas seniores. Vale lembrar, consoante já anotado acima, que as cotas subordinadas de fundos fechados somente poderão ser amortizadas nas hipóteses estabelecidas no regulamento do fundo.

23. Art. 12, § 4º, da Instrução CVM 356, já com as modificações introduzidas pela Instrução CVM 393.

proporção dos valores previstos para amortização ou resgate da respectiva série e no limite desses mesmos valores, na data da liquidação, sendo vedado qualquer tipo de preferência, prioridade ou subordinação entre titulares de cotas seniores".[24] Ou seja, caso o fundo venha a ser liquidado, os cotistas seniores poderão partilhar o patrimônio do fundo. Não todo o patrimônio. Somente até o limite dos valores previstos para amortização ou resgate de cada série. E a partilha há de se dar na exata proporção desses mesmos valores.

Nos termos da nova regulamentação os administradores dos fundos podem distribuir, simultaneamente, classes e séries de quotas diferentes, "em quantidades e condições previamente estabelecidas no anúncio de início de distribuição de cotas e no prospecto do fundo".[25] Consoante exposto na Minuta do Edital de Audiência Pública, a distribuição simultânea de cotas de diferentes classes e séries evita a "reincidência de custos de transação".[26] Além disso, a possibilidade de distribuição de cotas de diferentes classes e séries, simultaneamente, permite a captação de recursos sob prazos e condições diversas, o que amplia o leque de investidores interessados em investir no fundo e possibilita maior diversificação na aplicação dos recursos.

De acordo com a antiga regulamentação, os fundos de investimento em direitos creditórios deveriam ser classificados ou ter "seus ativos classificados por agência classificadora de risco em funcionamento no país" (Instrução CVM 356, art. 3º). A Instrução CVM 393 estabelece que somente as classes e séries de cotas "destinadas à colocação pública"[27] devem ser classificadas por agência classificadora de riscos. Vale notar que o termo *colocação pública*, aqui, não é empregado em seu sentido técnico, como sinônimo de emissão ou distribuição pública.[28] Com efeito, o art. 3º, II, da Instrução CVM 393 é claro ao estabelecer que os fundos de investimento em direitos creditórios "somente poderão receber aplicações, bem como ter cotas negociadas no mercado secundário, quando o subscritor ou adquirente das cotas for investidor qualificado".

Outra importante alteração para os investidores foi a modificação do art. 14 da Instrução CVM 356. Segundo a antiga redação do art. 14, as cotas do fundo deveriam "ter seu valor calculado pelo menos por ocasião das demonstrações financeiras mensais e anuais mediante a utilização de metodologia de apuração do valor de mercado dos direitos creditórios e dos demais ativos financeiros integrantes da respectiva carteira, de acordo com critérios consistentes e passíveis de verificação, amparada por informações externas e internas que levem em consideração aspectos relacionados ao devedor, aos seus garantidores e às características da correspondente operação". Pela nova instrução, os ativos financeiros e os direitos creditórios devem ser necessariamente apurados de acordo com o valor de mercado, quando houver.

Outra alteração diz respeito à forma da cotas dos fundos de investimento de direitos creditórios. À luz da antiga regulamentação, as cotas dos fundos de recebíveis

24. Art. 12, § 3º, da Instrução CVM 356, já com as modificações introduzidas pela Instrução CVM 393.

25. Art. 20, § 3º, da Instrução CVM 356, já com as modificações introduzidas pela Instrução CVM 393.

26. Minuta da Instrução CVM 393.

27. Art. 3º, III, da Instrução CVM 356, com a nova redação dada pela Instrução CVM 393.

28. Na lição de Nelson Eizirik, "para distinguir-se a emissão pública da emissão privada, além de indeterminação dos ofertados e da inexistência de vínculos deles com a emissora, há que se perquirir sobre dois elementos adicionais: a qualificação dos investidores; e a disponibilidade de informações. (...) Relativamente à qualificação dos ofertados, deve ser verificado qual o seu grau de sofisticação como investidores. Nessa linha, cabe ser analisada a capacidade dos destinatários da oferta de assumirem os riscos do empreendimento, assim como o seu conhecimento de questões financeiras" ("Caracterização jurídica da emissão pública de valores mobiliários", *RDM* 83/59 e 60, Ed. RT, 1991).

seriam nominativas. Com a nova regulamentação, porém, as cotas dos fundos de investimento em direitos creditórios devem necessariamente ser escriturais.[29]

Com a nova redação dada ao art. 15 da Instrução CVM 356, o resgate de cotas seniores também pode-se dar em direitos creditórios, mas somente nos casos de liquidação antecipada do fundo. Antes, em nenhuma hipótese as cotas seniores podiam ser resgatadas em direitos creditórios. É importante notar que a nova regulamentação só autorizou o *resgate* de cotas seniores em direitos creditórios nos casos de liquidação antecipada. É dizer, a *amortização* de cotas seniores, em direitos creditórios, continua sendo vedada, mesmo nos casos de liquidação antecipada do fundo.

Outra modificação relevante concerne ao valor das cotas dos fundos de recebíveis no momento de sua emissão. Em sua antiga redação, o art. 16 da Instrução CVM 356 estabelecia que "na emissão de cotas do fundo deve ser utilizado, conforme disposto pelo regulamento, o valor da cota em vigor no próprio dia ou no primeiro dia útil subseqüente ao da efetiva disponibilidade dos recursos confiados pelo investidor à instituição administradora (...)". A Instrução CVM 393 apartou os fundos abertos dos fundos fechados ao cuidar da estipulação do valor de suas cotas. No caso dos fundos abertos, a regra antiga continua valendo. Todavia, para os fundos fechados, "o preço de subscrição poderá contemplar ágio ou deságio sobre o valor previsto para amortização, desde que uniformemente aplicado para todos os subscritores e apurado através de procedimento de descoberta de preço em mercado organizado".

O art. 17 da Instrução CVM 356 também ganhou nova redação com a publicação da Instrução CVM 393. A redação atual, à primeira vista, pode causar alguma estranheza. É que o *caput* do art. 17 parece permitir a colocação de cotas de fundos de investimento em direitos creditórios constituídos sob a forma de condomínio fechado ao público em geral, vale dizer, a investidores não qualificados, presumidamente desprovidos de informações necessários à avaliação do risco do investimento, *in verbis*: "nas emissões de cotas de fundo fechado colocadas junto ao público (...)". O parágrafo único do tal art. 17, entrementes, é esclarecedor, deixando claro que as cotas de fundos de investimento em direitos creditórios organizados em condomínio fechado só podem ser negociadas com investidores qualificados.[30] Ainda nos termos do supradito parágrafo único, as cotas dos fundos fechados devem ser registradas para negociação "em bolsa de valores ou em mercado de balcão organizado". Esse registro para negociação em bolsa ou mercado de balcão organizado é de responsabilidade da administradora do fundo (art. 57, XI, da Instrução CVM 302) e da instituição que intermediar a operação (art. 7º da Instrução CVM 88).

29. "As ações escriturais foram introduzidas na legislação brasileira com a atual lei das sociedades anônimas. Trata-se de uma variante da ação nominativa, pois, como nessa, o registro é que confere a propriedade. Na ação nominativa o registro é procedido nos livros da sociedade e na ação escritural esse mesmo registro tem lugar nos livros da instituição financeira para tanto designada. A autorização para a prestação de serviços de ações escriturais encontra-se regulada pela Instrução CVM 89/1988. A transferência de ação nominativa depende de um termo de transferência lavrado nos livros da sociedade, assinado pelo alienante e pelo adquirente. No caso de ação escritural, basta uma ordem escrita do alienante, que ficará arquivada na instituição financeira. A grande novidade da ação escritural é a ausência de certificado, pois que o titular dessas ações apenas recebe um extrato da chamada conta de depósito das ações" (José Edwaldo Tavares Borba, *Direito Societário*, Renovar, 2003, p. 241).

30. Nos termos do art. 99 da Instrução CVM 302, investidores qualificados são: "I — instituições financeiras; II — companhias seguradoras e sociedades de capitalização; III — entidades abertas e fechadas de previdência privada; IV — fundos de investimento regulados e fiscalizados pelo Banco Central do Brasil; V — pessoas jurídicas não financeiras com patrimônio líquido superior a R$ 5.000.000,00 (cinco milhões de reais); e VI — carteiras de valores mobiliários de valor superior a R$ 500.000,00 (quinhentos mil reais) administradas, discricionariamen-

5. *Fundos de investimento em direitos creditórios e operações de securitização de recebíveis*

Securitização é o processo pelo qual ativos financeiros ilíquidos, sem mercado secundário, são convertidos em valores mobiliários ativamente negociáveis no mercado secundário.[31] Securitização de recebíveis, portanto, pode ser definida como o processo pelo qual *direitos creditórios* ilíquidos são transformados em valores mobiliários ativamente negociáveis no mercado secundário.

Em linhas bem gerais, uma operação de securitização de recebíveis — também conhecidas com *structured financing* — engloba as seguintes etapas: uma empresa, geralmente designada originadora, desejando receber direitos creditórios originados em sua atividade (duplicata decorrente de venda de mercadoria, por exemplo), promove a constituição de uma outra sociedade, de propósito específico (SPC), denominada *securitizadora*. A securitizadora distribui valores mobiliários de sua própria emissão, geralmente debêntures, captando recursos junto ao público em geral. Esses recursos, então, são utilizados pela sociedade securitizadora para adquirir recebíveis (ou direitos creditórios, se se preferir) da empresa originadora. Com isso, a empresa originadora consegue receber antecipadamente os seus direitos creditórios. Naturalmente, o recebimento antecipado de direitos creditórios pela sociedade originadora se dá com um desconto em relação ao efetivo valor dos recebíveis, haja vista que estes têm vencimento futuro.[32]

Um dos principais conceitos que fundamentam a operação de securitização de recebíveis é o de separar o risco concernente aos direitos creditórios dos riscos atinentes à originadora. Com a cessão dos direitos creditórios da originadora para a securitizadora, os investidores que adquirem debêntures emitidas por esta última estarão expostos tão-somente ao risco de inadimplência dos recebíveis, que servem de lastro para a emissão dos valores mobiliários. É importante destacar que, exatamente pelos motivos expostos neste parágrafo, a sociedade securitizadora é constituída com o propósito único e específico de adquirir os direitos creditórios da originadora, através da colocação de debêntures de sua emissão junto a investidores. Dessa forma, a sociedade securitizadora não possui nenhum outro débito, nenhuma outra obrigação, senão a de pagar os investidores que adquiriram seus valores mobiliários.[33] A esse respeito, é de se notar que a classificação do risco da operação é promovida com base no risco da sociedade es-

te, por administrador autorizado pela CVM a prestar serviços de administração de carteira, nos termos do art. 23 da Lei 6.385/1976".

31. "Securitization. While definitions vary, securitization refers to a process by which an illiquid financial asset that has no secondary market is converted into a tradeable security with an active secondary market. The process first developed through the efforts of banks and other lenders to repackage their mortgage loans into a pool in which they could sell collateralized interests to investors. To do this, banks would transfer a large number of such loans to a trustee or other special purpose entity (who would administer and service the pool) and then would sell debt securities in the pool. By pooling their loans and selling interests in them, banks improved their capital ratios and escaped regulatory requirements that otherwise forced them to maintain reserves on their own balance sheets equal to some proportion of the transferred loans" (Richard W. Jennings, Harold Marsh Jr., John C. Coffee Jr. e Joel Seligman, *Securities Regulation — Case and Materials*, Foundation Press, 1998, pp. 51-52).

32. Cf. observado por Fernando Schwarz Gaggini, "o percentual do deságio dependerá de diversos fatores, tais como: o prazo de vencimento dos títulos, a classificação de risco dos recebíveis e dos títulos e valores mobiliários lançados, as taxas de juros vigentes no mercado, entre outros" (*Securitização de Recebíveis*, LEUD, 2003, p. 30).

33. "(...) the financial asset being securitized must be segregated from the sponsor's other assets in order to insulate the securitized asset from any risks associated with the sponsor's possible insolvency. This second step is achieved by transferring the assets to a trust or some 'special purpose vehicle' that is restricted from engaging in any other activity" (Jennings, Marsh Jr., Coffee Jr. e Seligman, *Securities...*, cit., p. 52).

pecífica securitizadora, que, dessarte, logra obter melhor *rating* do que a empresa originadora obteria, circunstância essa que, em última instância, implica um custo inferior de captação.[34]

Como se pode notar, existem grandes semelhanças entre as operações de securitização de recebíveis e os fundos de investimento em direitos creditórios. A bem da verdade, as operações de securitização de recebíveis e aquelas envolvendo fundos de investimento em direitos creditórios são praticamente idênticas. Em ambos os casos, há uma sociedade que originou direitos creditórios em operações com seus clientes (venda de mercadorias, prestação de serviços etc.), cedendo estes direitos para uma outra entidade, que irá colocar valores mobiliários por ela emitidos junto ao público, e pagar a originadora pelos direitos que adquiriu com os recursos captados no mercado. A diferença está em que, nas operações de securitização, é a sociedade de propósito específico, uma sociedade anônima, quem recebe os direitos e capta recursos, para pagá-los, no mercado, através da colocação de valores mobiliários de sua emissão. E, nos casos dos fundos de investimento em direitos creditórios, o fundo, vale dizer, um condomínio, desempenha o papel da sociedade de propósito específico.

Colocando-se de outra forma, pode-se afirmar que os fundos de investimento em direitos creditórios são estruturas financeiras alternativas para as operações de securitização de recebíveis, consoante dá conta, aliás, Fernando Schwarz Gaggini, *verbis*: "frente às dificuldades de ordem tributária que as operações de securitização têm encontrado em nosso país, dificuldades que inviabilizam uma série de operações, buscou a administração pública, com a criação desses fundos, uma forma de contornar tais obstáculos e permitir o desenvolvimento do mercado de recebíveis".[35]

34. Fernando Schwarz Gaggini, ob. cit., p. 33.
35. *Securitização...*, cit., p. 86.

Cumpre alertar, todavia, que, do ponto de vista do investidor, existem algumas particularidades que podem fazer diferença na hora de se optar por investir em debêntures emitidas por uma sociedade de propósito específico securitizadora ou em cotas de emissão de fundos de investimento em direitos creditórios.

Uma delas é que investidores institucionais podem aplicar maior percentagem de sua carteira em debêntures emitidas por sociedades de propósito específico securitizadoras do que em cotas emitidas por fundos de investimento em direitos creditórios.

Outra particularidade é que as debêntures emitidas pela sociedade de propósito específico securitizadoras são valores mobiliários de vasta utilização no mercado brasileiro, enquanto as cotas de fundos de investimento em direitos creditórios ainda não o são.

A terceira, e talvez mais relevante particularidade, diz com a tributação da operação de securitização, significativamente mais onerosa do que a incidente sobre os fundos de investimento em direitos creditórios. Realmente, nas operações de securitização de recebíveis, a sociedade de propósito específico securitizadora está sujeita ao pagamento da contribuição destinada ao PIS, da Contribuição para o Financiamento da Seguridade Social — COFINS, do Imposto de Renda Pessoa Jurídica — IRPJ, e da Contribuição Social sobre o Lucro — CSL. Os FIDCs, no entanto, não estão sujeitos ao pagamento da contribuição destinada ao PIS, da Contribuição para o Financiamento da Seguridade Social — COFINS, do Imposto de Renda Pessoa Jurídica — IRPJ, e da Contribuição Social sobre o Lucro — CSL.

6. Notas finais

Os fundos de investimento em direitos creditórios foram introduzidos em nossa legislação para dar mais liquidez ao mercado de crédito. Vieram à lume com a Resolução 2.908 do Conselho Monetário Nacional, e foram regulamentados pela Instrução 356 da Comissão de Valores Mobiliário, a qual foi modificada recentemente pela Instrução CVM 393.

Na prática, os FIDCs são alternativas para as operações de securitização de recebíveis. Todavia, a adoção de uma ou de outra estrutura financeira dependerá das especificidades de cada caso concreto. Pode-se esperar, porém, um aumento no número de fundos de investimentos em direitos creditórios no futuro próximo, especialmente em decorrência das importantes alterações trazidas pela Instrução CVM 393.

Atualidades

O CONTROLE DO ESTADO EM SETORES ESTRATÉGICOS

LUIS ANTONIO SEMEGHINI DE SOUZA

e

MARCELO COSAC

Os recentes avanços na economia brasileira, inclusive com a privatização de diversos setores estratégicos, demandaram a atuação do Estado no controle direto de política pública, seja restringindo o poder de controle dos agentes privados em companhias de setores estratégicos por meio da utilização da *Golden Share* ou de disposições contratuais restritivas de direito em operações de financiamento.

A *Golden Share* foi inserida no arcabouço legal brasileiro por meio da Lei 8.031, de 12 de abril de 1990, posteriormente revogada pela Lei 9.491, de 9 de setembro de 1997, regulamentada pelo Decreto 2.594, de 15 de maio de 1998, no processo de desestatização de setores estratégicos da economia brasileira, como é o caso dos setores de mineração, telecomunicações e energia elétrica. Essa legislação previa a criação de ações com poderes especiais com relação a determinadas matérias, conferindo à União, sua titular, o poder de veto em determinadas deliberações da companhia privatizada e de interferência em certas matérias que poderiam ter impacto ou afetar o interesse público. Com a edição da Lei 10.303, de 31 de outubro de 2001, que alterou a legislação societária no Brasil (Lei das S/A), o escopo da *Golden Share* foi ampliado, estendo a sua utilização aos Estados e Municípios, restringindo sua criação, por outro lado, exclusivamente como ação preferencial.

A utilização da *Golden Share* encontra justificativa na existência do interesse público. O interesse público manifesta-se com bastante nitidez nos seguimentos de indústrias estratégicas da economia nacional, esferas da economia consideradas politicamente sensíveis e indústrias de relevante importância simbólica ao País. As indústrias estratégicas da economia compreendem, dentre outras, as indústrias de energia elétrica, transporte público, telecomunicações e as indústrias com grande agregado tecnológico ou para fins militares, que geram ou fornecem bens essenciais à vida moderna ou ao financiamento de uma economia eficiente. No Brasil, os casos da EMBRAER e da Companhia Vale do Rio Doce — CVRD justificaram a utilização da *Golden Share* pelo Estado. As indústrias de relevante importância simbólica são aquelas naturalmente associadas a características típicas de um país, assim é a FIAT para a Itália, a PEMEX para o México e a PETROBRAS para o Brasil.

A *Golden Share* foi bastante utilizada durante o processo de privatização de setores estratégicos da economia britânica na década de 1980 quando, na Inglaterra, dominava o governo e as políticas conservadoras da Primeira Ministra, Margaret Thatcher. As *Golden Shares*, de titularidade do governo britânico em companhias como a Britoil e a Jaguar, conferiram a esse governo o poder de veto em deliberações sensíveis ao interesse público da nação britânica. Outros países da União Européia igualmente utilizaram em grande escala a *Golden Share* no controle de decisões relevantes em companhias privatizadas, como é o caso da anglo-holandesa Corus (conforme tabela abaixo, indicando as principais companhias da União Européia que adotam a *Golden Share*), que recentemente ensaiou fusão com a Companhia Siderúrgica Nacional — CSN.

Apesar da tentativa de fusão da CSN e Corus ter fracassado em razão da crise que afetou o mercado siderúrgico no Brasil e na Europa e da elevada aversão ao risco Brasil nesse ano de 2002, a fusão deveria ter passado pelo crivo do BNDES, principal credor do Grupo Vicunha, acionista controlador da CSN. O BNDES emprestou ao Grupo Vicunha uma quantia substancial no processo de descruzamento de participações acionárias no setor siderúrgico nacional, envolvendo a CSN e a Companhia Vale do Rio Doce — CVRD, recebendo como garantia o penhor da totalidade das ações de emissão da CSN de titularidade da Vicunha Siderurgia S/A, ficando a Vicunha Siderurgia S/A, em razão dessa garantia, impedida de concluir determinadas operações com sua participação acionária na CSN sem a aprovação do BNDES, a exemplo da fusão com a Corus. Esse importante mecanismo de controle do Estado, no seu papel de credor por meio da atuação de seu banco de fomento, garante o veto de operações conduzidas pelos devedores que tenham impacto patrimonial relevante, inclusive colocando em risco a capacidade de pagamento dos empréstimos pelos tomadores.

Não podemos perder de vista, no entanto, que a *Golden Share* e as disposições contratuais restritivas de direito em operações de financiamento pelo Estado não são os únicos instrumentos de política pública de que dispõe o governo na manutenção de serviços de interesse público relevante e no controle de setores estratégicos. O Estado atua também como agente regulador do mercado. Exemplo bastante marcante dessa atuação do Estado é a utilização das agências reguladoras. A Agência Nacional de Energia Elétrica — ANEEL, Agência Nacional de Telecomunicações — ANATEL e Agência Nacional de Águas — ANA são exemplos efetivos da política de manutenção instituída pelo governo brasileiro em setores estratégicos da economia.

É marcante, no entanto, a diferença na atuação do Estado mediante a utilização da *Golden Share*. Nesse caso, o Estado atua como acionista, na sua feição como Estado-empresário, com influência direta nas deliberações tomadas pela companhia. Já no caso das agências reguladoras, atua como Estado-regulador, gozando tais agências de independência operacional e orçamentária com relação ao Estado no exercício de suas funções, apesar de ser inafastável a influência política do Estado sobre tais agências.

Debate incessante no modelo de agências reguladoras é sua adaptação à clássica tripartição de poderes. A delegação legislativa inerente ao modelo encontra severas restrições por parte daqueles que enxergam no legislativo a única fonte de poder legiferante.

A *Golden Share* também suscita inúmeros debates. Apesar de estar prevista em diversos sistemas legais, muito se discute sobre a validade ou legalidade da *Golden Share*. É flagrante a subversão do princípio fundamental de direito societário de que as deliberações são tomadas por maioria do capital social. Assim, o desvio de finalidade na utilização pelo Estado desse instrumento pode acarretar a nulidade das respectivas deliberações, como seria o caso de sua utilização para controlar o pagamento de dividendos, visando arrecadar recursos para determinados investimentos de interesse exclusivo do governo. Ressalta-se, ainda, o princípio do não deslocamento dos poderes da assembléia geral e da administração para outros órgãos, existindo inúmeras dúvidas sobre a legalidade do deslocamento das atribuições dos órgãos de administração pelo poder de veto conferido pela *Golden Share*.

Recentemente o Tribunal de Justiça Europeu (TJE) proferiu decisões sobre a ilegalidade da criação de *Golden Share* em Portugal, França e Bélgica. No caso de Portugal, a aquisição, por estrangeiros, de ações de companhias de determinados setores que excedessem o teto de 10% estava sujeita à aprovação do governo, levando o TJE a decidir pela ilegalidade de tal sujeição com base no princípio da "livre movimentação do capital social". As demais decisões são no sentido de que qualquer restrição à venda de ações de uma companhia com base no interesse nacional seria válida somente em casos excepcionais.

A legislação brasileira que fundamenta a criação da *Golden Share* vem na esteira do Programa Nacional de Desestatização, e, portanto, constitui uma exceção ao poder de voto conferido às ações de uma companhia, justificando-se, e, por conseguinte, legitimando-se, em razão da existência do interesse público que deve ser salvaguardado, caso contrário estaríamos diante de uma flagrante ingerência do Estado na propriedade e em negócios privados, que contraria princípios constitucionais basilares de nosso sistema legal.

ESTADOS-MEMBROS DA UNIÃO EUROPÉIA

Bélgica	• Distrigaz • Sociéte Nationale de Transport par Canalisation • Synatom
França	• Elf Aquitaine • Thales • Coface • EADS • France Telecom • Air France
Alemanha	• Volkswagem • Lufthansa
Itália	• ENEL • ENI • Telecom Itália • Finmeccanica
Holanda	• KPN • TPG • KLM • Schiphol • Hoogovens — Corus
Portugal	• Portugal Telecom • Eletricidade de Portugal
Espanha	• Telefônica • Endesa • Repsol • Iberia

Suécia	• Investor AB • Industrivarden • Electrolux • SKF • Sandvik
Reino Unido	• Rosyth Royal Dockyard • Devonport Dockyard • QinetiQ • BAES (Marine) • AWE • BAE Systems • Rolls Royce • British Energy • UK Nirex • Consignia Holdings • National Grid Group • Lattice Group • Scottish Power • Scottish & Southern Energy • Viridian Group • Phoenix Natural Gas • Belfast Int'lAirport • BAA • NATS • London & Continental Railways • Eurostar • Intercapital & Regional Rail • Stena Line • CDC Group • Partnerships UK • Troika • British Airways

Fonte: *International Financial Law Review*, de 2.7.2002.

Espaço Discente

Textos Diversos

CONTRATOS COLIGADOS*

José Virgílio Lopes Enei

I — Introdução: A) Precedentes. Contratos atípicos "vs." contratos coligados; B) Terminologia; C) Conceito; D) Plano do trabalho. II — Os contratos coligados no Direito estrangeiro: A) Itália; B) França; C) Argentina. III — Espécies de contratos coligados. IV — Exemplos de contratos coligados: A) O subcontrato; B) Contratos de garantia; C) Financiamento ao consumo; D) Financiamento de projetos; E) Contratos de distribuição; F) Contratos quadro ou base; G) Outros; H) Distinção entre contratos coligados e relacionais. V — Questões legais relevantes: A) Princípio da relatividade. Produção de efeitos em face de terceiros. Ação direta; B) Propagação de invalidades e ineficácias; C) Interpretação dos contratos coligados. VI — Conclusão. VII — Referências bibliográficas.

I — Introdução

A) Precedentes. Contratos atípicos "vs." contratos coligados

No direito romano pré-justiniano, os tipos contratuais eram taxativos, não merecendo tutela jurídica os acordos que não se enquadrassem nas categorias contratuais então conhecidas.[1] Tal rigorismo foi sendo gradualmente abrandado após Justiniano.

As primeiras codificações civis após a formação dos Estados modernos, como o Código Civil francês de 1804, já admitiam e reconheciam como válidos e eficazes os contratos atípicos ou inominados,[2] vale dizer, aquelas categorias contratuais que não encontrassem disciplina própria e específi-

* Trabalho apresentado no Curso de Mestrado da Universidade de São Paulo, na disciplina "Novas Tendências do Direito dos Contratos e das Obrigações", ministrada pelo Professor Titular Antonio Junqueira de Azevedo.

1. Conforme Álvaro Villaça Azevedo, *Teoria Geral dos Contratos Típicos e Atípicos*, p. 122, "Os romanos não aceitavam, nos primeiros tempos, uma categoria geral de contratos, dado que estes se apresentavam com um único fundamento e tipicidade. Assim, a distinção entre contratos nominados e inominados tinha em Roma importância capital, pois os contratos-tipo, romanos, impediam a existência de qualquer pacto que não estivesse admitido pelo costume e consolidado segundo o Direito dos Quirites, e os contratos que não figurassem, expressamente, nesse rígido sistema ficavam à margem da proteção jurídica".

2. Registramos a crítica bastante difundida na doutrina quanto ao uso da expressão "contratos inominados", tendo em vista que, atualmente, um contrato pode ter disciplina legal própria sem ter recebido uma denominação própria pela lei, assim como, diversamente, um contrato pode ter uma denominação prevista em lei ou mesmo socialmente aceita, sem que esteja sujeito a um regime legal específico. A expressão "contratos atípicos" é, portanto, mais apropriada.

ca na lei, embora estivessem sujeitas ao regime geral dos contratos.

A industrialização, o desenvolvimento tecnológico e tantas outras conquistas da sociedade contemporânea intensificaram a complexidade das relações sociais e econômicas, o que aumentou substancialmente o emprego e a importância, e porque não dizer a função social, dos ditos contratos atípicos.

Dada a crescente importância do contrato atípico, a doutrina debruçou-se sobre o tema, tendo desenvolvido classificações para tal gênero contratual bem como diversas teorias na busca do regime jurídico a ele aplicável.

A doutrina costuma classificar os contratos atípicos em contratos atípicos propriamente ditos e contratos mistos, resultando estes últimos da combinação de "contratos completos, prestações típicas inteiras ou elementos mais simples".[3]

Dentre as diversas teorias que buscam desvendar o regime jurídico aplicável aos contratos atípicos destacam-se as teorias da absorção, da combinação, da analogia e da criação, esta última também conhecida por teoria do interesse dominante. De acordo com a teoria da absorção, proposta por Lotmar e Asquini, dentre outros, identificar-se-ia a prestação ou o elemento principal do contrato atípico para se lhe aplicar as regras próprias do contrato típico que melhor se afinasse com tal prestação ou elemento. As prestações ou os elementos acessórios e secundários do contrato atípico seriam então considerados absorvidos pela qualificação atribuída à prestação ou elemento principal. Segundo a teoria da combinação, adotada dentre outros por Cariota Ferrara e Hoeniger, cada prestação ou elemento do contrato atípico sujeitar-se-ia às regras do contrato típico ao qual tal prestação ou elemento se referisse. Por sua vez, a teoria da analogia, defendida dentre outros por Messineo, preconiza que um determinado contrato atípico seja regido pelas regras do contrato típico que com ele mais se assemelhe. Por fim, com base na teoria do interesse dominante ou da criação, defendida dentre outros por Enneccerus e Lehmam, deu-se maior importância à finalidade do contrato e à operação econômica por ele carreada, propondo-se a construção, caso a caso, do regime jurídico aplicável ao contrato atípico a partir da identificação dos princípios e regras contratuais mais compatíveis com a finalidade e a operação econômica almejada. Nenhuma dessas teorias, todavia, restou imune às críticas, sobretudo por se revelarem incapazes de solucionar, de forma satisfatória, todas as variantes de contrato atípico, nos diversos contextos em que ele pode se apresentar. Daí porque a maior parte da doutrina defende a escolha da teoria aplicável de acordo com as circunstâncias de cada contrato atípico considerado, sendo possível que determinado contexto negocial recomende a aplicação de uma determinada teoria em detrimento das demais.

Em que pese a importância crescente dos contratos atípicos, à medida que as relações sociais foram se tornando ainda mais complexas, sobretudo a partir do último século, passou-se a observar não só o fenômeno da combinação de prestações e elementos contratuais diversos num único contrato, dito atípico, como também a celebração de dois ou mais contratos unidos por um vínculo, contratos esses referidos pela doutrina pátria, em sua maior parte, como contratos coligados.

B) Terminologia

A expressão, contudo, está longe de ser unânime, embora seja compartilhada também pelas doutrinas italiana (*il collegamento negociale*) e portuguesa, esta última também adotando a expressão *união de contratos*.[4] Na França prefere-se o termo

3. Orlando Gomes, *Contratos*, 21ª ed., p. 103; v. tb., Álvaro Villaça Azevedo, ob. cit., p. 139;

4. V. Pedro Romano Martinez, *O Subcontrato*, pp. 193 a 197; Inocêncio Galvão Telles, *Direito das Obrigações*, 7ª ed., pp. 87 a 89.

grupos de contratos (*les groupes de contrats*); no direito da *Common Law*, adota-se mais comumente a expressão *contratos ligados* (*linked contracts* ou *contract network*); na Espanha, consagrou-se a expressão *contratos conexos*; enquanto na Argentina, empregam-se as expressões *grupos de contratos*, *contratos em cadeia* (*cadena de contratos*), ou mesmo *rede de contratos*.

Preferimos a expressão *contratos coligados* no direito brasileiro mais pelo seu uso mais disseminado,[5] e menos pelas implicações que tal escolha possa sugerir. Rodrigo Xavier Leonardo, em excelente Dissertação de Mestrado sobre o tema aplicado ao contexto do mercado habitacional, emprega, com muita propriedade, a expressão *redes contratuais*, sob o fundamento de que tal expressão "ressalta não apenas a reunião de contratos voltados para uma determinada finalidade econômica, mas também um nexo sistemático entre os diversos contratos".[6] Há quem, entre nós, também empregue a expressão *contratos conexos* ou *grupos de contratos*.[7]

C) Conceito

Os contratos coligados são, portanto, fruto da hipercomplexidade das relações sociais e econômicas da atualidade, bem como da crescente especialização das atividades e divisão do trabalho. Operações econômicas que outrora podiam ser concretizadas por um único contrato, fosse típico ou atípico, agora, em virtude da maior complexidade destas e do envolvimento de um maior número de partes, exigem a celebração de diversos contratos interligados.

5. V. Orlando Gomes, ob. cit., pp. 103 a 108; Waldirio Bulgarelli, *Contratos Mercantis*, 10ª ed., p. 91.

6. Rodrigo Xavier Leonardo, *Redes Contratuais no Mercado Habitacional para Consumo*, Dissertação apresentada como requisito à obtenção de grau de Mestre em Direito Civil no Curso de Pós-Graduação em Direito da USP, p. 118.

7. Arnoldo Wald, *Direito das Obrigações — Teoria Geral das Obrigações e Contratos Civis e Comerciais*, 15ª ed., p. 229.

Os contratos coligados diferenciam-se, assim, dos contratos atípicos mistos na medida em que não correspondem à mera soma de prestações de natureza diversa a formar um único e particular contrato, mas à união de contratos que, embora preservando a sua individualidade estrutural, comungam de uma mesma finalidade econômica.

Embora cada contrato preserve os seus elementos categoriais próprios e inderrogáveis (que o conduzam a um determinado tipo contratual ou mesmo à categoria dos contratos em geral, na hipótese de contrato atípico), a causa final (função prático-social) passa a ser dada não por cada contrato individualmente considerado mas pelo conjunto, surgindo daí, portanto, uma causa sistemática ou supracontratual.[8]

É defensável até que os contratos preservem a sua causa final individual, mas é certo que na coligação haverá uma causa final sistemática que unirá o conjunto, e que só será alcançável por meio do cumprimento de todos os contratos coligados.

Nesse sentido a definição de Rodrigo Xavier Leonardo bem ressalta o nexo causal e sistemático que une os contratos coligados: "Entende-se por redes contratuais a coordenação sistemática de contratos, diferenciados estruturalmente, porém interligados por um articulado e estável nexo econômico, funcional e sistemático".[9] O caráter sistemático dos contratos vinculados é ainda corroborado pelas considerações de Ricardo Lorenzetti, segundo o qual:

"La teoría jurídica que permita explicar y establecer reglas para solucionar los conflictos que presentan las redes, no puede dejar de considerar la novedad que ellas presentan. El enfoque no puede basarse en el contrato, sino en la interacción de un grupo de contratos que actúan en forma relacio-

8. Sobre elementos categoriais inderrogáveis e causa na acepção de função prático-social, v. Antônio Junqueira de Azevedo, *Negócio Jurídico, Existência, Validade e Eficácia*, 4ª ed., Cap. 3º, § 3º, pp. 139-161.

9. Ob. cit., p. 123.

nada, de modo que el contrato es un instrumento para la realización de negocios.

"Este enfoque permite establecer que hay una finalidad negocial supracontractual que justifica el nacimiento y funcionamiento de una red. El grupo que surge de esa manera, no es sólo una unión convencional de contratos, que puede ser analizada mediante el examen de los vínculos individuales. Se requiere una comprensión del sistema y por ello, de una teoría sistemática."[10]

Também digno de nota é o conceito proposto por Ana López Frías, em sua monografia sobre os contratos conexos — referência obrigatória no estudo do tema: "Para nosotros se está ante el fenómeno de la conexión contractual cuando varios sujetos celebran dos o más contratos distintos que presentan una estrecha vinculación funcional entre si por razón de su propia naturaleza o de la finalidad global que los informa, vinculación que es o puede ser jurídicamente relevante".[11]

D) Plano do trabalho

Feitas essas considerações gerais sobre o tema dos contratos coligados, ofereceremos a seguir uma visão comparada dos contratos coligados (Parte II). Proporemos então uma breve classificação das espécies de coligação contratual (Parte III), expondo alguns exemplos de contratos coligados praticados atualmente (Parte IV), para mais adiante tratar de algumas das questões jurídicas mais relevantes que são suscitadas pelo tema, incluindo aí a questão da propagação da invalidade e ineficácia entre os contratos; a questão do abrandamento da teoria da relatividade dos contratos (não produção de efeitos em relação a terceiros) e a questão da interpretação dos contratos coligados (Parte V). Ao final, apresentaremos breve conclusão (Parte VI).

II — Os contratos coligados no Direito estrangeiro

A) Itália

Embora a matéria de um modo geral não tenha sido disciplinada pelo direito positivo italiano, a doutrina na Itália foi uma das primeiras, já há muitas décadas, a atentar para as peculiaridades do fenômeno da coligação contratual, lá conhecido pela expressão *il collegamento negoziale*.

Giorgiani foi um dos precursores do tema, tendo publicado aclamado artigo sobre "il collegamento negoziale" já no ano de 1937.[12] Deste então, muitos foram os que trataram do tema, seja através de artigos e monografias, donde destacaram-se as monografias de Schizzerotto[13] e Ferrrando,[14] seja através de numerosos comentários à jurisprudência italiana.

A doutrina italiana dedicou-se com bastante propriedade à classificação dos diversos tipos de coligação contratual, tendo ainda se ocupado, com bastante mérito, da questão da propagação da invalidade e ineficácia entre os referidos contratos. Sob o respaldo da robusta doutrina, a própria jurisprudência passou a tratar do tema, como é exemplo o excerto abaixo encontrado e repetido em muitas decisões italianas: "Las partes, en el ejercicio de su autonomía contractual, pueden dar vida, con un solo acto, a contratos diversos y distintos, que, aun conservando la individualidad de cada tipo negocial y aun permaneciendo sometidos a su propia disciplina, sin embargo están coligados entre sí, funcionalmente y con relación de dependencia recíproca, de modo que las vicisitudes de uno repercuten

10. "Redes contractuales: conceptualización jurídica, relaciones internas de colaboración, efectos frente a terceros", *Revista de Direito do Consumidor* 28/30.

11. *Los Contratos Conexos — Estudio de Supuestos Concretos y Ensayo de una Construcción Doctrinal*, p. 273.

12. "Negozi Giuridici Collegati", *Riv. it. scienz. giur.*, 1937, pp. 275-352.

13. *Il Collegamento Negoziale*, Nápoles, 1983.

14. *Il Contratti Collegati. Struttura e Funzione*, Gênova, 1986.

sobre los otros, condicionando su validez y ejecución".[15]

B) França

Mais recente, a teoria dos contratos coligados desenvolveu-se na França sem grande influência da teoria italiana. A primeira e mais significativa obra sobre o tema é de autoria de Bernand Teyssie, tendo sido publicada em 1975.[16]

Após a referida obra, o tema foi abordado pelo próprio direito positivo francês, embora no contexto específico de operações de financiamento de móveis e imóveis.[17] Referidas leis dispuseram que a invalidade ou ineficácia do contrato de compra e venda acarretaria a nulidade ou ineficácia do respectivo contrato de financiamento.

Registram-se ainda diversas decisões judiciais sobre o tema, em matéria de financiamento e *leasing*, tendo as cortes francesas estendido a invalidade ou ineficácia de um contrato ao outro coligado, e em matéria de subcontratação em empreitadas, onde reconheceu-se um direito de ação direto do dono da obra frente ao subcontratado.[18]

C) Argentina

Embora o fenômeno dos contratos coligados tenha sido objeto de estudo bem mais recente na Argentina, a matéria vem merecendo bastante destaque naquela jurisdição, sendo objeto de inovadora proposta legislativa.

Dentre os autores argentinos que se dedicaram ao estudo dos contratos coligados, destacam-se Jorge Mosset Iturraspe[19] e Ricardo Luis Lorenzetti, tendo este último publicado no Brasil alguns de seus importantes trabalhos sobre o tema.[20]

Conforme Iturraspe, foi a partir da *XV Jornadas Nacionales de Derecho Civil*, ocorrida em 1995, que o tema dos contratos coligados passou a ser discutido com maior entusiasmo, resultando na imposição de responsabilidade solidária entre fornecedores pela Lei 24.998/1998.

Em 1999, foi editada nova lei regulamentando a atividade de cartões de crédito, tendo sido ressaltada a natureza sistemática da união de contratos que forma o sistema de cartões de crédito na Argentina.[21]

Naquele mesmo ano, 1999, foi realizada a *XVII Jornadas Nacionales de Derecho Civil* para discutir primordialmente o tema dos contratos coligados, discussão essa que muito contribuiu para a introdução de dispositivo específico sobre o tema no projeto do novo Código Civil argentino. Nesse sentido dispõe a exposição de motivos do referido projeto:

> 178. Se prevé la categoría de los grupos de contratos, cuya importancia es tal que las XVII Jornadas Nacionales de Derecho Civil se han convocado para tratarla en Santa Fe, 1999. Se proyecta que los contratos que están vinculados entre sí por

15. Princípio encontrado, dentre outras, nas Decisões da Corte de Cassação italiana de 18.10.1960, n. 2.814; de 27.6.1968, n. 2.174; de 8.9.1975, n. 3.057; 21.2.1977, n. 781, 24.11.1977, n. 5.119; e 14.6.1990, n. 5.777, *apud* Ana López Frias, ob. cit., p. 30.

16. *Group de Contrats*.

17. Lei 78-22, de 10.1.1978 e Lei 79-596, de 13.7.1979.

18. V. Ana Lópes Frías, ob. cit., pp. 32 e 33.

19. *Contratos Conexos. Grupos y Redes de Contratos*, Buenos Aires, Rubinzal Culzoni, 1999.

20. "Esquema de una teoría sistemática del contrato", *Revista de Direito do Consumidor* 33/68; "Redes contractuales: conceptualización jurídica, relaciones internas de colaboración, efectos frente a terceros", *Revista de Direito do Consumidor* 28/22.

21. Nesse sentido: "Ley 25.065, 9.1.1999. Artículo 1º. Se entiende por sistema de Tarjeta de Crédito al conjunto complejo y sistematizado de contratos individuales cuya finalidad es: a) Posibilitar al usuario efectuar operaciones de compra o locación de bienes o servicios u obras, obtener préstamos y anticipos de dinero del sistema, en los comercios e instituciones adheridos. b) Diferir para el titular responsable el pago o las devoluciones a fecha pactada o financiarlo conforme alguna de las modalidades establecidas en el contrato. c) Abonar a los proveedores de bienes o servicios los consumos del usuario en los términos pactados".

haber sido celebrados en cumplimiento del programa de una operación económica global sean interpretados los unos por medio de los otros, y atribuyéndoles el sentido apropiado al conjunto de la operación.

Com efeito, abrandando o princípio da relatividade dos efeitos do contrato, o projeto do novo Código Civil argentino tratou a questão da interpretação dos contratos coligados, dispondo em seu art. 1.030:

Artículo 1.030. Grupos de contratos. Los contratos que están vinculados entre sí por haber sido celebrados en cumplimiento del programa de una operación económica global son interpretados los unos por medio de los otros, y atribuyéndoles el sentido apropiado al conjunto de la operación.

Como se vê, o art. 1.030 do projeto de Código Civil argentino tratou da interpretação dos contratos coligados com grande inteligência. Trata-se de proposta de texto legal absolutamente inovadora no contexto da legislação comparada, e que, pelo seu mérito, deverá constituir referência obrigatória sobre o tema.

III — Espécies de contratos coligados

Diversas são as classificações úteis ao estudo dos contratos coligados, conforme demonstramos abaixo:

(a) em razão da reciprocidade ou não do vínculo estabelecido entre os contratos, pode-se dividir os contratos coligados em contratos com dependência unilateral ou bilateral, com vínculo hierárquico ou coordenativo. Pode-se estabelecer ainda uma relação alternativa entre os contratos;

(b) de acordo com a natureza do vínculo, pode-se falar em contratos com coligação vertical e contratos com coligação horizontal;

(c) em razão do fundamento do vínculo, pode-se dividi-los em contratos com vínculo necessário ou contratos com vínculos consensuais;

(d) em razão da extensão do vínculo, pode-se falar em contratos com coligação genética ou funcional; e ainda,

(e) em razão da finalidade do vínculo, pode-se falar em contratos envolvendo colaboração associativa ou de mera delegação.

Dois contratos coligados estabelecerão um vínculo de dependência unilateral quando apenas um deles estiver subordinado ou dependente do outro, como ocorre na relação entre contrato base e subcontrato e entre contrato principal e contrato acessório de garantia. Fala-se em vínculo de dependência bilateral, quando a dependência for recíproca, como ocorre, por exemplo, em relação ao contrato de compra e venda e o contrato de mútuo no contexto de uma venda financiada. A expressão *dependência bilateral* é empregada impropriamente mesmo quando se trata de interdependência entre mais do que dois contratos. Preferível, nesse caso, seria a expressão *interdependência*. São empregadas também as expressões *contratos com vínculo hierárquico* e *contratos com vínculo de coordenação* para referir-se aos contratos com dependência unilateral e bilateral, respectivamente.

Dois contratos podem estar ligados ainda por um vínculo de alternatividade, de tal forma que apenas um ou outro produza efeitos, dependendo das circunstâncias do acordo entre as partes. É o caso, por exemplo, dos contratos celebrados por um tomador de serviço com um prestador principal e um suplente, prevendo-se que o contrato celebrado com o suplente só produzirá efeitos se e quanto o contrato celebrado com o prestador principal tornar-se ineficaz. Como os efeitos de ambos os contratos jamais serão simultâneos, tal espécie de coligação não suscitará tantas dificuldades como as das demais espécies.

À semelhança da classificação entre contratos com dependência unilateral e bilateral, a coligação pode ser ainda de natureza vertical ou horizontal. Será vertical quando um contrato derive do outro, e assim por diante (ex.: subcontratação sucessiva). Será horizontal quando todos os contratos estiverem em pé de igualdade, ainda que produzam efeitos em momentos distintos da cadeia da operação (ex.: cadeia de distribuição de produtos).

O vínculo será necessário quando derivar, automaticamente, da realidade fática e finalidade econômica comum, independente da vontade das partes. Por outro lado, será consensual, quando o vínculo tiver nascido unicamente da vontade das partes e não da relação de interdependência propriamente dita.

Para Pedro Romano Martinez, "na coligação genética, um dos contratos produz efeitos na fase formativa do outro, mas esses efeitos não persistem na fase de execução. (...) Contrariamente, na coligação funcional, o destino de ambos os contratos está ligado, não só na sua formação, como também no desenvolvimento e funcionamento das respectivas relações. A coligação negocial mais importante, em razão da maior complexidade dos efeitos, é, sem dúvida, a união funcional".[22]

Por fim, segundo proposto por Ricardo Lorenzetti, o vínculo de coligação entre contratos coligados pode ser de colaboração associativa ou de mera delegação. Somente na colaboração associativa existiria uma finalidade comum unindo os participantes e, portanto, somente nesse caso poder-se-ia falar em causa sistemática supracontratual. No contexto de mera delegação, embora existente o vínculo entre os dois contratos, o delegante reteria os riscos do todo, enquanto delegado estaria adstrito a executar a sua tarefa, sem conhecimento ou sem interesse pelo todo.

IV — Exemplos de contratos coligados

A economia moderna é rica em exemplos de contratos coligados. Abaixo, oferecemos uma breve relação de exemplos, sem qualquer pretensão exaustiva.

A) O subcontrato

O *subcontrato* — muito comum no contexto de empreitadas, fabricação e fornecimento de produtos industrializados, arrendamento e locação etc. — e o contrato base do qual deriva são exemplos de contratos coligados já há muito conhecidos e praticados no mundo, tendo inclusive sido objeto de interessantes monografias, algumas das quais propugnam por uma teoria geral dos subcontratos.[23] Trata-se de coligação necessária e unilateral, pois o subcontrato é dependente do contrato base, mas não o contrário. A invalidade e ineficácia do contrato base se propagarão necessariamente ao subcontrato, mas a invalidade e ineficácia deste não afetarão aquele.

B) Contratos de garantia

Os chamados *contratos acessórios em matéria de garantia*, de que são exemplos no nosso direito o penhor, a hipoteca e a fiança, também formam, juntamente com o contrato principal, exemplos de coligação de contratos. Trata-se aqui também de coligação necessária e unilateral, onde vale a premissa básica de que o acessório segue o principal. A unilateralidade do vínculo entre contrato principal e contrato de garantia não é, todavia, absoluta. Muitas vezes as partes convencionarão, principalmente num contrato de execução diferida, que a eficácia deste contrato estará subordinada à manutenção de um contrato de garantia. Decretada por qualquer razão a invalidade ou ineficácia do contrato de garantia, poderá a parte beneficiária da garantia postular a ineficácia do contrato principal, sem prejuízo do direito a perdas e danos. Neste

22. Pedro Romano Martinez, *O Subcontrato*, pp. 194-195.

23. V. Pedro Romano Martinez, cit., p. 19, citando Baccigalupi, "Appunti per una Teoria del Subcontratto", *RDComm*. 41/181 e ss., 1943; Lópes Vilas, *El Subcontrato*; Grasso, *Il Subcontratto*; e Néret, *Le Sous-contrat*.

caso, haverá também uma relação de dependência do contrato principal em relação ao contrato de garantia, mas esta relação, diferentemente daquela na direção contrária, será de natureza convencional, não necessária.

A moderna doutrina estrangeira vem defendendo, com base nas práticas de comércio internacional, a possibilidade das partes celebrarem verdadeiros contratos autônomos de garantia pessoal,[24] onde o garantidor estaria obrigado a efetuar o pagamento da importância garantida à primeira demanda do beneficiário, sem que o garantidor tenha direito de investigar a verdadeira ocorrência de um evento de inadimplemento por parte do garantido ou de opor outras defesas próprias de um contrato acessório de fiança. Mesmo nesses casos, não há como se negar o vínculo de coligação entre o contrato de garantia e o contrato em que se encontre a obrigação garantida. O que há é um acordo das partes no sentido de abrandar os efeitos dessa coligação, de modo que as interferências de um contrato sobre o outro sejam reduzidas. O vínculo, no entanto, não desaparece e poderá ainda gerar importantes conseqüências, sobretudo na hipótese de recurso ao Judiciário.

C) Financiamento ao consumo

Em matéria de financiamento de bens móveis e imóveis ao consumo, é muito comum encontrarmos o liame de coligação entre o contrato de mútuo e o contrato de compra e venda objeto do financiamento, independentemente de vendedor e financiador serem ou não a mesma parte ou pertencerem ou não a um mesmo grupo econômico. Nesse sentido, já nos referimos aqui à monografia de Rodrigo Xavier Leonardo acerca das *Redes Contratuais no Mercado Habitacional para Consumo*. A coligação entre contrato de financiamento e contrato de compra e venda poderá ser bilateral, significando, dentre outros efeitos, que a propagação de invalidades e ineficácias poderá se dar em ambos os sentidos.

Por exemplo, a existência de um vício que permita ao consumidor obter a decretação da invalidade do contrato pelo qual comprou um bem durável qualquer, ou a sua resolução poderá, dependendo do contexto negocial e do vínculo de coligação estabelecido, conduzir à invalidade ou ineficácia do correspondente contrato de financiamento sem que o consumidor esteja obrigado a ressarcir o financiador por perdas e danos.[25] Poder-se-ia imaginar inclusive uma situação em que o financiador teria uma ação direta contra o fornecedor, e nenhum recurso contra o consumidor propriamente dito.

O contrário também pode ser verdadeiro. A rescisão do contrato de financiamento por lesão ou excessiva onerosidade poderia, dependendo do vínculo de coligação estabelecido, conduzir à rescisão do contrato de fornecimento, com a devolução do bem por parte do consumidor ao fornecedor, e a devolução do valor financiado diretamente deste ao financiador.

Outro exemplo de conjunto de contratos coligados no contexto de financiamen-

24. V. Fulvio Mastropaolo, *I Contratti Autonomi di Garanzia*, 2ª ed.

25. Nesse sentido, Rodrigo Xavier Leonardo (ob. cit., p. 221) encontra fundamento para tal conclusão no art. 51 do Código de Defesa do Consumidor. Nas suas palavras "por intermédio desse dispositivo, que prescreve a nulidade de cláusulas relativas ao fornecimento de produtos e serviços, enunciou-se algo mais do que a simples invalidade das cláusulas insertas em um singular contrato de fornecimento de produtos e serviços enclausurado na relação travada entre consumidor e fornecedor. Por cláusulas relativas ao fornecimento devem ser entendidas todas as cláusulas referenciadas à atividade econômica de fornecimento". Tal efeito tenderá a ocorrer principalmente quando fornecimento e financiamento são oferecidos ao consumidor em conjunto, mediante oferta única, ainda que fornecedor e financiador não pertençam ao mesmo grupo econômico ou não possuam um contrato formal para reger sua associação. Nesse caso, tanto um como outro não poderão alegar desconhecimento da conexão entre os dois contratos celebrados com o consumidor, e da causa final única que move este. A esse respeito v., ainda, Diretiva 87/102, de 22.12.1986 e 90/88 no âmbito da Comunidade Econômica Européia.

to ao consumo e que merece regulamentação própria em quase todos os países, é o chamado *cartão de crédito*. Trata-se de sistema que envolve no mínimo três partes, com pelo menos três contratos: o contrato de financiamento na modalidade cartão de crédito entre a administradora de cartão e o consumidor; o contrato de credenciamento da administradora do cartão e o lojista; e finalmente o contrato de compra e venda do lojista com o consumidor.[26] Trata-se aqui de vínculo de interdependência entre os contratos, não se podendo falar de dependência unilateral.

D) Financiamento de projetos

O chamado financiamento de projetos[27] é uma técnica de financiamento bastante atual em todo o mundo, e que vem sendo amplamente empregada no Brasil, tendo sido desenvolvida para atender às necessidades de investimentos em projetos que requerem capital intensivo, sobretudo na área de infra-estrutura — setores de energia, petróleo-e-gás, transporte, telecomunicações etc. Pretende ser uma alternativa de financiamento mais eficiente do que o financiamento convencional e com uma melhor alocação de riscos entre as diversas partes envolvidas.[28]

No financiamento convencional, o financiador empresta recursos a uma determinada sociedade para que esta os empregue como melhor lhe aprouver na consecução de suas atividades empresariais. Ainda que os recursos sejam destinados a um projeto específico, a sociedade financiada responderá pelo pagamento ao financiador com todo o seu patrimônio, inclusive com aquele patrimônio associado a outros projetos e atividades. Segundo a técnica de financiamento de projetos, cria-se um mecanismo societário e contratual de tal forma que o pagamento ao financiador seja garantido exclusivamente pelas receitas e ativos vinculados ao projeto. Na insuficiência destes, o financiador não poderá se lançar sobre o restante do patrimônio da sociedade patrocinadora, que ficará assim a salvo dos riscos associados ao novo projeto.

Em razão das características desse tipo de financiamento, que obviamente impõe um maior grau de risco ao financiador, ao mesmo tempo em que envolve montantes bastante significativos, o financiador exige que os riscos sejam mitigados por meio de uma complexa rede contratual que tem por objetivo alocar os riscos do projeto às partes que melhor possam suportá-los.

Um típico financiamento de projetos, por exemplo, para a construção e operação de uma usina termoelétrica (hoje muito em voga por força da crise de energia e do Programa Prioritário de Termoeletricidade), é patrocinado por entidade que se incumbirá, dentre outras coisas, de constituir uma sociedade de propósito específico para servir de veículo do projeto, bem como de realizar um determinado investimento mínimo de capital usualmente na forma de integralização de quotas ou ações.

Além da entidade patrocinadora, o projeto contará ainda com:

• os financiadores, que proverão o restante dos investimentos necessários à con-

26. V. nota 22, acima, reproduzindo lei argentina sobre o assunto.

27. Tradução literal já consagrada da expressão inglesa *project finance*.

28. Poucos são os trabalhos escritos sobre o tema no Brasil. De qualquer forma, para uma melhor compreensão do tema v. Luiz Ferreira Xavier Borges, "*Project Finance* e infra-estrutura — Descrição e críticas", *Revista de Direito Bancário e do Mercado de Capitais* 6/123 e Walter Douglas Stuber, *O Financiamento de Projetos no Brasil e a Lei de Concessões*, p. 19. É do primeiro autor a seguinte definição "*Project finance* é uma forma de engenharia/colaboração financeira suportada contratualmente pelo fluxo de caixa de um projeto, servindo como garantia à referida colaboração, os ativos desse projeto a serem adquiridos e os valores recebíveis ao longo do projeto". Já para o segundo autor, "podemos conceituar tal operação como toda e qualquer modalidade de financiamento envolvendo obras de infra-estrutura e/ou prestação de serviços públicos, sob o regime de concessão ou permissão, em que seja possível amortizar o financiamento com a própria receita gerada pelo projeto".

clusão do projeto, por meio de contratos de mútuo e de garantias reais, dentre outros;

• o fornecedor ou fornecedores das turbinas e outros equipamentos geradores da energia, os quais integrarão o projeto por meio de contrato de fornecimento celebrado com a sociedade de propósito específico;

• uma empresa ou consórcio incumbido da engenharia e construção das instalações físicas da usina em regime de empreitada geral,[29] bem como instalação e montagem dos equipamentos, sendo que em geral tal empreiteira garantirá a conclusão da obra de tal forma que a usina possa começar a operar até uma data previamente estipulada, atendendo determinadas especificações e níveis de desempenho;

• o fornecedor ou fornecedores de gás natural, óleo combustível, diesel ou carvão mineral, dependendo do tipo de combustível a ser empregado na usina, os quais celebrarão contrato de fornecimento de longo prazo com a sociedade constituída para gerir o projeto;

• o comprador ou compradores de longo prazo da energia a ser gerada na usina, os quais celebrarão contrato de compra e venda de energia de longo prazo;

• a empresa que, após a conclusão da usina, será encarregada de sua operação e manutenção, vinculada à sociedade do projeto por meio de contrato de operação e manutenção de longo prazo;

• a seguradora que proverá seguro contra determinados riscos não assumidos por quaisquer das partes, havendo seguros disponíveis, por exemplo, contra determinados riscos políticos (por exemplo, risco de convertibilidade e transferência de recursos ao exterior);

• o governo, que participará direta ou indiretamente do projeto de diversas maneiras, inclusive por meio do deferimento das autorizações, aprovações e licenças necessárias ao atendimento dos objetivos do projeto.

No exemplo em estudo, a participação de todas as entidades acima identificadas seria governada por meio de contratos que, como dito, buscariam minimizar os riscos do projeto por meio da alocação de tais riscos às partes mais capazes de absorvê-los. O risco da conclusão da empreitada no prazo e segundo as especificações exigidas seria alocado à empreiteira, que, dada a sua *expertise*, teria melhores condições de avaliar e mitigar os fatores de risco, embutindo em seu preço uma remuneração pelo risco assumido. O risco de mercado, vale dizer, de venda da energia a consumidores seria alocado ao comprador da energia, via de regra uma empresa distribuidora detentora de um mercado já bastante conhecido. O risco de disponibilidade e oscilação no preço do combustível seria alocado ao fornecedor de longo prazo. O risco de um ato político (decretação de moratória ou restrições cambiais, por exemplo) poderia ser absorvido por uma seguradora especializada. E assim por diante.

Como se vê, trata-se de exemplo claro de coligação contratual. Todos os contratos formam um conjunto único que tem uma finalidade, causa-função, comum e sistêmica: a conclusão e condução do empreendimento. Entre os contratos integrantes de um financiamento de projetos, prevalece o vínculo de interdependência. Entre dois ou mais contratos pertencentes ao conjunto pode haver, todavia, diferentes vínculos, como dependência unilateral, coordenação, relação horizontal ou vertical etc.

Embora não se possa afirmar, sem exame individualizado das circunstâncias negociais e do grau de vínculo estabelecido no caso concreto, se e como invalidades e ineficácias se propagariam entre os diversos contratos integrantes da rede, o fato é que, no mínimo, o vínculo de coligação imporia às partes envolvidas no empreendimento uma série de deveres laterais, sobre os quais teremos a oportunidade de discorrer mais adiante.

29. Ou segundo um contrato de *engineering*, conforme proposto por Orlando Gomes, ob. cit., p. 468.

E) Contratos de distribuição

Um conjunto de contratos entre fabricante e atacadista, atacadista e varejista, e entre este e o consumidor final, visando à distribuição de um determinado produto, é um bom exemplo de coligação de contratos. Ao contrário do que ocorre no subcontrato e nos contratos acessórios, há aqui um vínculo horizontal, que poderia ser melhor representado pela expressão *cadeia de contratos*, ou, se imaginarmos diversos atacadistas e varejistas atuando de forma coordenada, uma verdadeira *rede de contratos*.

No âmbito do direito do consumidor, a própria responsabilidade pelo fato ou pelo vício do produto ou serviço, ao impor responsabilidades a um fornecedor ou prestador de serviços em relação a toda a cadeia de consumidores, e não só ao consumidor ligado ao fornecedor ou prestador de serviço por um vínculo contratual direto, é um exemplo de reconhecimento dos efeitos de uma rede de contratos coligados, no caso uma cadeia ou rede de contratos visando ao fornecimento do produto ou serviço ao consumidor final.

F) Contratos quadro ou base

Bastante interessante também é a relação de coligação que se verifica entre o chamado contrato quadro ou contrato base[30] e os contratos que dele são derivados. Contrato quadro ou base é aquele celebrado por duas ou mais partes com a intenção de instituir regras gerais que governarão durante um certo período a celebração de outros contratos com vistas à realização de uma operação econômica comum.

É freqüentemente empregado nos consórcios e *joint ventures* em geral, para o fim de reger a relação entre os consorciados e orientar a celebração de contratos entre estes e terceiros, sempre tendo em conta uma finalidade comum, que é o sucesso do empreendimento.

A rigor, o próprio contrato de sociedade, seja uma sociedade anônima, seja limitada, ou outra figura societária, é um exemplo de contrato quadro, na medida que se trata de contrato plurilateral celebrado com a finalidade de reger as relações entre os sócios, a organização da sociedade e suas relações com terceiros, inclusive quanto à celebração de novos contratos. Difere do contrato quadro enquanto parte de uma rede contratual simples porque do contrato de sociedade nasce uma pessoa jurídica com personalidade distinta da de seus membros.

O contrato quadro é também utilizado em operações econômicas mais complexas, como o financiamento de projetos a que já nos referimos, e ainda operações de compra e venda de empresas ou conglomerados, com o objetivo de colocar todas as partes envolvidas sob um vínculo contratual direto e comum.

Pode ser também empregado, com bastante utilidade, em relações de fornecimento ou prestação de serviços continuados. Neste caso, o contrato quadro ou base serve ao propósito de estabelecer certas regras estáveis que deverão ser observadas nas futuras contratações entre as partes. Por exemplo, o contrato quadro poderá estabelecer desde já as especificações do bem a ser fornecido, condições de entrega, condições atinentes ao prazo e modo de pagamento, eventuais descontos sobre os preços de mercado, mecanismos de resolução de conflitos etc., ficando a cargo de cada contrato de venda propriamente dito, de forma bastante simplificada,[31] indicar a quantidade e o preço específico.

G) Outros

Inúmeros outros exemplos poderiam ser citados como a união de contratos que formam uma rede de assistência médica, os contratos celebrados pelos lojistas locatá-

30. Conhecido na literatura e prática inglesa e norte-americana como *umbrella*, *master*, *participation*, *common* ou *coordination agreement*.

31. A prática comercial emprega muitas vezes formulários bastante simplificados para essa finalidade, como são exemplos as ordens de compra emitidas e aceitas por *fax* ou eletronicamente.

rios de espaço em *shopping centers*, os quais acabam ligados por um vínculo associativo ainda que não formalizado em um contrato escrito, os contrato entre franquiador e os diversos franquiados, contratos que compõem uma operação de *leasing*, contratos conjugados de venda de bens e prestação de serviços associados (montagem, instalação, manutenção etc.) etc.

H) Distinção entre contratos coligados e relacionais

Contratos relacionais são aqueles que estabelecem e/ou regulam uma relação de longo prazo entre as partes, em geral preservando uma certa flexibilidade para que as partes possam ajustar a sua relação à medida que as novas circunstâncias e o passar do tempo assim o recomendem.

Um contrato relacional, todavia, pode ter uma existência individual e autônoma, não exigindo necessariamente a celebração de outros contratos com ele coligados. Os contratos relacionais não se confundem, portanto, com os contratos coligados. Um contrato entre um aluno e uma escola é um exemplo de contrato relacional, pois regula uma relação de longo prazo em potencial. Pelas características que lhe são próprias, o contrato relacional suscita questões bastante particulares, como o princípio que veda a resilição unilateral injustificada pelo prestador do serviço, mesmo quando genericamente autorizado pelo contrato.

Um contrato quadro pode ao mesmo tempo configurar um contrato relacional, na medida em que vise regular uma relação contratual de longo prazo, como uma das unidades de um sistema de contratos coligados. Nem por isso os conceitos se confundem.

V — Questões legais relevantes

A) Princípio da relatividade. Produção de efeitos em face de terceiros. Ação direta

O tema dos contratos coligados é um exemplo do abrandamento e releitura dos princípios contratuais convencionais. Representa exceção bastante justificada ao princípio clássico da relatividade do contrato, segundo o qual os efeitos contratuais se limitariam às partes, não alcançando terceiros, seja para beneficiá-los, seja para impor-lhes obrigações.

A aceitação absoluta do princípio da relatividade dos efeitos contratuais nos conduziria à conclusão de que, mesmo diante de um sistema de contratos coligados, cada parte só responderia pelas obrigações constantes dos contratos por ela assinados. Obviamente, tal conclusão não mais se coaduna com a nova interpretação dos clássicos princípios contratuais, nem muito menos com os princípios mais modernos da função social e da boa-fé objetiva.

Conforme alerta de Luis Díez-Picazo e Antonio Gullón, citados por Antônio Junqueira de Azevedo, em contexto análogo, há que se distinguir entre o terceiro que tinha conhecimento do contrato e o terceiro que o ignorava de boa-fé.[32]

Dentro de um sistema de contratos coligados, é possível que uma das partes envolvidas e integrantes de um dos contratos, não tenha conhecimento de todos os contratos que compõem o conjunto. Quanto a esses contratos, e desde que a parte tenha cumprido seus deveres objetivos de boa-fé, não há como estender a ela responsabilidades pelos contratos que ela ignorava. Para Ricardo Lorenzetti, tal situação é concebível dentro dos chamados contratos de delegação, em que uma das partes, cen-

32. "Es claro que los terceros han de respetar la situación jurídica creada por el contrato, absteniéndose de la celebración de otro contrato con aquél incompatible porque lesiona las posibilidades de su cumplimiento. Pero ese respeto está condicionado a que los terceros lo conozcan antes" (Luiz Díez-Picazo e Antonio Gullón, *Sistema de Derecho Civil*, v. II, 4ª ed., p. 126, *apud* Antônio Junqueira de Azevedo, "Princípios do novo direito contratual e desregulamentação do mercado — Direito da exclusividade nas relações contratuais de fornecimento — Função social do contrato e responsabilidade aquiliana do terceiro que contribui para inadimplemento contratual", *RT* 750/117).

tralizando a maior parte das atividades, dos riscos e dos resultados, delega determinadas atividades a uma terceira parte, sem contudo dela esperar um comprometimento quanto ao entendimento ou consecução do todo. Não há um fim comum entre as partes.[33] Assim, se uma terceira parte é subcontratada para fabricar uma peça sem que, por decisão do subcontratante, a ela seja dado conhecimento dos termos do contrato principal, não se pode dela exigir maiores responsabilidades do que aquelas assumidas no subcontrato. Obviamente, mesmo essa conclusão deve ser temperada à luz dos imperativos de ordem pública, como as normas de proteção ao consumidor que, mesmo em casos como esse, poderiam impor ao fabricante das peças do exemplo responsabilidade maior do que aquela assumida contratualmente, no caso, responsabilidade por fato ou vício do produto.

Na maior parte das vezes, no entanto, as partes envolvidas numa rede de contratos coligados deverão ter consciência dos contratos integrantes do sistema, e por isso estarão sujeitas a deveres laterais de conduta — extraídos dos próprios princípios da boa-fé e da função social do contrato — cujo descumprimento importará em responsabilização que não encontrará limites apenas nos contratos assinados pelas partes.[34]

Dever de preservação do conjunto

A parte terá o dever lateral de contribuir para a preservação do conjunto. Não será lícito à parte conduzir-se de forma que, embora autorizada pelo seu contrato isoladamente considerado, atente contra a integridade do conjunto ou qualquer de suas unidades. Viola esse dever, por exemplo, a parte que postula a resilição do seu contrato, mesmo que genericamente autorizada por este, desconsiderando o fato de que a resolução deste repercutirá negativamente na execução e eficácia dos demais contratos integrantes da rede.

Dever de colaboração para a consecução do fim comum

À parte incumbirá também o dever lateral de colaboração para a consecução do resultado comum. O cumprimento de suas obrigações não poderá ser feito de forma egoística e isolada, deverá estar imbuído de um espírito teleológico, visando sempre à consecução da causa-fim sistemática. Viola esse dever, por exemplo, o prestador de serviços subcontratado que, embora cumprindo genericamente o seu subcontrato, o faz de forma sabidamente incompatível com as obrigações constantes do contrato principal em favor do tomador do serviço.

Ação direta

A moderna doutrina vislumbra no exemplo do subcontratado acima não somente um direito de ação do subcontratante em face do subcontratado, mas também uma ação direta do tomador do serviço em face do subcontratado, mesmo na ausência de previsão legal expressa a esse respeito. Da mesma forma caberia uma ação direta no exemplo da parte que resolve unilateralmente o seu contrato em detrimento do conjunto. Essa é a posição majoritária da doutrina francesa, como nos dá conta Ana López Frías:

"Ello se opone a la significación tradicional y común del referido principio, según la cual sólo pueden derivarse efectos de un contrato (y, por tanto, la responsabilidad derivada de su incumplimiento) entre las partes contratantes. Pues bien, siendo

33. "En la colaboración gestora, una persona se vale de otra para realizar algunas tareas que no puede hacer por sí misma, produciéndose una descentralización de ejecuciones. Lo que antes ejecutaba el titular por sus propios medios, ahora lo hace a través de otro. (...) El interés en el negocio no se comparte, y por ello es un vínculo sin finalidad común; sólo se delega la ejecución" (Ricardo Luis Lorenzetti, *Redes Contractuales:...*, ob. cit., p. 31).

34. É bastante controversa a natureza dessa responsabilidade. Embora ela derive do envolvimento da parte na rede de contratos coligados e, portanto, nos pareça tratar de responsabilidade contratual, há quem enxergue nela uma responsabilidade de natureza aquiliana.

éste un principio general, sus excepciones deberían establecerse expresamente por la ley y ser interpretadas de forma restrictiva.

"Tan importante obstáculo no ha impedido que se desarrolle en Francia un movimiento doctrinal y jurisprudencial (del que ya tenemos noticia) orientado a reconocer la existencia de acciones directas en el seno de los llamados grupos de contratos. Particularmente importantes, a este respecto, son las sentencias de la Cour de Cassation (Primera Sala Civil) de 8 de marzo y 21 de junio de 1988, en las que se proclama el carácter necesariamente contractual de la acción dirigida por el acreedor contra el subdeudor (sentencia de 8 de marzo) y la naturaleza también contractual de la responsabilidad de un miembro del grupo frente a otro (sentencia de 21 de junio)."[35]

Para Ana López Frías a solução não seria tão ampla como a dada pelos franceses. Embora concordando com o direito de ação direta de um membro da rede de contratos coligados em relação ao outro, mesmo na ausência de lei explícita, vislumbra a referida autora a necessidade de se ter respaldo pelo menos pela analogia, devendo-se encontrar na legislação do país correspondente uma hipótese legal de ação direta com a mesma *ratio*.[36]

Aos deveres acima somam-se, ainda, diversos deveres todos eles extraídos do princípio da boa-fé e da função social do contrato (ou da rede de contratos), destacando-se ainda o dever de tratamento isonômico entre os membros de uma rede de contratos coligados com finalidade associativa, o dever lateral da reciprocidade sistemática das obrigações[37] etc.

35. Ob. cit., pp. 306-307.

36. Ob. cit., pp. 308-309.

37. Para Rodrigo Xavier Leonardo, ob. cit., p. 220, "O comportamento de cada contratante, assim, deve mostrar reciprocidade não apenas frente à contraparte no contrato individualizado, elemento do sistema, devendo mostrar reciprocidade em face de todas as demais partes pertencentes aos diversos contratos engendrados sistematicamente".

B) Propagação de invalidades e ineficácias

Outro efeito comum aos contratos coligados é a propagação de invalidades e ineficácias que entre eles se opera. Em se tratando de vínculo de dependência unilateral, normalmente apenas os vícios do contrato principal se estenderão ao contrato dependente, e não o contrário. No caso de interdependência, a propagação poderá ser mútua.

Muitas vezes a propagação de nulidades e ineficácias poderá decorrer de expressa previsão legal, conforme, por exemplo, interpretação defendida por Rodrigo Leonardo Xavier quanto à cláusula 51 do Código de Defesa do Consumidor. Para ele, tal dispositivo, ao tratar genericamente de "cláusulas contratuais relativas ao fornecimento de produtos e serviços", constituiria fundamento legal suficiente para a extensão da nulidade ou ineficácia de um contrato de fornecimento ao respectivo contrato de fornecimento, ou vice-versa.

Outras vezes, as próprias partes envolvidas estabelecerão contratualmente, por meio de condições resolutivas ou outras cláusulas que façam referência aos outros contratos integrantes do grupo, a propagação de invalidades e ineficácias. Tais previsões contratuais são bastante comuns, por exemplo, em contratos de empréstimo e financiamento internacionais. São exemplos as chamadas cláusulas de *cross-default*, segundo as quais o inadimplemento da parte em um contrato por ela integrado, constituirá inadimplemento em outros contratos.[38]

38. V. Adriana de Oliveira Giffoni, "As cláusulas de *cross default* em contratos financeiros", *RDM* 121/148. Segundo a autora, "no meio financeiro refere-se àquelas cláusulas presentes em contratos que determinam que o devedor estará em situação de falha (*default*) no contrato em questão toda vez que deixar de cumprir quaisquer outras obrigações em outros contratos. (...) exemplo também muito freqüente é o que ocorre em contratos de repasse de empréstimo externo, onde o banco tomador dos recursos exige o vencimento antecipado do contrato que tem com o devedor se, por qualquer motivo, ele próprio for impedido de honrar seus compromissos com o banco credor no Exterior".

Todavia, em ambos os casos — propagação em virtude de lei ou da vontade das partes — a questão não suscitará maiores problemas, pois não será necessário recorrer à teoria geral dos contratos coligados. É, portanto, na ausência dessas previsões, que o problema se colocará.

A propagação da invalidade ou ineficácia de um contrato não necessariamente se propagará a todos os demais contratos do conjunto. Um exame do vínculo estabelecido no caso concreto será imprescindível. Alguns casos, no entanto, podem ser alinhavados.

No caso de dependência unilateral, como a que ocorre entre o contrato base e o subcontrato, ou o contrato principal e o contrato acessório de garantia, a nulidade ou ineficácia do contrato base ou principal via de regra se estenderá ao subcontrato ou contrato acessório, na esteira aliás do disposto no art. 153 do atual Código Civil brasileiro e art. 184 do Código Civil de 2002.[39] Como já dissemos acima, mesmo no contexto de um subcontrato ou de um contrato acessório de garantia, poderá haver um vínculo de dependência bilateral, como, por exemplo, quando o contrato base tiver sido celebrado sob a condição de que uma determinada parte do trabalho fosse subcontratada necessariamente com um determinado fornecedor,[40] ou quando o contrato principal tiver sido celebrado sob a condição que determinadas garantias estivessem sempre em pleno vigor e eficácia.

A propagação também terá lugar, normalmente, quando a invalidade ou ineficácia de um dos contratos impossibilitar a consecução da função sistêmica da rede de contratos, ou seja, quando a finalidade comum, ou seja, a operação econômica almejada, não mais puder ser alcançada com sucesso. Nesse caso, não há como se preservar a eficácia dos demais contratos integrantes da rede tendo em vista a frustração precoce da finalidade perseguida. O fim da rede contratual torna-se impossível, enquanto o fim de cada contrato isoladamente considerado torna-se inútil.

Assim, num projeto estruturado sob a premissa, conhecida de todos os participantes e por estes aceita como um risco inerente ao todo, de que a planta industrial seria financiada na sua quase totalidade, a ineficácia superveniente do contrato de financiamento que impede a conclusão da planta se propagará aos demais contratos do projeto que, em razão da ineficácia do primeiro, se tornaram inviáveis.

Nesse sentido, são ilustrativas as lições de Ana López Frías: "Cuando dos contratos están vinculados pero no puede apreciarse entro ellos dependencia unilateral, no hay una única regla, como ha señalado la doctrina y la jurisprudencia española, que permita determinar en todos los supuestos cómo ha de incidir la ineficacia de un contrato sobre el otro. Y ello porque estamos ante una cuestión valorativa, en la que pueden pesar las circunstancias del caso concreto. No obstante lo dicho, una forma de solventar genéricamente el problema puede ser acudir a la teoría de la causa. Y entender que, además de tener cada contrato su causa individual (pues si no, no existirían varios convenios, sino uno sólo), hay que referir dicho elemento al resultado o finalidad común que persiguen los dos o más contratos celebrados. De manera que se extenderá la ineficacia de un contrato a otro coligado si, tras la desaparición del primero, el segundo pierde su razón de ser y se hace

39. A esse respeito, "si la dependencia entre los contratos es unilateral, es decir, si es uno de los contratos el que depende de otro en su configuración o en su misma existencia, parece claro que la ineficacia del contrato principal arrastrará al contrato derivado o accesorio (*accesorium sequitur principale*). Desaparecido el convenio principal, el que de él dependía perderá su objeto o su causa y deberá ser declarado nulo" (Ana López Frías, ob. cit., p. 299).

40. Trata-se de exemplo bastante comum no contexto de uma empreitada global. O contratante pode exigir do empreiteiro que determinado material ou determinado serviço sejam subcontratados obrigatoriamente para este ou aquele fornecedor.

inalcanzable el propósito que vinculaba a ambos os convenios".[41]

A propagação será cabível ainda quando houver uma acentuada quebra do sinalagma do sistema como um todo, ainda que certo contrato preserve o seu sinalagma individual. Nesse sentido, se um contrato constituía o motivo determinante de outro, ou a sua causa (no sentido de deslocamento patrimonial contrário), a propagação dos vícios daquele a este será plenamente procedente.

Na legislação pátria, as conclusões acima encontram respaldo na interpretação do art. 1.092 do Código Civil de 1916, ou ainda nos arts. 476, 421, ou 478 do Código Civil de 2002. Em alguns casos, poder-se-ia enxergar a invalidade e ineficácia de um contrato, como uma condição resolutiva tácita de outro, obtendo-se então a propagação dos efeitos à luz do art. 474 do Código Civil de 2002.

De um modo geral, a moderna doutrina recomenda que o exame do vínculo entre os contratos coligados seja feito de modo a identificar os riscos assumidos por cada parte envolvida.[42] Se a parte conhecia e aceitou, ainda que tacitamente, o risco de que seu contrato pudesse se tornar inválido ou ineficaz em razão de vícios no conjunto, não pode ela negar esse efeito. Também o exame da culpa e da responsabilidade das partes não deverá ser feito sob a ótica individual de cada contrato, mas sob a perspectiva do conjunto sistemático dos contratos coligados.

C) Interpretação dos contratos coligados

Há ainda que se reconhecer um importante efeito das redes de contratos coligados, qual seja, a necessidade de interpretação sistemática das mesmas, ao invés de uma interpretação isolada de cada contrato.

Relevante aqui é o princípio básico de interpretação dos contratos, expresso no art. 85 do nosso atual Código Civil brasileiro, de que a intenção das partes deve prevalecer sobre o sentido literal das palavras. O mesmo princípio é reproduzido no art. 112 do Código Civil de 2002, embora nesse caso se tenha dado maior relevância à intenção declarada do que à intenção subjetiva da parte.

Como o que move as partes integrantes de uma rede contratual é uma finalidade sistemática, supracontratual — normalmente a realização de uma única embora complexa operação econômica, a intenção das partes, seja a subjetiva seja a declarada, só poderá ser verdadeiramente compreendida mediante a leitura e interpretação do conjunto contratual. A interpretação de cada contrato individualmente considerado, como se ele existisse isolado no mundo, não permitirá a identificação da finalidade e causa sistêmica, configurando, portanto, interpretação deturpada da vontade das partes.

Nesse sentido, demonstrou grande acuidade o projeto do novo Código Civil argentino, ao tratar da matéria em seu art. 1.030, abaixo reproduzido.

> *Artículo 1.030.* Grupos de contratos. Los contratos que están vinculados entre sí por haber sido celebrados en cumplimiento del programa de una operación económica global son interpretados los unos por medio de los otros, y atribuyéndoles el sentido apropiado al conjunto de la operación.

Trata-se aqui de mais um exemplo de releitura dos princípios contratuais clássicos, como o da relatividade dos efeitos do contrato. Também para fins de interpretação, um contrato deverá irradiar efeitos sobre os que lhe são coligados.

VI — Conclusão

Os contratos coligados são fruto dos tempos modernos, isto é, da maior comple-

41. Ob. cit., p. 299.

42. "En este sentido deberá tenerse en cuenta que para valorar la ausencia del presupuesto causal en esos casos, será importante que todas las partes implicadas hayan querido o al menos no excluido la vinculación entre los contratos, o bien que ésta se manifieste a través de indicios objetivos" (Ana López Frías, ob. cit., pp. 299-300).

xidade das relações sociais e das operações econômicas. Os contratos coligados colocam em xeque os princípios clássicos dos contratos — sobretudo o princípio da relatividade dos efeitos contratuais — e, dada a sua crescente importância na sociedade moderna, reclamam uma disciplina legal própria, o que, infelizmente, não foi atendido pelo novo Código Civil brasileiro (Lei 10.106, de 10.1.2002).

Mesmo na ausência de dispositivos legais específicos sobre a matéria, os princípios contratuais modernos — incluindo o princípio da boa-fé objetiva, o princípio da função social do contrato, e os princípios que vedam a lesão e a onerosidade excessiva — as cláusulas e regras gerais contempladas em nossas codificações civis, bem como o direito comparado, permitem-nos deduzir uma teoria geral dos contratos coligados, dela podendo extrair importantes efeitos.

Primeiramente, deve-se reconhecer às partes integrantes de uma rede de contratos coligados uma série de deveres laterais de conduta, inclusive (i) o dever lateral de preservação do conjunto, (ii) o dever lateral de colaboração para a consecução do objetivo comum, (iii) o dever lateral de tratamento isonômico entre os membros da rede, e (iv) o dever lateral de reciprocidade sistemática.

Deve-se ainda analisar caso a caso o vínculo estabelecido entre os diversos contratos da rede para, em determinadas condições, reconhecer-se a propagação da invalidade e ineficácia de um contrato aos demais contratos do conjunto. Em outros casos, há de se reconhecer à parte lesada o direito de ação direta contra outro integrante do grupo, ainda que não haja um contrato, isoladamente considerado, ligando as duas partes.

Por fim, na esteira do que propôs o projeto de novo Código Civil argentino, deve-se interpretar qualquer dos contratos integrantes da rede de contratos coligados mediante o exame de todo o conjunto, de forma a se identificar a causa sistemática, ou seja, a operação econômica perseguida pelo conjunto dos contratos.

VII — Referências bibliográficas

AZEVEDO, Álvaro Villaça. *Teoria Geral dos Contratos Típicos e Atípicos*. São Paulo, Atlas, 2002.

AZEVEDO, Antônio Junqueira de. *Negócio Jurídico, Existência, Validade e Eficácia*. 4ª ed. atual. de acordo com o novo Código Civil (Lei 10.406, de 10.1.2002), São Paulo, Saraiva, 2002.

______. "Princípios do novo direito contratual e desregulamentação do mercado — Direito da exclusividade nas relações contratuais de fornecimento — Função social do contrato e responsabilidade aquiliana do terceiro que contribui para inadimplemento contratual", *RT* 750/113, abr. 1998.

BORGES, Luiz Ferreira Xavier. "*Project Finance* e infra-estrutura — Descrição e críticas", *Revista de Direito Bancário e do Mercado de Capitais* 6/123, Ed. RT, set.-dez. 1999.

BULGARELLI, Waldirio. *Contratos Mercantis*. 10ª ed., São Paulo, 1998.

CANTARINO, Silvia. *Contratos Civiles y Comerciales, Ámbito Contractual y Teoría General*. Buenos Aires, Depalma, 2000.

FRÍAS, Ana López. *Los Contratos Conexos — Estudio de Supuestos Concretos y Ensayo de una Construcción Doctrinal*. Barcelona, Jose Maria Bosch Editor, 1994.

GIFFONI, Adriana de Oliveira. "As cláusulas de *cross default* em contratos financeiros", *RDM* 121/148, 2001.

GOMES, Orlando. *Contratos*. 21ª ed. atual. por Humberto Theodoro Jr., Rio de Janeiro, Forense, 2000.

LEONARDO, Rodrigo Xavier. *Redes Contratuais no Mercado Habitacional para Consumo*. Dissertação apresentada como requisito à obtenção de grau de Mestre em Direito Civil no Curso de Pós-Graduação em Direito da Universidade de São Paulo, São Paulo, 2001.

LORENZETTI, Ricardo Luiz. "Esquema de una teoría sistemática del contrato", *Revista de Direito do Consumidor* 33/68, São Paulo, Ed. RT, jan. 2001.

______. "Redes contractuales: conceptualización jurídica, relaciones internas de colaboración, efectos frente a terceros", *Revista de Direito do Consumidor* 28, São Paulo, Ed. RT, out.-dez. 1988.

MARTINEZ, Pedro Romano. *O Subcontrato*. Coimbra, Almedina, 1989.

MARTINS, Fran. *Contratos e Obrigações Comerciais*. 12ª ed., Rio de Janeiro, Forense, 1993.

MASTROPAOLO, Fulvio. *I Contratti Autonomi di Garanzia*. 2ª ed., Turim, G. Giappichelli Editore, 1995.

STUBER, Walter Douglas. *O Financiamento de Projetos no Brasil e a Lei de Concessões*. São Paulo, Max Limonad, 1996.

TELLES, Inocêncio Galvão. *Direito das Obrigações*. 7ª ed., Coimbra, Coimbra Editora, 1997.

TEYSSIE, Bernard. *Group de Contrats*. Paris, Durand-Auzias, 1975.

WALD, Arnoldo. *Direito das Obrigações — Teoria Geral das Obrigações e Contratos Civis e Comerciais*. 15ª ed., São Paulo, Malheiros Editores, 2001.

Espaço Discente

A SOCIEDADE EUROPÉIA: COMENTÁRIOS E REPRODUÇÃO DO REGULAMENTO 2.157/2001[1]

CARLOS EDUARDO VERGUEIRO

1. Introdução. 2. Texto do Regulamento 2.157/2001.

1. Introdução

Cesare Vivante e Norberto Bobbio, cada um à sua época e maneira, lembram a todos que análises estruturalistas dos textos legais serão pouco proveitosas se vierem desacompanhadas de verificações da utilidade que o mesmo texto legal representa dentro da sua respectiva comunidade.

Vivante, a esse respeito, afirmou *que ninguém deve se aventurar em discussões jurídicas se não conhece a fundo a estrutura técnica e a função econômica do tema objeto de estudo*,[2] de forma semelhante, mas sem reduções meramente econômicas, Bobbio constatou uma verdade: *que os juristas têm, há muito tempo, se preocupado mais com as questões atinentes à formação do Direito do que com as relacionadas com a utilidade da norma jurídica para a sociedade.*[3]

É justamente sob essa ótica da "utilidade" que deve ser visto o Estatuto Jurídico da Sociedade Européia, aprovado pelo Regulamento 2.157/2001 do Conselho da União Européia e que entrará em vigor em 8 de outubro de 2004, decorrido um período de *vacacio legis* de três anos.

Em primeiro lugar, a utilidade se mostra presente porque a Sociedade Européia surge para pôr fim a uma situação paradoxal: as empresas atuantes na União Européia exercem suas atividades em um ambiente econômico comunitário, ao mesmo tempo em que suas estruturas jurídico-societárias estão baseadas nas legislações nacionais de cada Estado-Membro. A inserção de um tipo jurídico societário comunitário, portanto, traz como conseqüência a facilitação da integração dos Estados-Membros.

Mas o que vem a ser exatamente a Sociedade Européia? Ela nada mais é do que um tipo jurídico baseado nas sociedades anônimas, e que foi criado para facilitar a atividade empresarial no âmbito comunitário. Não se trata de um novo modelo criado para substituir as sociedades anônimas pre-

1. É válido registrar que um dos pioneiros, no Brasil, na análise da Sociedade Européia foi Paulo Fernando Campos Salles de Toledo, que fez uso do anteprojeto da Sociedade Européia em sua Tese de Doutoramento, *O Conselho de Administração na Sociedade Anônima: Estrutura, Funções e Poderes, Responsabilidade dos Administradores*, publicada pela Atlas e que, atualmente, encontra-se em sua 2ª edição.

2. Cf. *Trattato di Diritto Commerciale*, 5ª ed., Milão, Dottore Francesco Vallardi, 1922, pp. IX-X.

3. Cf. *Dalla Strutura alla Funzione*, Milão, Edizione di Comunità, 1984, p. 63. Bobbio chega a citar as teorias de Hart e Kelsen para demonstrar como essa tese de prevalência da estrutura sobre a função tem sido vencedora "di qua e al di là dell'Oceano Atlântico".

vistas na legislação nacional de cada Estado-Membro mas, sim, de uma nova opção, caracterizada por um tipo jurídico conhecido e aceito pelos Estados-Membros, e que se abre para aqueles que estejam interessados na constituição de sociedade para atuação no ambiente comunitário.

A idéia de utilidade da norma jurídica também se mostra presente em algumas outras características da Sociedade Européia, que não as meramente relacionadas a aspectos de integração. Essas características ganham um destaque especial se forem comparadas com o Direito brasileiro aplicado às sociedades anônimas.

Em primeiro lugar, os órgãos sociais foram todos objetos de uma disciplina legal precisa e sofisticada, que se aplica à Assembléia Geral e aos Órgãos encarregados da Gestão e da Fiscalização dos negócios sociais.

Para disciplinar a Assembléia Geral que, como no Brasil, é considerada como sendo o órgão social soberano, o Estatuto da Sociedade Européia utilizou critérios de concisão. Ao contrário das duas espécies previstas pela Lei Brasileira de Sociedade por Ações, na qual artigos se seguem para regular a Assembléia Geral Ordinária e a Assembléia Geral Extraordinária, a Sociedade Européia apresenta uma espécie única, a própria Assembléia Geral, que deve se realizar ao menos uma vez no exercício social (arts. 52 e ss.).

A fixação de responsabilidades entre os encarregados da gestão e da fiscalização das atividades sociais foi realizada pelo Estatuto da Sociedade Européia, a partir da previsão de adoção dos sistemas monista ou dualista conforme opção adotada pelos Estatutos Sociais.

No sistema monista (arts. 43 a 45), o chamado "Órgão de Administração" é responsável pela gestão da Sociedade Européia. É inexistente qualquer estrutura de fiscalização dos negócios e qualquer Estado-Membro pode prever que a responsabilidade da gestão incumba a um ou a vários dos seus membros, nas mesmas condições previstas para as sociedades anônimas com sede no seu território.

Já no sistema dualista (arts. 39 a 42), há o "Órgão de Fiscalização", semelhante ao Conselho Fiscal da Lei Brasileira de Sociedades por Ações, cujos membros são escolhidos pela Assembléia Geral, e o "Órgão de Direcção", cujos integrantes são escolhidos pelo Órgão de Fiscalização para exercerem a gestão dos negócios sociais.

É interessante notar que o Estatuto da Sociedade Européia permite a participação de pessoas jurídicas em qualquer dos órgãos de gestão ou no Órgão de Fiscalização. Essa participação só não será possível se houver proibição expressa na legislação aplicável à sociedades anônimas do Estado-Membro da sede da Sociedade Européia (art. 47).[4]

Além da disciplina dos órgãos sociais, outro ponto que, a partir da comparação com o Direito brasileiro, chama a atenção é o fato do Direito de Recesso não estar previsto no Estatuto da Sociedade Européia, o que de certa forma representa a consagração de uma tendência da legislação dos Estados-Membros da União Européia, pois, conforme lembra Rachel Sztajn, *o Direito de Recesso é inexistente nos ordenamentos alemão, francês e inglês.*[5]

Mas uma grande inovação que mereceria ser seguida no Brasil é a disciplina legal da transferência da sede social. Para isso, recomenda-se, em especial, a leitura do art. 9º, o qual traz toda uma disciplina

4. É interessante notar que a participação de pessoas jurídicas no Conselho de Administração nem sequer chegou a ser cogitada pela Lei 10.303/2001, que alterou a Lei 6.404/1976. De fato, a proposta, posteriormente vetada, de alteração do art. 146 previa o seguinte: "Poderão ser eleitos para membros dos órgãos de administração pessoas naturais, devendo os membros do diretores e dois terços dos membros do conselho de administração residir no país".

5. Cf. "O direito de recesso nas sociedades comerciais", in *RDM* 71/51, São Paulo, Ed. RT, jul.-set. 1988.

de comprovação prévia de que a transferência não irá afetar os interesses dos credores, empregados e acionistas minoritários, os quais poderiam ser atacados ou ter o seu exercício dificultado por manobras de empresários mal intencionados.

De fato, tomando-se a realidade brasileira, é preciso entender que a transferência de sede social não pode continuar a ser feita à mera vontade do controlador, que vê na transferência de sede entre unidades distintas da Federação, com as conseqüentes discussões a respeito de foro competente e as demoras advindas da emissão de cartas precatórias, uma oportunidade de protelar o pagamento das suas obrigações.

Feitas essas observações introdutórias, pode-se afirmar que o Regulamento 2.157/2001 surge como um novo marco jurídico para o Direito Societário, cujas disposições podem servir para futuras alterações na legislação brasileira. O texto que segue é a reprodução da versão em Português, baseado nas regras de Ortografia e Gramática de Portugal, disponibilizado pelo Parlamento Europeu.

2. Texto do Regulamento 2.157/2001

REGULAMENTO (CE) 2.157/2001 DO CONSELHO DE 8 DE OUTUBRO DE 2001 RELATIVO AO ESTATUTO DA SOCIEDADE EUROPEIA (SE)

O CONSELHO DA UNIÃO EUROPEIA,

Tendo em conta o Tratado que institui a Comunidade Europeia, nomeadamente o art. 308º,

Tendo em conta a proposta da Comissão,[1]

Tendo em conta o parecer do Parlamento Europeu,[2]

Tendo em conta o parecer do Comité Económico e Social,[3]

1. JO C 263, de 16.10.1989, p. 41 e JO C 176, de 8.7.1991, p. 1.
2. Parecer de 4.9.2001 (ainda não publicado no Jornal Oficial).
3. JO C 124, de 21.5.1990, p. 34.

Considerando o seguinte:

(1) A realização do mercado interno e a consequente melhoria da situação económica e social no conjunto da Comunidade, implicam, além da eliminação dos entraves às trocas comerciais, uma adaptação das estruturas de produção à escala da Comunidade. Para esse efeito, é indispensável que as empresas cuja actividade não se limite à satisfação de necessidades puramente locais possam conceber e promover a reorganização das suas actividades a nível comunitário.

(2) Essa reorganização pressupõe que lhes seja proporcionada a possibilidade de congregar o seu potencial, através de operações de fusão. No entanto, essas operações só se podem realizar na observância das regras de concorrência do Tratado.

(3) A realização de operações de reestruturação e de cooperação que envolvam empresas de Estados-Membros diferentes depara com dificuldades de ordem jurídica, fiscal e psicológica. A aproximação do direito das sociedades dos Estados-Membros através de directivas baseadas no art. 44º do Tratado pode remediar algumas dessas dificuldades. Essa aproximação não dispensa, no entanto, as empresas sujeitas a legislações diferentes de optar por uma forma de sociedade regulada por uma determinada legislação nacional.

(4) O quadro jurídico em que as empresas devem exercer as suas actividades na Comunidade, continua a basear-se, sobretudo, nas legislações amplamente nacionais, e não se coaduna com o quadro económico em que devem desenvolver-se para permitir a realização dos objectivos enunciados no art. 18º do Tratado. Essa situação pode constituir um entrave considerável ao agrupamento de sociedades de Estados-Membros diferentes.

(5) Os Estados-Membros são obrigados a assegurar que as disposições aplicáveis às sociedades europeias por força do presente regulamento não resultem numa discriminação das sociedades europeias em relação às sociedades anónimas em virtude de um tratamento injustificadamente diferente, nem em restrições desproporcionadas à formação de uma sociedade europeia ou à transferência da sua sede.

(6) É essencial fazer corresponder, tanto quanto possível, a unidade económica e a unidade jurídica da empresa na Comunidade. Convém, para o efeito, prever a constituição, em paralelo com as sociedades sujeitas a um determinado direito nacional, de sociedades cuja constituição e funcionamento estejam sujeitas à legislação resultante de um regulamento comunitário directamente aplicável em todos os Estados-Membros.

(7) As disposições de um tal regulamento permitirão a criação e a gestão de sociedades de dimensão europeia sem os entraves resultantes da disparidade e da aplicação territorial limitada do direito nacional das sociedades.

(8) O estatuto da sociedade anónima europeia, adiante designada "SE", figura entre os actos a adoptar pelo Conselho antes de 1992, constantes do Livro Branco da Comissão sobre a realização do mercado interno, aprovado pelo Conselho Europeu de Junho de 1985 em Milão. Na reunião de Bruxelas, em 1987, o Conselho Europeu manifestou o desejo de que esse estatuto fosse rapidamente criado.

(9) Desde a apresentação pela Comissão, em 1970, da proposta de regulamento relativo ao estatuto das sociedades anónimas europeias, alterada em 1975, os trabalhos de aproximação do direito nacional das sociedades progrediram de forma notável, de tal modo que, no caso da SE, é possível remeter para a legislação das sociedades anónimas do Estado-Membro da sede da SE, nos domínios em que o funcionamento desta não exija regras comunitárias uniformes.

(10) O objectivo essencial prosseguido pelo regime jurídico das SE exige, pelo menos e sem prejuízo das necessidades económicas que possam surgir no futuro, que se possa constituir uma SE tanto para permitir que sociedades de Estados-Membros diferentes realizem uma fusão ou criem uma "holding", como para facultar, às sociedades e a outras pessoas colectivas que exerçam uma actividade económica e estejam sujeitas à legislação de Estados-Membros diferentes, a possibilidade de criarem filiais comuns.

(11) Nesse mesmo espírito, é conveniente permitir às sociedades anónimas com a sua sede e sua administração central na Comunidade transformarem-se em SE sem terem de se dissolver, desde que essas sociedades tenham uma filial num Estado-Membro que não o da sua sede.

(12) As disposições nacionais aplicáveis às sociedades anónimas que fazem apelo à subscrição pública de acções e as aplicáveis às transacções de títulos devem igualmente aplicar-se às SE constituídas com apelo a subscrição pública de acções e às SE que pretendam utilizar esses instrumentos financeiros.

(13) A própria SE deve assumir a forma de uma sociedade de capitais por acções, o que, do ponto de vista do financiamento e da gestão, responde melhor às necessidades das empresas que exercem a sua actividade a nível europeu. Para assegurar que essas sociedades tenham uma dimensão razoável, convém fixar um capital mínimo que garanta que essas sociedades disponham de um património suficiente, sem no entanto dificultar a constituição de SE por pequenas e médias empresas.

(14) A SE deve ter uma gestão eficaz e uma fiscalização adequada. Deve-se ter em conta o facto de que existem actualmente na Comunidade dois sistemas diferentes de administração de sociedades anónimas. Embora permitindo à SE escolher entre os dois sistemas, deve-se traçar uma delimitação clara entre as responsabilidades das pessoas encarregadas da gestão e as das pessoas responsáveis pela fiscalização.

(15) Por força das regras e princípios gerais de Direito Internacional Privado, quando uma empresa controla outra sujeita a uma ordem jurídica diferente, os seus direitos e obrigações em matéria de protecção dos accionistas minoritários e de terceiros regulam-se pelo direito a que está sujeita a empresa controlada, sem prejuízo das obrigações a que está submetida a empresa que exerce o controlo por força das disposições do direito ao qual está sujeita, por exemplo, em matéria de elaboração de contas consolidadas.

(16) Sem prejuízo das consequências de uma posterior coordenação do direito dos Estados-Membros, não é actualmente necessária uma regulamentação específica para a SE neste domínio. Devem-se, portanto, aplicar as regras e princípios gerais, tanto nos casos em que a SE exerce o controlo como nos casos em que a SE é a sociedade controlada.

(17) Deve-se especificar o regime efectivamente aplicável nos casos em que a SE seja controlada por outra empresa e remeter, para este efeito, para o direito aplicável às sociedades anónimas no Estado-Membro da sede da SE.

(18) Cada Estado-Membro é obrigado a aplicar às infracções ao disposto no presente regulamento as sanções relativas às sociedades anónimas sujeitas à sua legislação.

(19) As regras relativas ao envolvimento dos trabalhadores na SE constam da Directiva 2001/86/CE do Conselho, de 8 de Outubro de 2001, que completa o estatuto da Sociedade Europeia no que respeita ao envolvimento dos trabalhadores.[4] Essas disposições constituem consequentemente um complemento indissociável do presente regulamento e devem poder ser aplicadas concomitantemente.

(20) O presente regulamento não abrange outras áreas do direito, como a fiscalidade, a concorrência, a propriedade intelectual e a insolvência. Por conseguinte, as disposições do direito dos Estados-Membros e do direito comunitário são aplicáveis nessas áreas bem como noutras não abrangidas pelo presente regulamento.

(21) A Directiva 2001/86/CE visa garantir aos trabalhadores o direito de envolvimento nas questões e decisões que afectam a vida da SE. As outras questões de direito social e de direito do trabalho, nomeadamente o direito à informação e à consulta dos trabalhadores, tal como previsto nos Estados Membros, regulam-se pelas disposições nacionais aplicáveis, nas mesmas condições, às sociedades anónimas.

(22) A entrada em vigor do regulamento deve ser diferida para permitir a todos os Estados-Membros a transposição para o direito nacional das disposições da Directiva 2001/86/CE e a prévia criação dos mecanismos necessários para garantir a constituição e o funcionamento das SE que tenham a sede no seu território, de forma a que o regulamento e a directiva possam ser aplicados concomitantemente.

(23) Uma sociedade cuja administração central não se situe na Comunidade deve ser autorizada a participar na criação de uma SE, desde que aquela tenha sido constituída segundo o direito de um Estado-Membro, tenha a sua sede nesse Estado-Membro e uma conexão efectiva e continuada com a economia de um Estado-Membro, de acordo com os princípios estabelecidos no Programa Geral para a Supressão das Restrições à Liberdade de Estabelecimento, de 1962. Essa conexão existe, designadamente, quando a sociedade tenha um estabelecimento nesse Estado-Membro e realize operações a partir dele.

(24) A SE deve poder transferir a sua sede para outro Estado-Membro. A devida protecção dos interesses dos accionistas minoritários que se oponham à transferência, dos credores e dos titulares de outros direitos deverá ser proporcionada. A transferência não deverá afectar os direitos antes constituídos.

(25) O presente regulamento não antecipa qualquer disposição, que possa ser incluída na Convenção de Bruxelas de 1968 ou em qualquer texto adoptado pelos Estados-Membros ou pelo Conselho para substituir essa Convenção, relativa às regras de competência aplicáveis em caso de transferência da sede de uma sociedade anónima de um Estado-Membro para outro.

(26) As actividades das instituições financeiras regulam-se por directivas específicas e as disposições nacionais de transposição dessas directivas, bem como as normas nacionais complementares que regulam essas actividades são plenamente aplicáveis a uma SE.

(27) Dada a natureza específica e comunitária da SE, o regime da sede real escolhido para a SE pelo presente regulamento não prejudica as legislações dos Estados-Membros nem antecipa as opções a fazer quanto a outros textos comunitários em matéria de direito das sociedades.

(28) O Tratado não prevê, para a aprovação do presente regulamento, outros poderes de acção para além dos do art. 308º.

(29) Como os objectivos da acção proposta, enunciados supra, não podem ser suficientemente realizados pelos Estados-Membros, na medida em que se trata da criação da SE a nível europeu, e podem, pois, devido à sua dimensão e aos seus efeitos, ser melhor realizados ao nível comunitário, a Comunidade pode tomar medidas, nos termos do princípio da subsidiarie-

4. V. p. 22 do presente Jornal Oficial.

dade previsto nesse art. 5º do Tratado. Segundo o princípio da proporcionalidade, previsto no mesmo artigo, o presente regulamento não excede o necessário para alcançar aqueles objectivos,

APROVOU O PRESENTE REGULAMENTO:

Título I — Disposições Gerais

Artigo 1º

1. Podem ser constituídas, no território da Comunidade, sociedades sob a forma de sociedades anónimas europeias (*Societas Europaea*, a seguir designada por "SE"), nas condições e de acordo com as regras previstas no presente regulamento.

2. A SE é uma sociedade com o capital dividido em acções. Cada accionista é responsável apenas até ao limite do capital que tenha subscrito.

3. A SE tem personalidade jurídica.

4. O envolvimento dos trabalhadores na SE é regulado pela Directiva 2001/86/CE.

Artigo 2º

1. As sociedades anónimas referidas no Anexo I, constituídas segundo o Direito de um Estado-Membro e que tenham a sua sede e a sua administração central na Comunidade, podem constituir uma SE por meio de fusão, se pelo menos duas delas se regularem pelo Direito de Estados-Membros diferentes.

2. As sociedades anónimas e as sociedades de responsabilidade limitada referidas no Anexo II, constituídas segundo o Direito de um Estado-Membro e que tenham a sua sede e a sua administração central na Comunidade, podem promover a constituição de uma SE "holding", se pelo menos duas delas:

a) Se regularem pelo Direito de Estados-Membros diferentes, ou

b) Tiverem, há pelo menos dois anos, uma filial regulada pelo Direito de outro Estado-Membro ou uma sucursal situada noutro Estado-Membro.

3. As sociedades, na acepção do segundo parágrafo do art. 48º do Tratado, bem como outras entidades jurídicas de direito público ou privado, constituídas segundo o Direito de um Estado-Membro e que tenham a sua sede e a sua administração central na Comunidade, podem constituir uma SE/filial, mediante subscrição das suas acções, se pelo menos duas delas:

a) Se regularem pelo Direito de Estados-Membros diferentes, ou

b) Tiverem, há pelo menos dois anos, uma filial regulada pelo Direito de outro Estado-Membro ou uma sucursal situada noutro Estado-Membro.

4. Uma sociedade anónima, constituída segundo o Direito de um Estado-Membro e que tenha a sua sede e a sua administração central na Comunidade, pode transformar-se em SE desde que tenha há pelo menos dois anos uma filial regulada pelo Direito de outro Estado-Membro.

5. Um Estado-Membro pode prever que uma sociedade que não tenha a sua administração central na Comunidade possa participar na constituição de uma SE, desde que aquela se tenha constituído segundo o Direito de um Estado-Membro, tenha a sede nesse Estado-Membro e uma conexão efectiva e continuada com a economia de um Estado-Membro.

Artigo 3º

1. Para efeitos dos ns. 1, 2 e 3 do art. 2º, a SE é considerada uma sociedade anónima regulada pelo Direito do Estado-Membro onde tem a sua sede.

2. A própria SE pode constituir uma ou mais filiais sob a forma de SE. As disposições do Estado-Membro da sede da SE filial que exijam que uma sociedade anónima tenha mais do que um accionista não são aplicáveis à SE filial. As disposições legislativas nacionais adoptadas nos termos da Décima-segunda Directiva 89/667/CEE do Conselho, de 21 de Dezembro de 1989, em matéria de direito das sociedades relativa às sociedades[5] de responsabilidade limitada com um único sócio são aplicáveis *mutatis mutandis* às SE.

Artigo 4º

1. O capital da SE é expresso em euros.

5. JO L 395, de 30.12.1989, p. 40. Directiva com a última redacção que lhe foi dada pelo Acto de Adesão de 1994.

2. O capital subscrito deve ser de, pelo menos, 120.000 euros. *[obs.: cento e vinte mil euros — valor não expresso por extenso no documento original]*

3. A legislação de um Estado-Membro que preveja um capital subscrito mais elevado para as sociedades que exerçam determinados tipos de actividade é aplicável às SE que tenham a sua sede nesse Estado-Membro.

Artigo 5º

Sob reserva dos ns. 1 e 2 do art. 4º, o capital da SE, a sua conservação e modificação, bem como as acções, as obrigações e outros títulos equiparáveis da SE, regulam-se pelas disposições aplicáveis a uma sociedade anónima com sede no Estado-Membro onde a SE estiver registada.

Artigo 6º

Para efeitos do presente regulamento, a expressão "estatutos da SE" designa simultaneamente o acto constitutivo e os estatutos propriamente ditos da SE, quando estes sejam objecto de um acto separado.

Artigo 7º

A sede da SE deve situar-se no território da Comunidade, no mesmo Estado-Membro que a administração central. Além disso, os Estados-Membros podem impor às SE registadas no seu território a obrigação de terem a administração central e a sede no mesmo local.

Artigo 8º

1. A sede da SE pode ser transferida para outro Estado-Membro nos termos dos ns. 2 a 13. Essa transferência não origina a dissolução da SE nem a criação de uma nova pessoa colectiva.

2. O órgão de direcção ou de administração deve elaborar um projecto de transferência, que será sujeito a publicidade nos termos do art. 13º, sem prejuízo de formas de publicidade adicionais previstas no Estado-Membro da sede. Esse projecto deve indicar a firma, a sede e o número de registo da SE e incluir:

a) A sede proposta para a SE;

b) Os estatutos propostos para a SE, incluindo, se for caso disso, a sua nova firma;

c) As consequências que a transferência poderá ter para o envolvimento dos trabalhadores na SE;

d) O calendário proposto para a transferência;

e) Todos os direitos relativos à protecção dos accionistas e/ou credores.

3. O órgão de direcção ou de administração deve elaborar um relatório que explique e justifique os aspectos jurídicos e económicos da transferência e explique as suas consequências para os accionistas, os credores e os trabalhadores.

4. Pelo menos um mês antes da assembleia geral chamada a pronunciar-se sobre a transferência, os accionistas e os credores da SE têm o direito de analisar, na sede da SE, o projecto de transferência e o relatório elaborado nos termos do n. 3 e de, a seu pedido, obter gratuitamente cópias desses documentos.

5. No que se refere às SE registadas no seu território, qualquer Estado-Membro pode adoptar disposições destinadas a assegurar uma protecção adequada dos accionistas minoritários que se tenham pronunciado contra a transferência.

6. A decisão de transferência só pode ocorrer dois meses após a publicação do projecto. A decisão deve ser tomada de acordo com as condições previstas no art. 59º.

7. Antes de a autoridade competente emitir o certificado a que se refere o n. 8 e no que respeita a dívidas anteriores à publicação do projecto de transferência, a SE deve provar que os interesses dos credores e titulares de outros direitos em relação a uma SE (incluindo os de entidades públicas) foram devidamente protegidos nos termos das disposições do Estado-Membro onde a SE tem a sua sede antes da transferência. Os Estados-Membros podem tornar a aplicação do primeiro parágrafo extensiva às dívidas contraídas (ou susceptíveis de ser contraídas) antes da transferência. O primeiro e segundo parágrafos não prejudicam a aplicação às SE da legislação nacional dos Estados-Membros relativa à satisfação ou garantia dos pagamentos às entidades públicas.

8. No Estado-Membro da sede da SE, deve ser emitido, por um tribunal, notário ou outra autoridade competente, um certificado que com-

prove de forma concludente o cumprimento dos actos e formalidades prévios à transferência.

9. O novo registo só se pode efectuar mediante a apresentação do certificado mencionado no n. 8 e a prova do cumprimento das formalidades exigidas para o registo no país da nova sede.

10. A transferência da sede da SE, bem como a alteração dos estatutos que dela decorre, produzem efeitos na data em que, nos termos do art. 12º, a SE for inscrita no Registo da nova sede.

11. Quando tiver sido efectuado o novo registo da SE, o Registo da nova inscrição deve notificar o Registo da inscrição anterior. O cancelamento do registo anterior só pode ser efectuado após recepção dessa notificação.

12. O novo registo e o cancelamento do anterior são publicados nos Estados-Membros em questão, nos termos do art. 13º.

13. A publicação do novo registo da SE torna a nova sede oponível a terceiros. Todavia, enquanto não se proceder à publicação do cancelamento do registo na conservatória da sede anterior, os terceiros podem continuar a invocar a antiga sede, excepto se a SE provar que aqueles tinham conhecimento da nova sede.

14. A legislação de um Estado-Membro pode prever, em relação às SE nele registadas, que uma transferência de sede de que resulte uma mudança do Direito aplicável não produza efeitos se, no prazo de dois meses previsto no n. 6, uma autoridade competente desse Estado-Membro se lhe opuser. Esta oposição só se pode fundamentar em razões de interesse público. Se a SE for sujeita a fiscalização por uma autoridade nacional de controlo financeiro nos termos das directivas comunitárias, o direito de oposição à mudança de sede aplica-se é igualmente aplicável a essa autoridade. A oposição é susceptível de recurso judicial.

15. Sempre que tenha sido iniciado um processo de dissolução, liquidação, insolvência, suspensão de pagamentos ou outros processos análogos em relação a uma SE, esta não pode transferir a sua sede.

16. Para efeitos de litígios surgidos antes da transferência determinada no n. 10, considera-se que uma SE que tenha transferido a sua sede para outro Estado-Membro tem a sua sede no Estado-Membro em que estava registada antes da transferência, mesmo quando seja contra ela intentada uma acção depois da transferência.

Artigo 9º

1. A SE é regulada:

a) Pelo disposto no presente regulamento;

b) Sempre que o presente regulamento o autorize expressamente, pelo disposto nos estatutos da SE; ou

c) No que se refere às matérias não abrangidas pelo presente regulamento ou, quando uma matéria o for apenas parcialmente, em relação aos aspectos por ele não abrangidos:

i) Pelas disposições legislativas adoptadas pelos Estados-Membros em aplicação de medidas comunitárias que visem especificamente as SE;

ii) Pelas disposições legislativas dos Estados-Membros que seriam aplicáveis a uma sociedade anónima constituída segundo o Direito do Estado-Membro onde a SE tem a sua sede;

iii) Pelas disposições dos estatutos da SE, nas mesmas condições que para as sociedades anónimas constituídas segundo o Direito do Estado-Membro onde a SE tem a sua sede.

2. As disposições legislativas especialmente adoptadas pelos Estados-Membros para a SE devem cumprir o disposto nas directivas aplicáveis às sociedades anónimas referidas no Anexo I.

3. Se a natureza das actividades exercida por uma SE for regulada por disposições específicas de legislação nacional, estas são integralmente aplicáveis à SE.

Artigo 10º

Sob reserva do disposto no presente regulamento, uma SE é tratada em cada Estado-Membro como uma sociedade anónima constituída segundo o Direito do Estado-Membro onde a SE tem a sua sede.

Artigo 11º

1. A firma da SE deve ser precedida ou seguida da sigla "SE".

2. Apenas as SE podem incluir a sigla "SE" na sua firma.

3. Todavia, as sociedades ou outras entidades jurídicas registadas num Estado-Membro antes da data de entrada em vigor do presente regulamento não são obrigadas a alterar a sua firma, quando dela conste a sigla "SE".

ARTIGO 12º

1. A SE está sujeita a inscrição no Estado-Membro onde tem a sua sede, num Registo designado pela lei desse Estado-Membro, nos termos do art. 3º da Directiva 68/151/CEE do Conselho, de 9 de Março de 1968, tendente a coordenar as garantias que, para protecção dos interesses dos sócios e de terceitos *[sic]*, são exigidas nos Estados-Membros às sociedades, na acepção do segundo parágrafo do art. 58º do Tratado, a fim de tornar equivalentes essas garantias em toda a Comunidade.[6]

2. Uma SE só pode ser registada se se tiver chegado a um acordo sobre o regime de envolvimento dos trabalhadores nos termos do art. 4º da Directiva 2001/86/CE, se tiver sido tomada uma decisão nos termos do n. 6 do art. 3º da mesma directiva ou se o período de negociações previsto no art. 5º da directiva tiver decorrido sem se ter chegado a um acordo.

3. Para que uma SE possa ser registada num Estado-Membro que tenha usado da faculdade prevista no n. 3 do art. 7º da Directiva 2001/86/CE, é necessário que, nos termos do art. 4º da referida directiva, se tenha chegado a um acordo sobre o regime de envolvimento dos trabalhadores, incluindo a participação, ou que nenhuma das sociedades participantes tenha sido regulada por regras de participação antes do registo da SE.

4. Os estatutos da SE não devem em caso algum ser incompatíveis com o regime definido para o envolvimento dos trabalhadores. Quando novas disposições estabelecidas nos termos da Directiva 2001/86/CE forem incompatíveis com os estatutos existentes, estes devem ser alterados na medida do necessário. Neste caso, os Estados-Membros podem determinar que o órgão de direcção ou de administração da SE tenha o direito de alterar os estatutos sem necessidade de uma nova decisão da assembleia geral de accionistas.

ARTIGO 13º

Os actos e indicações relativos à SE sujeitos a publicidade nos termos do presente regulamento são dela objecto, nos termos previstos na legislação do Estado-Membro da sede da SE, em cumprimento da Directiva 68/151/CEE.

ARTIGO 14º

1. O registo e o cancelamento do registo de uma SE são objecto de um aviso a publicar, para informação, no Jornal Oficial das Comunidades Europeias, após publicidade efectuada nos termos do art. 13º. Desse aviso constam a firma, o número, a data e o local de registo da SE, a data, o local e o título da publicação, bem como a sede e o seu sector de actividade da SE.

2. A transferência da sede da SE nas condições previstas no art. 8º é igualmente objecto de um aviso, do qual constam as indicações previstas no n. 1, bem como as relativas ao novo registo.

3. As indicações referidas no n. 1 são comunicadas ao Serviço de Publicações Oficiais das Comunidades Europeias no prazo de um mês a contar da publicidade prevista no art. 13º.

TÍTULO II — Constituição

SECÇÃO I — Generalidades

ARTIGO 15º

1. Sob reserva do disposto no presente regulamento, a constituição de uma SE regula-se pela legislação aplicável às sociedades anónimas do Estado onde a SE estabelece a sua sede.

2. O registo de uma SE está sujeito a publicidade nos termos do art. 13º.

ARTIGO 16º

1. A SE adquire personalidade jurídica na data do registo previsto no art. 12º.

2. Se tiverem sido praticados actos em nome da SE antes do registo previsto no art. 12º e se após esse registo, a SE não assumir as obrigações deles decorrentes, as pessoas sin-

6. JO L 65, de 14.3.1968, p. 8. Directiva com a última redacção que lhe foi dada pela Acto de Adesão de 1994.

gulares, as sociedades ou outras entidades jurídicas que os tiverem praticado serão por eles solidária e ilimitadamente responsáveis, salvo convenção em contrário.

Secção 2 — Constituição de uma SE por meio de fusão

Artigo 17º

1. Uma SE pode ser constituída por meio de fusão, nos termos do n. 1 do art. 2º.

2. A fusão pode ser efectuada:

a) Pelo processo de fusão mediante incorporação, nos termos do n. 1 do art. 3º da Directiva 78/855/CEE;[7] ou

b) Pelo processo de fusão mediante a constituição de uma nova sociedade, nos termos do n. 1 do art. 4º da mesma directiva.

No caso de fusão mediante incorporação, a sociedade incorporante assume a forma de SE em simultâneo com a fusão. No caso de fusão mediante a constituição de uma nova sociedade, a SE é a nova sociedade.

Artigo 18º

Em relação às matérias não abrangidas pela presente Secção ou, quando uma matéria o for apenas parcialmente, em relação aos aspectos por ela não abrangidos, cada sociedade participante na constituição de uma SE por meio de fusão está sujeita às disposições do Estado-Membro de que depende, aplicáveis à fusão de sociedades anónimas nos termos da Directiva 78/855/CEE.

Artigo 19º

A legislação de um Estado-Membro pode prever que uma sociedade regulada pelo Direito desse Estado-Membro não possa participar na constituição de uma SE por meio de fusão, se uma autoridade competente desse Estado-Membro se lhe opuser antes da emissão do certificado referido no n. 2 do art. 25º.

Essa oposição só se pode fundamentar em razões de interesse público e é susceptível de recurso judicial.

Artigo 20º

1. Os órgãos de direcção ou de administração das sociedades que pretendam fundir-se elaboram um projecto de fusão. Esse projecto inclui:

a) A firma e a sede das sociedades que se fundem, bem como as previstas para a SE;

b) A relação de troca das acções e, se for caso disso, o montante de uma eventual compensação;

c) As regras de entrega das acções da SE;

d) A data a partir da qual essas acções conferem o direito de participação nos lucros, bem como qualquer regra especial relativa a esse direito;

e) A data a partir da qual as operações das sociedades que se fundem são consideradas, do ponto de vista contabilístico, como efectuadas por conta da SE;

f) Os direitos conferidos pela SE aos accionistas que gozem de direitos especiais e aos portadores de títulos diferentes das acções, ou as medidas previstas em relação aos mesmos;

g) Quaisquer vantagens especiais atribuídas aos peritos que estudam o projecto de fusão, bem como aos membros dos órgãos de administração, de direcção, de fiscalização ou de controlo das sociedades que se fundem;

h) Os estatutos da SE;

i) Informações sobre os procedimentos seguidos para estabelecer as disposições relativas ao envolvimento dos trabalhadores nos termos da Directiva 2001/86/CE.

2. As sociedades que se fundem podem acrescentar outros elementos ao projecto de fusão.

Artigo 21º

Em relação a cada uma das sociedades que se fundem, e sob reserva de exigências suplementares impostas pelo Estado-Membro de que depende a sociedade em questão, devem ser publicadas as seguintes indicações no órgão oficial desse Estado-Membro:

7. Terceira Directiva 78/855/CEE do Conselho, de 9.10.1978, fundada na alínea *g*) do n. 3 do art. 54º do Tratado e relativa à fusão das sociedades anónimas (JO L 295, de 20.10.1978, p. 36). Directiva com a última redacção que lhe foi dada pelo Acto de Adesão de 1994.

a) A forma, a firma e a sede das sociedades que se fundem;

b) O Registo em que foram depositados os actos referidos no n. 2 do art. 3º da Directiva 68/151/CEE relativos a cada uma das sociedades que se fundem, bem como o número de inscrição nesse Registo;

c) A indicação das regras de exercício dos direitos dos credores da sociedade em questão, estabelecidas nos termos do art. 24º, bem como o endereço em que podem ser obtidas, gratuitamente, informações exaustivas sobre essas regras;

d) A indicação das regras de exercício dos direitos dos accionistas minoritários da sociedade em questão, estabelecidas nos termos do art. 24º, bem como o endereço em que podem ser obtidas, gratuitamente, informações exaustivas sobre essas regras;

e) A firma e a sede previstas para a SE.

Artigo 22º

Em alternativa ao recurso a peritos que actuem por conta de cada uma das sociedades que se fundem, um ou mais peritos independentes, na acepção do art. 10º da Directiva 78/855/CEE, designados para o efeito; e a pedido conjunto dessas sociedades; por uma autoridade judicial ou administrativa do Estado-Membro de que depende uma das sociedades que se fundem ou a futura SE, podem examinar o projecto de fusão e elaborar um relatório único destinado a todos os accionistas.

Os peritos têm o direito de pedir a cada uma das sociedades que se fundem todas as informações que considerem necessárias para o desempenho das suas funções.

Artigo 23º

1. A assembleia geral de cada uma das sociedades que se fundem aprova o projecto de fusão.

2. O envolvimento dos trabalhadores na SE é decidido nos termos da Directiva 2001/86/CE. A assembleia geral de cada uma das sociedades que se fundem pode sujeitar o registo da SE à ratificação expressa do regime assim decidido.

Artigo 24º

1. O Direito do Estado-Membro de que depende cada uma das sociedades que se fundem é aplicável, tal como no caso da fusão de sociedades anónimas de responsabilidade limitada, tendo em conta o carácter transfronteiriço da fusão, no que respeita à protecção dos interesses:

a) Dos credores das sociedades que se fundem;

b) Dos obrigacionistas das sociedades que se fundem;

c) Dos portadores de títulos, com excepção de acções, aos quais sejam inerentes direitos especiais nas sociedades que se fundem.

2. Um Estado-Membro pode adoptar, em relação às sociedades que se fundem e que são reguladas pelo seu Direito, disposições destinadas a assegurar uma protecção adequada dos accionistas minoritários que se tenham pronunciado contra a fusão.

Artigo 25º

1. O controlo da legalidade da fusão é efectuado, em relação à parte do processo relativa a cada sociedade que se funde, nos termos da legislação aplicável à fusão de sociedades anónimas no Estado-Membro de que a sociedade depende.

2. Em cada Estado-Membro interessado, é emitido por um tribunal, um notário ou outra autoridade competente um certificado que comprove de forma concludente o cumprimento dos actos e formalidades prévias à fusão.

3. Se o Direito de um Estado-Membro a que esteja sujeita uma sociedade que se funda previr um processo de análise e alteração da relação de troca das acções ou um processo de compensação dos accionistas minoritários, sem impedir o registo da fusão, esse processo aplica-se apenas se, ao aprovarem o projecto de fusão nos termos do n. 1 do art. 23º, as restantes sociedades que se fundem, situadas em Estados-Membros cuja legislação não previa esse tipo de processo, aceitarem explicitamente a possibilidade de os accionistas da sociedade que se funda recorrerem a esse processo. Nesse caso, o tribunal, o notário ou outra autoridade competente pode emitir o certificado referido no n. 2, mesmo que o referido processo já tenha tido início. No entanto, o certificado deve mencionar a existência de um processo pendente. A decisão decorrente do processo é vinculativa

para a sociedade incorporante e para o conjunto dos seus accionistas.

Artigo 26º

1. O controlo da legalidade da fusão é efectuado, em relação à parte do processo relativa à fusão e à constituição da SE, por um tribunal, por um notário ou por qualquer outra autoridade do Estado-Membro da futura sede da SE, competente para controlar este aspecto da legalidade da fusão de sociedades anónimas.

2. Para esse efeito, cada sociedade que se funda remete a essa autoridade o certificado referido no n. 2 do art. 25º, num prazo de seis meses a contar da sua emissão, assim como uma cópia do projecto de fusão, aprovado pela sociedade.

3. A autoridade referida no n. 1 certifica-se, em especial, de que as sociedades que se fundem aprovaram um projecto de fusão nos mesmos termos, e de que o regime relativo ao envolvimento dos trabalhadores foi definido nos termos da Directiva 2001/86/CE.

4. A mesma autoridade certifica-se igualmente de que a constituição da SE preenche as condições estabelecidas na legislação do Estado-Membro da sede, nos termos do artigo 15º.

Artigo 27º

1. A fusão e a constituição simultânea da SE produzem efeitos na data do registo da SE nos termos do art. 12º.

2. A SE só pode ser registada após o cumprimento de todas as formalidades previstas nos artigos 25º e 26º.

Artigo 28º

Em relação às sociedades que se fundem, a realização da fusão deve ser sujeita a publicidade, efectuada nos termos da legislação de cada Estado-Membro, em cumprimento do art. 3º da Directiva 68/151/CEE.

Artigo 29º

1. A fusão realizada nos termos do n. 2, alínea *a*), do art. 17º implica *ipso jure* e simultaneamente os seguintes efeitos:

a) A transferência global do património activo e passivo de cada uma das sociedades incorporadas para a sociedade incorporante;

b) Os accionistas da sociedade incorporada tornam-se accionistas da sociedade incorporante;

c) A sociedade incorporada deixa de existir;

d) A sociedade incorporante assume a forma de SE.

2. A fusão realizada nos termos do n. 2, alínea *b*), do art. 17º, implica *ipso jure* e simultaneamente os seguintes efeitos:

a) A transferência global do património activo e passivo das sociedades que se fundem para a SE;

b) Os accionistas das sociedades que se fundem tornam-se accionistas da SE;

c) As sociedades que se fundem deixam de existir.

3. Sempre que, em caso de fusão de sociedades anónimas, a legislação de um Estado-Membro imponha formalidades especiais em relação à oponibilidade a terceiros da transferência de determinados bens, direitos e obrigações das sociedades que se fundem, essas formalidades são aplicáveis e devem ser cumpridas pelas sociedades que se fundem, ou pela SE a partir da data do seu registo.

4. Os direitos e obrigações das sociedades participantes em matéria de condições de trabalho, decorrentes da legislação, das práticas e dos contratos individuais de trabalho ou relações de trabalho a nível nacional, existentes à data do registo, são transferidos para a SE no momento do registo e em conseqüência do mesmo.

Artigo 30º

A nulidade de uma fusão na acepção do n. 1 do art. 2º não pode ser declarada se a SE tiver sido registada.

A falta de controlo da legalidade da fusão nos termos dos arts. 25º e 26º pode constituir fundamento para a dissolução da SE.

Artigo 31º

1. Quando uma fusão, nos termos do n. 2, alínea *a*), do art. 17º, for realizada por uma sociedade que detenha todas as acções e outros títulos que confiram direitos de voto na assembleia geral de outra sociedade, não é aplicável

o disposto no n. 1, alíneas *b*), *c*) e *d*) do art. 20º, no art. 22º e no n. 1, alínea *b*), do art. 29º. São contudo aplicáveis as disposições nacionais a que esteja sujeita cada uma das sociedades que se fundem e que regulam as fusões de sociedades anónimas nos termos do art. 24º da Directiva 78/855/CEE.

2. Quando uma fusão mediante incorporação seja efectuada por uma sociedade que detenha 90 % ou mais, mas não a totalidade, das acções ou outros títulos que confiram direitos de voto na assembleia geral de outra sociedade, os relatórios do órgão de direcção ou de administração, os relatórios de um ou mais peritos independentes, bem como os documentos necessários ao controlo só são exigíveis na medida em que o sejam pela legislação nacional que regula a sociedade incorporante ou pela legislação nacional que regula a sociedade incorporada.

No entanto, os Estados-Membros podem determinar que o presente número se possa aplicar quando uma sociedade detenha acções que confiram 90 % ou mais, mas não a totalidade, dos direitos de voto.

Secção 3 — Constituição de uma SE "holding"

Artigo 32º

1. Uma SE pode ser constituída nos termos do n. 2 do art. 2º.

As sociedades que promovam a constituição de uma SE, nos termos do n. 2 do art. 2º, continuam a existir.

2. Os órgãos de direcção ou de administração das sociedades que promovem a operação elaboram, nos mesmos termos, um projecto de constituição da SE. Esse projecto deve conter um relatório explicativo e justificativo dos aspectos jurídicos e económicos da constituição e indicar as consequências da adopção da forma de SE para os accionistas e para os trabalhadores. Esse projecto inclui ainda as indicações previstas no n. 1, alíneas *a*), *b*), *c*), *f*), *g*), *h*) e *i*), do art. 20º e fixa a percentagem mínima de acções ou quotas de cada uma das sociedades que promovem a operação com que os accionistas devem contribuir para a constituição da SE. Essa percentagem deve corresponder a um número de acções que confira mais do que 50% dos direitos de voto permanentes.

3. Em relação a cada uma das sociedades que promovem a operação, o projecto de constituição da SE está sujeito a publicidade, de acordo com as regras previstas na legislação de cada Estado-Membro, nos termos do art. 3º da Directiva 68/151/CEE, pelo menos um mês antes da data da reunião da assembleia geral que se deve pronunciar sobre a operação.

4. Um ou mais peritos independentes das sociedades que promovem a operação, nomeados ou aprovados por uma autoridade judicial ou administrativa do Estado-Membro de que depende cada sociedade segundo as disposições nacionais adoptadas em execução da Directiva 78/855/CEE, examinam o projecto de constituição elaborado nos termos do n. 2 e apresentam um relatório escrito destinado aos accionistas de cada sociedade. Por acordo entre as sociedades que promovem a operação, pode ser elaborado um relatório escrito para os accionistas do conjunto das sociedades, por um ou mais peritos independentes nomeados ou aprovados por uma autoridade judicial ou administrativa do Estado-Membro de que depende uma das sociedades que promovem a operação ou a futura SE, segundo as disposições nacionais adoptadas em execução da Directiva 78/855/CEE.

5. O relatório deve indicar as dificuldades específicas de avaliação e declarar se a relação prevista de troca das acções ou das quotas é ou não pertinente e razoável, indicando os métodos seguidos para a sua determinação e a adequação desses métodos ao caso em apreço.

6. A assembleia geral de cada uma das sociedades que promovem a operação aprova o projecto de constituição da SE.

O envolvimento dos trabalhadores na SE é decidido nos termos da Directiva 2001/86/CE. A assembleia geral de cada uma das sociedades que promovem a operação pode sujeitar o registo da SE à ratificação expressa do regime assim decidido.

7. O disposto no presente artigo é aplicável, *mutatis mutandis*, às sociedades de responsabilidade limitada.

Artigo 33º

1. Os accionistas ou os detentores de quotas das sociedades que promovem a operação

dispõem de um prazo de três meses durante o qual podem comunicar às sociedades promotoras a intenção de contribuir com as suas acções ou quotas para a constituição da SE. Esse prazo corre a contar da data em que o projecto de constituição da SE tenha sido definitivamente aprovado nos termos do art. 32º.

2. A SE só está constituída se, no termo do prazo referido no n. 1, os accionistas ou os detentores de quotas das sociedades que promovem a operação tiverem contribuído com a percentagem mínima de acções ou de quotas de cada sociedade fixada de acordo com o projecto de formação e se todas as outras condições tiverem sido preenchidas.

3. Se as condições para a constituição da SE tiverem sido preenchidas nos termos do n. 2, esse facto é, em relação a cada uma das sociedades promotoras, sujeito a publicidade, segundo as regras previstas no Direito nacional que regula cada uma dessas sociedades e adoptadas nos termos do art. 3º da Directiva 68/151/CEE.

Os accionistas ou os detentores de quotas das sociedades que promovem a operação que, no prazo referido no n. 1, não tenham comunicado a intenção de colocar as suas acções ou quotas à disposição das sociedades promotoras com vista à constituição da SE beneficiam de um prazo suplementar de um mês para o fazer.

4. Os accionistas ou os detentores de quotas que tenham contribuído com os seus títulos para a constituição da SE recebem acções desta.

5. A SE apenas pode ser registada mediante prova do cumprimento das formalidades referidas no art. 32º e das condições referidas no n. 2 do presente artigo.

Artigo 34º

Os Estados-Membros podem adoptar, em relação às sociedades que promovem a operação, disposições destinadas a assegurar a protecção dos accionistas minoritários que se opõem à operação, dos credores e dos trabalhadores.

Secção 4 — Constituição de uma SE "filial"

Artigo 35º

Uma SE pode ser constituída nos termos do n. 3 do art. 2º.

Artigo 36º

São aplicáveis às sociedades ou outras entidades jurídicas que participem na operação as disposições que regulam a sua participação na constituição de uma filial que assuma a forma de uma sociedade anónima nos termos do direito nacional.

Secção 5 — Transformação de uma sociedade anónima em SE

Artigo 37º

1. Uma SE pode ser constituída nos termos do n. 4 do art. 2º.

2. Sem prejuízo do disposto no art. 12º, a transformação de uma sociedade anónima em SE não dá origem à dissolução nem à criação de uma nova pessoa colectiva.

3. A sede não pode ser transferida de um Estado-Membro para outro no momento da transformação, nos termos do art. 8º.

4. O órgão de direcção ou de administração da sociedade em questão elabora um projecto de transformação e um relatório que explique e justifique os aspectos jurídicos e económicos da transformação e assinale as consequências da adopção da forma de SE para os accionistas e para os trabalhadores.

5. O projecto de transformação será sujeito a publicidade segundo as regras previstas na legislação de cada Estado-Membro, nos termos do art. 3º da Directiva 68/151/CEE, pelo menos um mês antes da data da reunião da assembleia geral chamada a pronunciar-se sobre a transformação.

6. Antes da assembleia geral referida no n. 7, um ou mais peritos independentes nomeados ou aprovados, segundo as disposições nacionais adoptadas em execução do art. 10º da Directiva 78/855/CEE, por uma autoridade judicial ou administrativa do Estado de que depende a sociedade que se transforma em SE, devem atestar, nos termos da Directiva 77/91/CEE do Conselho,[8] *mutatis mutandis*, que a

8. Directiva 77/91/CEE do Conselho, de 13.12.1976, tendente a coordenar as garantias que, para protecção dos interesses dos sócios e de terceiros, são exigidas nos Estados-Membros às sociedades, na acepção do 2º § do art. 58º do Tratado, no que

sociedade dispõe de activos líquidos correspondentes pelo menos ao capital, acrescido das reservas que não podem ser distribuídas nos termos legais ou estatutários.

7. A assembleia geral da sociedade em questão aprova o projecto de transformação e os estatutos da SE. A decisão da assembleia geral deve ser tomada nas condições previstas nas disposições nacionais adoptadas em execução do art. 7º da Directiva 78/855/CEE.

8. Os Estados-Membros podem sujeitar uma transformação a um voto favorável, por maioria qualificada ou por unanimidade, dos membros do órgão da sociedade a transformar e em que está organizada a participação dos trabalhadores.

9. Os direitos e obrigações da sociedade a transformar em matéria de condições de trabalho, decorrentes da legislação, das práticas e dos contratos individuais de trabalho ou das relações de trabalho a nível nacional, existentes à data do registo, são transferidos para a SE no momento do seu registo.

Título III — Estrutura da SE

Artigo 38º

A SE inclui, nas condições previstas no presente regulamento:

a) Uma assembleia geral de accionistas e

b) Um órgão de fiscalização e um órgão de direcção (sistema dualista), ou um órgão de administração (sistema monista), consoante a opção adoptada nos estatutos.

Secção 1 — Sistema dualista

Artigo 39º

1. O órgão de direcção é responsável pela gestão da SE. Qualquer Estado-Membro pode prever que a responsabilidade da gestão corrente incumba a um ou a vários directores-gerais, nas mesmas condições que para as sociedades anónimas com sede no seu território.

respeita à constituição da sociedade anónima, bem como à conservação e às modificações do seu capital social, a fim de tornar equivalentes essas garantias em toda a Comunidade (JO L 26, de 31.1.1977, p. 1). Directiva com a última redacção que lhe foi dada pelo Acto de Adesão de 1994.

2. O ou os membros do órgão de direcção são nomeados e destituídos pelo órgão de fiscalização.

No entanto, os Estados-Membros podem prever, ou permitir que os estatutos prevejam, que o ou os membros do órgão de direcção sejam nomeados e destituídos pela assembleia geral nas mesmas condições que os das sociedades anónimas com sede no seu território.

3. Ninguém pode ser simultaneamente membro do órgão de direcção e do órgão de fiscalização da SE. No entanto, o órgão de fiscalização pode, em caso de vaga, designar um dos seus membros para exercer as funções de membro do órgão de direcção. No decurso desse período, as funções da pessoa em questão como membro do órgão de fiscalização são suspensas. Os Estados-Membros podem prever que esse período seja limitado no tempo.

4. O número de membros do órgão de direcção ou as regras para a sua determinação são fixados nos estatutos da SE. No entanto, os Estados-Membros podem fixar um número mínimo e/ou máximo de membros.

5. Na falta de disposições relativas a um sistema dualista no que se refere às sociedades anónimas com sede no respectivo território, os Estados-Membros podem adoptar as medidas adequadas em relação às SE.

Artigo 40º

1. O órgão de fiscalização controla a gestão assegurada pelo órgão de direcção. O órgão de fiscalização não tem competência própria em matéria de gestão da SE.

2. Os membros do órgão de fiscalização são nomeados pela assembleia geral. Todavia, os membros do primeiro órgão de fiscalização podem ser designados nos estatutos. A presente disposição é aplicável sem prejuízo do disposto no n. 4 do art. 47º ou, se for caso disso, das disposições em matéria de participação dos trabalhadores estabelecidas nos termos da Directiva 2001/86/CE.

3. O número de membros do órgão de fiscalização ou as regras para a sua determinação são definidos nos estatutos. Todavia, os Estados-Membros podem fixar o número de membros do órgão de fiscalização das SE registadas no seu território, ou um número mínimo e/ou máximo de membros.

Artigo 41º

1. O órgão de direcção informa o órgão de fiscalização, pelo menos de três em três meses, sobre o andamento dos negócios da SE e a sua evolução previsível.

2. Além da informação periódica prevista no n. 1, o órgão de direcção comunica em tempo útil ao órgão de fiscalização todas as informações sobre acontecimentos susceptíveis de ter repercussões sensíveis na situação da SE.

3. O órgão de fiscalização pode solicitar ao órgão de direcção qualquer tipo de informações necessárias ao controlo que exerce nos termos do n. 1 do art. 40º. Os Estados-Membros podem prever que todos os membros do órgão de fiscalização possam igualmente beneficiar desta faculdade.

4. O órgão de fiscalização pode proceder ou mandar proceder às verificações necessárias ao desempenho das suas funções.

5. Todos os membros do órgão de fiscalização podem tomar conhecimento de todas as informações comunicadas a este órgão.

Artigo 42º

Os membros do órgão de fiscalização elegem entre si um presidente. Se metade dos membros tiver sido designada pelos trabalhadores, só pode ser eleito presidente um membro designado pela assembleia geral de accionistas.

Secção 2 — Sistema monista

Artigo 43º

1. O órgão de administração é responsável pela gestão da SE. Qualquer Estado-Membro pode prever que a responsabilidade da gestão corrente incumba a um ou a vários directores-gerais, nas mesmas condições que para as sociedades anónimas com sede no seu território.

2. O número de membros do órgão de administração ou as regras para a sua determinação são fixados nos estatutos da SE. Todavia, os Estados-Membros podem fixar um número mínimo e, se necessário, máximo, de membros.

No entanto, o órgão de administração deve ser composto por um mínimo de três membros, quando a participação dos trabalhadores na SE esteja organizada nos termos da Directiva 2001/86/CE.

3. O ou os membros do órgão de administração são nomeados pela assembleia geral. Todavia, os membros do primeiro órgão de administração podem ser designados nos estatutos. A presente disposição é aplicável sem prejuízo do n. 4 do art. 47º ou, eventualmente, das disposições em matéria de participação dos trabalhadores estabelecidas nos termos da Directiva 2001/86/CE.

4. Na falta de disposições relativas a um sistema monista no que se refere às sociedades anónimas com sede no respectivo território, os Estados-Membros podem adoptar as medidas adequadas em relação às SE.

Artigo 44º

1. O órgão de administração reúne-se pelo menos de três em três meses, com uma periodicidade fixada nos estatutos, para deliberar sobre o andamento dos negócios da SE e a sua evolução previsível.

2. Todos os membros do órgão de administração podem tomar conhecimento de todas as informações comunicadas a este órgão.

Artigo 45º

Os membros do órgão de administração elegem entre si um presidente. Se metade dos membros tiver sido designada pelos trabalhadores, só pode ser eleito presidente um membro designado pela assembleia geral de accionistas.

Secção 3 — Regras comuns aos sistemas monista e dualista

Artigo 46º

1. Os membros dos órgãos da sociedade são nomeados por um período fixado nos estatutos, não superior a seis anos.

2. Salvo restrições previstas nos estatutos, os membros podem ser reconduzidos uma ou mais vezes pelo período fixado nos termos do n. 1.

Artigo 47º

1. Os estatutos da SE podem prever que uma sociedade ou outra entidade jurídica possa ser membro de um dos seus órgãos, salvo disposição em contrário da legislação do Estado-

Membro da sede da SE aplicável às sociedades anónimas.

A sociedade ou outra entidade jurídica designa uma pessoa singular para o exercício dos poderes no órgão em questão.

2. Não podem ser membros de um órgão da SE, nem representantes de um membro na acepção do n. 1, as pessoas que:

a) Não possam fazer parte, segundo a legislação do Estado-Membro da sede da SE, do órgão correspondente de uma sociedade anónima regulada pelo Direito desse Estado-Membro;

b) Não possam fazer parte do órgão correspondente de uma sociedade anónima regulada pelo Direito de um Estado-Membro por força de decisão judicial ou administrativa proferida num Estado-Membro.

3. Os estatutos da SE podem fixar condições particulares de elegibilidade para os membros que representam os accionistas, à semelhança do que estiver previsto na legislação do Estado-Membro da sede da SE para as sociedades anónimas.

4. O presente regulamento não prejudica as legislações nacionais que permitem a uma minoria de accionistas ou outras pessoas ou autoridades nomear uma parte dos membros dos órgãos.

Artigo 48º

1. Os estatutos da SE enumeram as categorias de operações que requerem uma autorização do órgão de direcção por parte do órgão de fiscalização, no sistema dualista, ou uma decisão expressa do órgão de administração, no sistema monista.

Todavia, os Estados-Membros podem prever que, no sistema dualista, o órgão de fiscalização possa, por si, sujeitar certas categorias de operações a autorização.

2. Os Estados-Membros podem determinar as categorias de operações que, no mínimo, devem constar dos estatutos das SE registadas no seu território.

Artigo 49º

Os membros dos órgãos da SE são obrigados a não divulgar, mesmo após a cessação das suas funções, as informações de que disponham sobre a SE, cuja divulgação seja susceptível de lesar os interesses da sociedade, excepto quando essa divulgação seja exigida ou admitida pelas disposições de direito nacional aplicáveis às sociedades anónimas ou pelo interesse público.

Artigo 50º

1. Salvo disposição em contrário do presente regulamento ou dos estatutos, as regras internas relativas ao quórum e à tomada de decisões dos órgãos da SE são as seguintes:

a) Quórum: pelo menos metade dos membros devem estar presentes ou representados;

b) Tomada de decisões: terá lugar por maioria dos membros presentes ou representados.

2. Na falta de disposições estatutárias na matéria, o presidente de cada órgão tem voto de qualidade em caso de empate. Não é, todavia, admissível nenhuma disposição estatutária em contrário quando 50% dos membros do órgão de fiscalização forem representantes dos trabalhadores.

3. Quando a participação dos trabalhadores for organizada nos termos da Directiva 2001/86/CE, qualquer Estado-Membro pode estabelecer que, em derrogação do disposto nos ns. 1 e 2, o quórum e a tomada de decisões pelo órgão de fiscalização fiquem sujeitos às regras aplicáveis, nas mesmas condições, às sociedades anónimas reguladas pelo Direito do Estado-Membro em questão.

Artigo 51º

Os membros dos órgãos de direcção, de fiscalização ou de administração respondem, nos termos das disposições do Estado-Membro da sede da SE aplicáveis às sociedades anónimas, pelos prejuízos sofridos pela SE na sequência de qualquer violação por eles cometida das obrigações legais, estatutárias ou outras inerentes às suas funções.

Secção 4 — Assembleia geral

Artigo 52º

A assembleia geral decide sobre as matérias relativamente às quais lhe é atribuída competência específica por força:

a) Do presente regulamento;

b) Das disposições da legislação do Estado-Membro onde a SE tem a sua sede, adoptadas em execução da Directiva 2001/86/CE.

Além disso, a assembleia geral decide sobre as matérias relativamente às quais é atribuída competência à assembleia geral das sociedades anónimas reguladas pelo Direito do Estado-Membro onde a SE tem sua sede, quer pela legislação desse Estado-Membro, quer pelos estatutos da SE de acordo com essa mesma legislação.

Artigo 53º

Sem prejuízo das regras previstas na presente Secção, a organização e a realização da assembleia geral, bem como os processos de votação, regulam-se pela legislação do Estado-Membro da sede da SE aplicável às sociedades anónimas.

Artigo 54º

1. A assembleia geral reúne-se pelo menos uma vez por ano civil, num prazo de seis meses a contar do encerramento do exercício, excepto se a legislação do Estado-Membro da sede aplicável às sociedades anónimas que exerçam o mesmo tipo de actividade que a SE previr uma frequência superior. Todavia, os Estados-Membros podem prever que a primeira assembleia geral se possa realizar dentro de um prazo de dezoito meses a contar da constituição da SE.

2. A assembleia geral pode ser convocada em qualquer momento pelo órgão de direcção, pelo órgão de administração, pelo órgão de fiscalização, ou por qualquer outro órgão ou autoridade competente nos termos da legislação nacional do Estado-Membro da sede da SE aplicável às sociedades anónimas.

Artigo 55º

1. A convocação da assembleia geral e a fixação da ordem de trabalhos podem ser solicitadas por um ou mais accionistas que detenham, em conjunto, acções que representem pelo menos 10% do capital subscrito, podendo os estatutos ou a legislação nacional prever uma percentagem inferior nas mesmas condições que as aplicáveis às sociedades anónimas.

2. O pedido de convocação deve precisar os pontos a incluir na ordem de trabalhos.

3. Se, na sequência do pedido formulado nos termos do n.o 1, a assembleia geral não se realizar em tempo oportuno ou, de qualquer modo, num prazo máximo de dois meses, a autoridade judicial ou administrativa competente do Estado da sede da SE pode ordenar a sua convocação num determinado prazo ou dar autorização aos accionistas que formularam o pedido, ou a um mandatário dos mesmos. Esta disposição não prejudica as disposições nacionais que eventualmente prevejam a possibilidade de os próprios accionistas procederem à convocação da assembleia geral.

Artigo 56º

Um ou mais accionistas que detenham, em conjunto, pelo menos 10 % do capital subscrito podem solicitar a inscrição de novos pontos na ordem de trabalhos de uma assembleia geral. Os procedimentos e prazos aplicáveis a este pedido são os fixados na legislação nacional do Estado-Membro da sede da SE ou, na sua falta, nos estatutos da SE. A percentagem acima referida pode ser reduzida pelos estatutos ou pela legislação do Estado-Membro da sede, nas mesmas condições que as aplicáveis às sociedades anónimas.

Artigo 57º

As decisões da assembleia geral são tomadas por maioria dos votos validamente expressos, excepto se o presente regulamento ou, na sua falta, a legislação aplicável às sociedades anónimas no Estado-Membro da sede da SE exigir uma maioria mais elevada.

Artigo 58º

Os votos expressos não incluem os votos inerentes às acções relativamente às quais o accionista não tenha tomado parte na votação, se tenha abstido ou dado um voto branco ou nulo.

Artigo 59º

1. A alteração dos estatutos requer uma decisão da assembleia geral tomada por uma maioria que não pode ser inferior a dois terços dos votos expressos, excepto se a legislação aplicável às sociedades anónimas abrangidas

pelo Direito do Estado-Membro da sede da SE previr ou permitir uma maioria mais elevada.

2. Todavia, os Estados-Membros podem prever que, sempre que esteja representado, pelo menos, metade do capital subscrito, seja suficiente a maioria simples dos votos referidos no n. 1.

3. Qualquer alteração dos estatutos está sujeita a publicidade nos termos do art. 13º.

Artigo 60º

1. Sempre que existam diversas categorias de acções, qualquer decisão da assembleia geral é sujeita a uma votação separada para cada categoria de accionistas cujos direitos específicos sejam afectados por essa decisão.

2. Sempre que a decisão da assembleia geral requeira as maiorias de votos previstas nos ns. 1 ou 2 do art. 59º, devem ser exigidas as mesmas maiorias para a votação separada para cada categoria de accionistas cujos direitos específicos sejam afectados pela decisão.

Título IV — Contas Anuais e Contas Consolidadas

Artigo 61º

Sob reserva do disposto no art. 62º, a SE está sujeita, no que respeita à elaboração das contas anuais e, se for caso disso, das contas consolidadas, incluindo o relatório de gestão que as acompanha, bem como à sua fiscalização e publicidade, às regras aplicáveis às sociedades anónimas reguladas pelo Direito do Estado-Membro da sua sede.

Artigo 62º

1. As SE que sejam instituições de crédito ou instituições financeiras estão sujeitas, no que respeita à elaboração das contas anuais e, se for caso disso, das contas consolidadas, incluindo o relatório de gestão que as acompanha, bem como à sua fiscalização e publicidade, às regras previstas no direito interno do Estado-Membro da sede, em execução da Directiva 2000/12/CE do Parlamento Europeu e do Conselho, de 20 de Março de 2000, relativa ao acesso à actividade das instituições de crédito e ao seu exercício.[9]

2. As SE que sejam empresas de seguros estão sujeitas, no que respeita à elaboração das contas anuais e, se for caso disso, das contas consolidadas, incluindo o relatório de gestão que as acompanha, bem como à sua fiscalização e publicidade, às regras previstas no direito interno do Estado-Membro da sede, em execução da Directiva 91/674/CEE do Conselho, de 19 de Dezembro de 1991, relativa às contas anuais e às contas consolidadas das empresas de seguros.[10]

Título V — Dissolução, Liquidação, Insolvência e Cessação de Pagamentos

Artigo 63º

No que se refere à dissolução, liquidação, insolvência, cessação de pagamentos e processos análogos, a SE está sujeita às disposições legais que seriam aplicáveis a uma sociedade anónima constituída segundo o Direito do Estado-Membro onde a SE tem a sua sede, incluindo as disposições relativas à tomada de decisões pela assembleia geral.

Artigo 64º

1. Sempre que uma SE deixar de cumprir a obrigação prevista no art. 7º, o Estado-Membro da sede da SE adopta as medidas necessárias para obrigar esta a regularizar a situação num prazo determinado:

a) Restabelecendo a sua administração central no Estado-Membro da sede, ou

b) Procedendo à transferência da sede pelo processo previsto no art. 8º.

2. O Estado-Membro da sede da SE adopta as medidas necessárias para assegurar a liquidação de uma SE que não proceda à regularização da sua situação nos termos do n. 1.

3. O Estado-Membro da sede institui um recurso judicial contra todas as infracções verificadas ao art. 7º. Esse recurso tem efeito suspensivo sobre os procedimentos referidos nos ns. 1 e 2.

4. Sempre que se verificar, por iniciativa das autoridades ou de qualquer outra parte interessada, que uma SE tem a sua administração central no território de um Estado-Membro em

9. JO L 126, de 26.5.2000, p. 1.

10. JO L 374, de 31.12.1991, p. 7.

infracção ao art. 7º, as autoridades desse Estado-Membro informam imediatamente desse facto o Estado-Membro da sede da SE.

Artigo 65º

A abertura de um processo de dissolução, liquidação, insolvência ou cessação de pagamentos, bem como o seu encerramento e a decisão de continuação da actividade, estão sujeitas a publicidade nos termos do art. 13º, sem prejuízo das disposições de direito interno que imponham medidas de publicidade adicionais.

Artigo 66º

1. A SE pode ser transformada em sociedade anónima regulada pelo Direito do Estado-Membro da sua sede. A decisão de transformação não pode ser tomada antes de decorridos dois anos a contar da data de registo, nem antes da aprovação das duas primeiras contas anuais.

2. A transformação de uma SE em sociedade anónima não dá lugar à dissolução nem à criação de uma nova pessoa colectiva.

3. O órgão de direcção ou de administração da SE deve elaborar um projecto de transformação e um relatório que explique e justifique os aspectos jurídicos e económicos da transformação e assinale as consequências da adopção da forma de sociedade anónima para os accionistas e para os trabalhadores.

4. O projecto de transformação está sujeito a publicidade, segundo a legislação de cada Estado-Membro, nos termos do art. 3º da Directiva 68/151/CEE, pelo menos um mês antes da data da reunião da assembleia geral chamada a pronunciar-se sobre a transformação.

5. Antes da assembleia geral referida no n. 6, um ou mais peritos independentes designados ou aprovados, segundo as disposições nacionais adoptadas por força do art. 10º da Directiva 78/855/CEE, por uma autoridade judicial ou administrativa do Estado-Membro de que depende a SE que se transforma em sociedade anónima, atestam que a sociedade dispõe de activos correspondentes pelo menos ao capital.

6. A assembleia geral da SE aprova o projecto de transformação e os estatutos da sociedade anónima. A decisão da assembleia geral deve ser tomada nas condições previstas nas disposições nacionais adoptadas por força do art. 7º da Directiva 78/855/CEE.

Título VI — Disposições Complementares e Transitórias

Artigo 67º

1. Cada Estado-Membro pode, se e enquanto a terceira fase da União Económica e Monetária (UEM) não lhe for aplicável, aplicar às SE com sede no seu território as mesmas disposições que aplica às sociedades anónimas reguladas pelo seu Direito no que se refere à expressão do respectivo capital. A SE pode, de qualquer forma, exprimir o seu capital igualmente em euros. Nesse caso, a taxa de conversão entre a moeda nacional e o euro será a do último dia do mês anterior à constituição da SE.

2. Se e enquanto a terceira fase da UEM não for aplicável ao Estado-Membro da sede da SE, esta pode, todavia, elaborar e publicar as suas contas anuais e, se for caso disso, as suas contas consolidadas em euros. O Estado-Membro pode exigir que as contas anuais e, se for caso disso, as contas consolidadas da SE sejam elaboradas e publicadas na moeda nacional, nas mesmas condições que as previstas para as sociedades anónimas reguladas pelo Direito desse Estado-Membro. Esta disposição não prejudica a possibilidade adicional de a SE publicar as suas contas anuais e, se for caso disso, as suas contas consolidadas, em euros, nos termos da Directiva 90/604/CEE.[11]

Título VII — Disposições Finais

Artigo 68º

1. Os Estados-Membros tomam as disposições adequadas para garantir a aplicação efectiva do presente regulamento.

2. Cada Estado-Membro designa as autoridades competentes na acepção dos arts. 8º, 25º, 26º, 54º, 55º e 64º e informa desse facto a Comissão e os outros Estados-Membros.

11. Directiva 90/604/CEE do Conselho, de 8.11.1990, que altera a Directiva 78/660/CEE, relativa às contas anuais, e a Directiva 83/349/CEE, relativa às contas consolidadas, no que se refere às derrogações a favor das pequenas e médias sociedades, bem como à publicação das contas em ecus (JO L 317, de 16.11.1990, p. 57).

Artigo 69º

O mais tardar cinco anos a contar da data de entrada em vigor do presente regulamento, a Comissão apresenta ao Parlamento Europeu e ao Conselho um relatório sobre a sua aplicação e eventuais propostas de alteração. Esse relatório analisará, nomeadamente, a conveniência das seguintes alterações:

a) Possibilidade de a administração central e a sede de uma SE se situarem em Estados-Membros diferentes;

b) Alargamento do conceito de fusão previsto no n. 2 do art. 7º para permitir também outros tipos de fusão para além dos referidos no n. 1 do art. 3º e no n. 1 do art. 4º da Directiva 78/855/CEE;

c) Revisão da cláusula de competência do n. 16 do art. 8º, em função de eventuais disposições que tenham sido incluídas na Convenção de Bruxelas de 1968 ou em qualquer texto adoptado pelos Estados-Membros ou pelo Conselho em substituição dessa Convenção;

d) Possibilidade de um Estado-Membro autorizar, na legislação por ele adoptada ao abrigo das competências atribuídas pelo presente regulamento ou para assegurar a sua aplicação efectiva, a inserção de disposições em derrogação dessa legislação ou que a completem, mesmo que esse tipo de disposições não seja autorizado nos estatutos de uma sociedade anónima com sede nesse Estado-Membro.

Artigo 70º

O presente regulamento entra em vigor em 8 de outubro de 2004.

O presente regulamento é obrigatório em todos os seus elementos e directamente aplicável em todos os Estados-Membros.

Feito em Luxemburgo, em 8 de outubro de 2001.

Pelo Conselho, o Presidente L. Onkelinx.

Anexo I

Sociedades Anónimas referidas no n. 1 do artigo 2º

Bélgica	*la société anonyme//de naamloze vennootschap*
Dinamarca	*aktieselskaber*
Alemanha	*die Aktiengesellschaft*
Grécia	(obs.: tipos jurídicos gregos somente passíveis de serem escritos no alfabeto grego)
Espanha	*la sociedad anónima*
França	*la société anonyme*
Irlanda	*public companies limited by shares public companies limited by guarantee having a share capital*
Itália	*società per azioni*
Luxemburgo	*la société anonyme*
Países Baixos	*de naamloze vennootstchap*
Áustria	*die Aktiengesellschaft*
Portugal	sociedade anónima de responsabilidade limitada
Finlândia	*julleinen osakeyhtiô//publikt aktiebolag*
Suécia	*publikt aktiebolag*
Reino Unido	*public companies limited by shares public companies limited by guarantee having a share capital*

Anexo II

Sociedades Anónimas e Sociedades de Responsabilidade Limitada referidas no n. 2 do artigo 2º

Bélgica	*la société anonyme//de naamloze vennootschap la société privée à responsabilité limitée//besloten vennoostschap met beperkte aansprakelijkheid*
Dinamarca	*Aktieselskaber anpartselskaber*
Alemanha	*die Aktiengesellschaft die Gesellschaft mit beschränkter Haftung*
Grécia	(obs.: tipos jurídicos gregos somente passíveis de serem escritos no alfabeto grego)

Espanha	*la sociedad anônima la sociedad de responsabilidad limitada*
França	*la société anonyme la société à responsabilité limitée*
Irlanda	*public companies limited by shares public companies limited by guarantee having a share capital private companies limited by shares private companies limited by guarantee having a share capital*
Itália	*società per azioni società a responsabilità limitata*
Luxemburgo	*la société anonyme la société à responsabilité limitée*
Países Baixos	*de naamloze vennootschap de besloten vennootschap met beperkte aansprakelijkheid*
Áustria	*die Aktiengesellschaft die Gesellschaft mit beschränkter Haftung*
Portugal	sociedade anónima de responsabilidade limitada sociedade por quotas de responsabilidade limitada
Finlândia	*Osakeyhtiô aktiebolag*
Suécia	*aktiebolag*
Reino Unido	*public companies limited by shares public companies limited by guarantee having a share capital private companies limited by shares private companies limited by guarantee having a share capital*

Textos de Direito e Economia

O CONTRATO PRELIMINAR, O NOVO CÓDIGO CIVIL E A ANÁLISE ECONÔMICA DO DIREITO

THEREZA MARIA SARFERT FRANCO MONTORO

Tendo em vista a relação dos contratos preliminares com a análise econômica do direito, bem como a sua inclusão no novo Código Civil, faz-se necessário realizar uma crítica ao tratamento jurídico que tem sido dado à matéria, relacionando-o com o enfoque econômico de tal instrumento contratual.

1. O novo Código Civil trata dos contratos preliminares, entre outros, em seus arts. 462, 463 e 464. Assim, tal diploma legal afirma que: (i) exceto quanto à forma, os contratos preliminares devem conter todos os requisitos essenciais do contrato definitivo (art. 462); (ii) desde que não conste cláusula de arrependimento, qualquer das partes terá o direito de exigir a celebração do definitivo, assinando prazo à outra para que o efetive (art. 463); e (iii) esgotado o prazo, poderá o juiz suprir a vontade do inadimplente, conferindo caráter definitivo ao contrato preliminar (art. 464).

2. Vale aqui relatar a decisão do Supremo Tribunal Federal no famoso "Caso Disco" (*RDM* 80/76), no qual a Distribuidora de Comestíveis Disco S/A e Supermercados Pão de Açúcar S/A estavam negociando um contrato de compra e venda do controle acionário da Disco, tendo celebrado, inicialmente, um contrato preliminar. Tendo em vista divergências surgidas na concretização das disposições do contrato preliminar, foi iniciada uma disputa judicial relativa à transferência de tais ações para o Pão de Açúcar, ocasionando a necessidade da análise da natureza do contrato preliminar. No Supremo Tribunal Federal, o Relator, Ministro Moreira Alves, entendeu que do contrato preliminar devem constar todos os elementos do contrato definitivo, com o acordo sobre todos os pontos que constituem o seu objeto.

3. É possível, portanto, identificar a semelhança existente entre o entendimento acima descrito e aquele do novo Código Civil. Ocorre, entretanto, que dessa exigência puramente estrutural resulta a inutilidade do contrato preliminar, já que ele assim se confunde com o contrato definitivo, tendo em vista que o consentimento já foi inteiramente declarado sobre todos os pontos considerados necessários.

4. Essa é exatamente a crítica feita por Fábio Konder Comparato ("Reflexões sobre as promessas de cessão de controle acionário", in *Novos Ensaios e Pareceres de Direito Empresarial*, Rio de Janeiro, Forense, 1981) e por Vincenzo Roppo ("Il contratto preliminare", in *Il Contratto*, Milão, Giuffrè, 2001), os quais defendem uma análise funcional dos contratos preliminares, ligada à sua efetiva utilidade, em contraste com a análise estrutural anteriormente mencionada.

5. Desta forma, segundo Roppo, o contrato preliminar é o contrato que obriga as partes a concluir, no futuro, um determinado contrato definitivo. A constituição do contrato definitivo é, portanto, o objeto imediato do contrato preliminar, sendo as prestações do contrato definitivo apenas o seu objeto mediato, havendo uma clara divisão entre os efeitos de ambos os instrumentos, notadamente sob o aspecto temporal.

6. Do ponto de vista funcional, verificamos que a função principal do contrato preliminar é o controle sobre a conformidade e a qualidade do bem ou da prestação objeto do contrato definitivo. A cisão e o intervalo de tempo entre o contrato preliminar e o definitivo servem para controlar que o bem não apresente nenhum vício material ou jurídico, bem como para que a prestação não seja acometida de uma superveniência incompatível com seu regular adimplemento ou com a regularidade da operação objeto do contrato definitivo. Assim, onde tal controle encontrar vícios ou superveniências desse tipo, a parte prejudicada poderá recusar o cumprimento da obrigação estabelecida no contrato preliminar, negando, portanto, a conclusão do contrato definitivo. Não é correto afirmar que se poderia simplesmente diferir a celebração do contrato, já que o adiamento da constituição do vínculo pode levar à perda do negócio, sendo certo que a celebração de um contrato preliminar dá uma segurança muito maior para ambas as partes. Também não se pode argumentar que, se vícios ou superveniências negativas se manifestarem após a conclusão do contrato definitivo, a parte prejudicada terá a possibilidade de usar os remédios legalmente disponíveis, tais como garantias, resolução contratual ou indenização. Para ativar tais remédios é necessário atuar em juízo de maneira sempre onerosa, sendo certamente preferível a posição da parte que simplesmente se limita a recusar a conclusão de um contrato definitivo, expondo-se, só e eventualmente na condição muito mais cômoda de réu.

7. Roppo distingue também o contrato preliminar das outras figuras que emergem da preparação dos contratos, a exemplo das minutas e das cartas de intenção, que não implicam a celebração de qualquer contrato ou a assunção de qualquer obrigação, nem se beneficiam de remédios contratuais.

8. Criticando a confusão existente entre contrato preliminar e contrato definitivo, Comparato observa que, se as partes quisessem celebrar um contrato definitivo apenas cujos efeitos fossem protraídos no tempo, elas poderiam perfeitamente utilizar-se de condições suspensivas. Se elas agem de modo diferente, isso ocorre por razões práticas, ou seja, porque ainda não têm rigorosamente todos os elementos do contrato definitivo. Assim, "se esses elementos todos já são conhecidos e constituem objeto do acordo das partes, a duplicação negocial é perfeitamente inútil: ou se faz, desde já, o contrato definitivo, ou não se faz contrato algum". Desta forma, pode-se dizer que bastaria, para a configuração do contrato preliminar, a determinabilidade dos elementos essenciais do contrato definitivo (*essentialia nogotii*), podendo os pontos secundários serem regulados apenas posteriormente, quando da celebração do contrato definitivo.

9. Também numa análise a respeito da criticada identidade entre contrato preliminar e contrato definitivo, Roppo ressalta que a cisão entre contrato preliminar e contrato definitivo pode ser comparada à cisão entre título e modo na transferência da propriedade, que é a regra existente no sistema germânico, e desconhecida, entretanto, por outros sistemas latinos, os quais adotam o princípio oposto do consenso imediatamente traslativo da propriedade.

10. A prevalência da perspectiva funcional sobre uma perspectiva meramente estrutural decorre também do estudo da visão econômica do direito, a qual se mostra totalmente compatível com os argumentos anteriormente demonstrados. É o que ocorre, por exemplo, quando se caracterizam contratos preliminares como custos de transação.

11. Foi Ronald H. Coase, em *The Problem of Social Cost*, que introduziu a idéia e a importância dos custos de transação, que correspondem a uma grande variedade de fatores que diferem quanto à origem e explicação, ressaltando que eles podem ser extremamente onerosos e até mesmo impedir a ocorrência de transações que aconteceriam normalmente se tais custos não existissem.

12. Existem, assim, circunstâncias em que (i) contratos são difíceis de preparar, (ii) a descrição da vontade das partes precisaria de um documento extenso e excessivamente trabalhoso; e (iii) um contrato de longa-duração é desejável. Nessas hipóteses, a figura da empresa pode ser a solução para se lidar com o problema dos custos de transação. Tal solução pode ser adotada sempre que (a) os custos administrativos de uma empresa forem menores que os custos das transações desejadas no mercado; e (b) os ganhos que resultariam da reorganização e concentração das atividades em uma empresa forem maiores que os custos da empresa para organizá-las. Essa idéia está também contida em seu texto *The Nature of the Firm*.

13. Mas a empresa não é a única solução possível para o problema. Uma solução alternativa é a atividade estatal, através, por exemplo, de leis e/ou decisões judiciais que assegurem a redução de tais custos privados de transação. Nesse sentido, o novo Código Civil deveria servir como instrumento para a redução dos custos de transação da sociedade, e não para o seu agravamento, como faz, por exemplo, ao remeter para o Poder Judiciário decisões que poderiam ser dispensadas caso estivessem sob o controle mais eficiente das partes ou se as figuras legais nele contidas, notadamente as novas, tivessem sido descritas de modo mais preciso e objetivo.

14. Segundo Avery Katz ("The strategic structure of offer and acceptance: game theory and the law of contract formation", in *Michigan Law Review*, v. 89, n. 2), as hipóteses incluídas sob o rótulo de "custos de transação" podem ser divididas em dois grupos: custos de implementação e custos de comportamento estratégico. Custos de comportamento estratégico são as perdas sofridas pelas partes na tentativa de maximizar seus ganhos individuais em relação aos lucros potenciais da transação. Já os custos de implementação são os recursos usados na aproximação das partes, na execução e administração do contrato e na execução da negociação, incluindo as despesas de comunicação, de aquisição de informações e de elaboração de documentos. Eles são os mais importantes do ponto de vista metodológico e didático, já que são mais bem definidos, representando custos efetivos e, a princípio, mensuráveis, para a realização de atividades específicas. Eles podem ser justificados pelo fato de ajudarem a reduzir custos futuros de administração e execução dos contratos. É exatamente neste contexto que estão inseridos os contratos preliminares. Apesar de serem caracterizados como nítidos custos de transação, mais especificamente como custos de implementação, eles se justificam por serem uma tentativa de aprimoramento do contrato definitivo, minimizando custos futuros ainda maiores decorrentes de eventuais divergências entre as partes.

15. Steven Shavell ("Economic analysis of Contract Law", in *Foundations of Economic Analysis of Law*, Harvard University Press, 2003) também faz uma abordagem funcional dos contratos, já que eles servem, entre outros, para a provisão futura de bens e serviços, para a realocação ou divisão de riscos, bem como para a conjugação de diferenças de opinião entre as partes sobre eventos futuros. Tais argumentos são fundamentais para uma melhor compreensão dos contratos em geral, incluindo o contrato preliminar.

16. O mesmo autor trata também da renegociação, cujo estímulo é algo típico da análise econômica do direito. Assim sendo, a renegociação tende ao adimplemento contratual, exatamente como se ele fosse conseqüência de um contrato completo e perfeito entre as partes. A possibilidade de renegociação afeta o incentivo das partes em investir na relação contratual, já que reduz os riscos que poderiam advir de decisões judiciais ou de terceiros não apropriados àquele caso concreto. Deve ser ressaltado, entretanto, que a renegociação não consegue reduzir os riscos de maneira substancial, o que somente pode ser feito por disposições contratuais formalizadas *ex ante*. Nesse sentido, o contrato preliminar deve ser entendido como o instrumento *ex ante* para a redução dos riscos do contrato definitivo. Além disso, analisando-se o contexto *ex post* do próprio contrato preliminar, é preciso então verificar a questão relativa à cláusula de arrependimento. Assim, de acordo com o novo Código Civil, as partes ou estão totalmente vinculadas ou não estão vinculadas, caso haja a inclusão de cláusula de arrependimento no contrato preliminar. Não existe, portanto, um meio termo ou um modo que ajude as partes no encontro de alternativas para a solução de eventuais conflitos, evitando-se a necessidade de intervenções judiciais e privilegiando-se a renegociação.

17. Outro ponto importante, especialmente quanto aos contratos preliminares, é que as partes podem tomar determinadas atitudes antes do cumprimento do contrato definitivo, na esperança de seu adimplemento, com o objetivo de maximizar o seu valor esperado (*reliance actions*). Assim, se uma parte não chega a cumprir o contrato definitivo, uma possível medida para o cálculo dos danos seria compensar a vítima pelos gastos já incorridos na certeza do seu cumprimento pela outra parte. Apesar desses danos serem geralmente interpretados como os gastos incorridos na esperança do adimplemento contratual, um outro significado deve ser acrescido a tais danos, qual seja, a(s) oportunidade(s) perdida(s) em virtude da não contratação com terceiros.

18. A quebra contratual, por sua vez, considerada pela maior parte da doutrina como um ato moralmente condenável por significar o rompimento de uma promessa, deveria ser considerada, segundo Shavell, como uma necessidade prática em determinadas circunstâncias, devendo então a quebra contratual ser considerada como algo benéfico para as partes e para a sociedade. Isso porque a previsão de penalidades decorrentes da quebra contratual não leva automaticamente ao adimplemento das obrigações; para que o contrato seja cumprido, é necessária a vontade efetiva das partes. A importância e eficiência de tais remédios dependerão deles conseguirem ou não encorajar a quebra eficiente do contrato (*efficient breach*), bem como a eficiente alocação de riscos, o que também terá impacto sobre os investimentos prévios feitos em função do contrato definitivo, e, conseqüentemente, sobre o contrato preliminar.

19. É também essencial mencionar a teoria dos jogos e sua contribuição para a pretendida análise contratual. Surgida na década de 1940 e inicialmente restrita à análise das estruturas de mercado, ela evoluiu a partir da década de 1960, abarcando não apenas o campo econômico (análise das estruturas de mercado e o comércio internacional), mas todas as áreas das ciências sociais, notadamente o direito (direito concorrencial, sociedades e contratos) e a administração (planejamento estratégico e políticas negociais em geral), introduzindo uma nova maneira de analisar os problemas e as normas jurídicas. Obra importante sobre a aplicação da teoria dos jogos ao direito é a escrita por Douglas Baird, Robert H. Gertner e Randal C. Picker (*Game Theory and the Law*, Harvard University Press, 1998), da qual foram extraídas algumas idéias abaixo explicadas.

20. A teoria dos jogos trata, basicamente, do comportamento estratégico, o qual surge quando dois ou mais indivíduos interagem e a decisão de cada indivíduo reflete o que aquele indivíduo espera que os outros indivíduos façam. Ela estuda como o indivíduo se comporta ou deveria se comportar quando ele verifica que as conseqüências de seus atos dependerão em parte das atitudes que serão tomadas por outros indivíduos independentes, ou seja, quando se deseja atingir certos objetivos considerando-se as ações e reações das outras partes. A teoria dos jogos estuda estas questões posicionando os jogadores, atribuindo-lhes movimentos, especificando quais informações estão disponíveis para cada um, designando resultados (*payoffs*) às decisões tomadas por cada jogador e em vista das decisões dos demais jogadores, e investigando as condutas que podem possivelmente surgir. Assim sendo, sua aplicação dependerá de uma variedade de elementos, incluindo as características individuais e preferências dos participantes, a seqüência e circunstâncias nas quais os jogadores tomarão suas decisões, bem como as informações dos jogadores sobre as preferências e decisões prévias de seus oponentes. Saliente-se que informações incompletas são o problema central da teoria dos jogos e de sua aplicação ao direito. Os problemas surgem sempre quando as informações necessárias não são conhecidas ou, o que é mais comum, quando elas não são conhecidas por todas as partes ou pelo Poder Judiciário. Concluímos, portanto, não apenas que a teoria dos jogos dá poderosos mecanismos para se verificar como as regras e as leis afetam o comportamento humano, como também que os contratos preliminares são manifestações evidentes da aplicação da teoria dos jogos, já que servem exatamente para refletir um programa de ações, estratégias e metas a serem seguidas e alcançadas por meio de sua celebração e da celebração do contrato definitivo.

21. Em face do exposto, é nítida e extremamente interessante a diferença entre o enfoque meramente estrutural do contrato preliminar dado pelo novo Código Civil, e o seu enfoque funcional, dado por alguns doutrinadores e, principalmente, pela análise econômica do direito. O mundo moderno acentuou a importância dos procedimentos de negociação em virtude dos objetivos negociais cada vez mais complexos, gerando essa importância à necessidade cada vez maior de se analisar as responsabilidades e as conseqüências econômicas decorrentes dos contratos, incluindo os contratos preliminares. A definição da função dos contratos preliminares é, desta forma, fundamental do ponto de vista econômico, conforme já anteriormente demonstrado, para a exata compreensão de suas origens e de seu alcance. Somente a adoção de um enfoque econômico e funcional evitará a inutilidade do contrato preliminar, proporcionando a ampliação de seus efeitos e de sua abrangência, de maneira compatível com a sociedade moderna que a ele deu origem.

Espaço Discente

CONTRATO PRELIMINAR — BREVE ANÁLISE DOS ARTS. 462 A 466 DO CÓDIGO CIVIL*

MARIA BEATRIZ LOUREIRO DE ANDRADE MARQUES

Uma das inovações do Código Civil foi a disciplina do contrato preliminar em seus arts. 462 a 466 (inseridos na Parte Especial, Livro I — Do Direito das Obrigações, Título V — Dos Contratos em Geral, Capítulo I — Disposições Gerais, Seção VIII — Do Contrato Preliminar).

Da leitura desses artigos, poder-se-ia concluir que o legislador não seguiu entendimento relativo à matéria semelhante ao exposto pelo Ministro Moreira Alves em seu voto proferido no RE 88.716-RJ (STF, 2ª Turma, Rel. Ministro Moreira Alves, j. 11.9.1979), voto este no qual o Ministro concluiu que, no Direito Comercial brasileiro, o vínculo contratual preliminar ou definitivo somente se forma quando as partes estabelecem, mediante acordo, o conteúdo de todas as cláusulas contratuais, as quais podem se referir a elementos essenciais ou acidentais do contrato. Estabelecido o conteúdo de todas as cláusulas do contrato preliminar, se as partes pretenderem celebrar o contrato definitivo, não podem desrespeitar o acordo sobre os pontos da operação já acertados no contrato preliminar, a cujo adimplemento as partes estão vinculadas. Além disso, não se admite, no sistema jurídico brasileiro, que o juiz substitua as partes para preencher pontos do contrato a respeito dos quais elas não entraram em acordo.

Referida conclusão parece possível porque, de acordo com os arts. 462 e 463 do Código Civil, para ser caracterizado como preliminar, o contrato deve conter todos os requisitos essenciais do contrato definitivo. Uma vez que esses dispositivos legais não fazem menção aos elementos acidentais do contrato definitivo, não seria necessário, para a conclusão do contrato preliminar, o acordo das partes a respeito deles.

Por outro lado, os arts. 463 e 464 do Código Civil determinam que qualquer das partes de um contrato preliminar que contenha os requisitos essenciais do contrato definitivo, e não contenha cláusula de arrependimento, é titular do direito de exigir da outra parte a celebração do contrato definitivo, no prazo por ela assinado. Esgotado este prazo, poderá o juiz, a pedido da parte interessada, suprir a vontade da parte inadimplente, conferindo caráter definitivo ao contrato preliminar. Note-se que, de acordo com o art. 464, citado acima, o juiz não pode suprir a vontade da parte inadimplente para preencher pontos do contrato a respeito dos quais não houve acordo — o juiz somente pode suprir a vontade da parte inadimplente para conferir caráter definitivo ao contrato preliminar. Portanto, poder-se-ia concluir, também da leitura dos

* Texto da prova apresentada e avaliada pela Professora Rachel Sztajn, responsável pela disciplina DCO 57103 — "Condições Gerais dos Negócios e Contratos por Adesão", do Curso de Pós-Graduação da Faculdade de Direito da Universidade de São Paulo, em junho de 2003.

arts. 462, 463 e 464 do Código Civil, que o legislador seguiu entendimento relativo ao contrato preliminar semelhante ao exposto pelo Ministro Moreira Alves em seu voto proferido no recurso extraordinário, acima indicado.

Ocorre que, qualquer que seja a conclusão a que se chegue quanto aos elementos do contrato definitivo que o contrato preliminar deve conter, a análise meramente estrutural desta figura contratual não oferece resposta às seguintes questões: se as partes de um contrato preliminar tiverem de nele estabelecer todas as cláusulas do contrato definitivo, qual a utilidade do contrato preliminar? Admitindo-se que o contrato preliminar deva conter somente os elementos essenciais do contrato definitivo, a parte que se recusar a concluir o contrato definitivo, e demonstrar em juízo que as circunstâncias nas quais se deu a celebração do contrato preliminar (e, conseqüentemente, o acordo sobre os elementos essenciais do contrato definitivo) sofreram alterações relevantes, pode ter sua vontade suprida pelo juiz?

Um contrato que contenha todas as cláusulas de contrato a ser celebrado no futuro, mas contenha também disposição segundo a qual, caso as circunstâncias em que se deu o acordo sobre essas cláusulas sofram alterações relevantes, as partes obrigam-se a renegociar referidas cláusulas, sob pena de pagamento de multa penitencial, pode ser caracterizado como um contrato preliminar?

As respostas às questões acima expostas somente podem ser obtidas mediante análise funcional do contrato preliminar.

Vincenzo Roppo, em sua obra *Il Contratto*,[1] conceitua o contrato preliminar como o contrato que obriga suas partes a concluírem ou celebrarem, no futuro, um determinado contrato (contrato definitivo).

Afirma que a principal característica do contrato preliminar é a cisão dos efeitos contratuais por ele promovida: para a efetiva realização de uma operação unitária, produzem-se primeiramente os efeitos obrigacionais do contrato preliminar, e somente depois os efeitos (eventualmente reais) do contrato definitivo. Referida cisão atende a interesses das partes como, por exemplo, do comprador que não dispõe dos recursos necessários ao pagamento do preço do bem que pretende adquirir, e do vendedor que não pretende transferir a propriedade do bem antes de receber o pagamento integral do preço. Nessa hipótese, o contrato preliminar vincula ambas as partes — o que lhes dá segurança — e dá ao promitente vendedor a garantia da manutenção da propriedade do bem.

O autor ressalta como principal função do contrato preliminar o controle sobre a qualidade da prestação programada, sobre a conformidade dos bens ou das prestações ao programa contratual, explicando que, caso os bens ou prestações integrantes do programa contratual deixem de se adequar a este, a parte prejudicada pode recusar-se a concluir a operação prevista no contrato preliminar, negando-se a celebrar o contrato definitivo.

Observa que, embora a parte prejudicada em um contrato definitivo, em cujo cumprimento constate-se desequilíbrio entre prestação e contraprestação, possa valer-se dos remédios que lhe são assegurados por lei ou pelo próprio contrato (garantia, resolução, ressarcimento etc.), tem de promover medidas judiciais para exercer os direitos de que é titular e, portanto, a posição em que se encontra a parte de um contrato preliminar, a qual se recusa a celebrar o definitivo, é preferível, por ser menos onerosa.

Quanto aos requisitos do contrato preliminar, Roppo explica que o objeto imediato do contrato preliminar é a conclusão do definitivo, enquanto seu objeto mediato são as mesmas prestações a serem cumpridas pelas partes sob o contrato definitivo.

Explica também que a distinção entre contrato preliminar e contrato definitivo é

1. V. Roppo, *Il Contratto*, Milão, Giuffré, 2001, pp. 651-679.

conceitualmente clara, mas, na prática, nem sempre é possível estabelecer-se prontamente essa distinção — em caso de dúvida, deve-se interpretar o contrato preliminar de modo a reconstruir-se a vontade das partes.

Observa que geralmente o contrato definitivo é mais "completo" que o contrato preliminar que o precede, sendo que este último também tem como função dar às partes contratantes mais tempo para negociarem e elaborarem as cláusulas do contrato definitivo.

Os remédios contratuais aplicáveis ao contrato preliminar, segundo o referido autor, podem ser divididos em remédios de extinção do contrato e remédios de adequação do contrato, os quais o conservam, modificando-o.

A importância dos remédios de adequação do contrato preliminar resulta da constatação de que a aplicação do dogma da imodificabilidade do contrato preliminar, o qual prevê os efeitos que o contrato definitivo necessariamente tem de produzir, nem sempre é racional ou eficiente sob o aspecto econômico.

Em *Law and Economics*, a relevância do estabelecimento, pela lei, pela jurisprudência, ou pelas partes de mecanismos que estimulem a renegociação dos contratos é constantemente ressaltada, pois essa renegociação reduz o custo social relacionado a demandas judiciais e à extinção de contratos.

Richard Craswell, em seu texto "Contract remedies, renegotiation, and the theory of efficient breach",[2] discute os possíveis incentivos para que as partes mantenham suas relações contratuais. Ao analisar as razões que levam as partes a cumprir ou não os contratos por elas celebrados, dá ênfase aos custos de renegociação, e explica que os efeitos dos remédios contratuais não dependem da facilidade da renegociação *ex post*.

Defende que os remédios contratuais são instrumentos de alocação de riscos e, por essa razão, podem influenciar a decisão *ex post* das partes contratantes de cumprir ou descumprir as obrigações por elas assumidas, e diversas outras decisões dessas partes que não podem ser facilmente corrigidas mediante renegociação *ex post*. Aqueles remédios também afetam os incentivos para que as partes adotem medidas preventivas do descumprimento das obrigações contratuais, incentivos esses cuja eficiência depende da qualificação daqueles remédios como *overcompensatory* ou *undercompensatory*, e da existência de mecanismos substitutivos dos referidos remédios.

Steven Shavell, em seu texto *Economic Analysis of Contract Law*,[3] toma por base os conceitos de contratos completos (que são aqueles que prevêem e contêm disposições relacionadas a todas as condições relevantes para a realização da operação econômica) e incompletos (os quais, por oposição, contêm lacunas) e observa que geralmente a função dos tribunais é interpretar estes contratos, preenchendo suas lacunas e resolvendo suas ambigüidades, de modo a maximizar o bem-estar social.

O autor expõe algumas razões pelas quais a maioria dos contratos é incompleta — devido aos esforços e custos envolvidos na previsão e negociação das conseqüências de contingências possíveis, ao custo da execução de uma disposição contratual, à impossibilidade de verificação de algumas contingências pelos tribunais, à expectativa das partes de que as conseqüências da falta de previsão contratual não lhes causarão excessivo prejuízo — e explica que o problema relacionado à interpretação dos contratos incompletos é a expectativa das partes de que as lacunas destes contratos sejam preenchidas pelos tribunais como se as próprias partes houvessem-nas preenchido.

2. R. Craswell, "Contract remedies, renegotiation, and the theory of efficient breach", *Southern California Law Review*, mar. 1998.

3. S. Shavell, *Economic Analysis of Contract Law*, Working Paper 9696, <http://www.nber.org/papers/w9696>, Cambridge, MA, National Bureau of Economic Research, mai. 2003.

Afirma que contratos incompletos devem conter prefixação moderada de perdas e danos, a qual permite que as partes deixem de cumprir o contrato quando esse cumprimento for muito oneroso, e funciona como incentivo ao cumprimento não muito oneroso do contrato, enquanto contratos completos devem prefixar altas indenizações por perdas e danos. Observa que a execução específica não é o remédio contratual adequado a contratos incompletos.

Diante do acima exposto, e mediante uma análise funcional do contrato preliminar, conclui-se que, para que seja caracterizado como preliminar, o contrato deve estabelecer um programa para a vinculação final das partes, bastando, para isso, que contenha os elementos essenciais do contrato definitivo, elementos esses que podem ser renegociados pelas partes contratantes, na ocorrência de um evento que provoque desequilíbrio na alocação de riscos estabelecida em razão das circunstâncias vigentes quando da celebração do contrato preliminar.

As partes podem completar o contrato preliminar entre elas celebrado, elencando uma série de eventos cuja ocorrência durante o prazo desse contrato acarretaria alteração relevante das circunstâncias em que se deu o acordo sobre elementos essenciais do contrato definitivo, e/ou tornaria o objeto mediato do contrato preliminar inadequado ao programa contratual sob ele estabelecido, e que, conseqüentemente, obrigaria as partes a renegociarem as cláusulas do contrato preliminar, sob pena de multa penitencial significativa, que funcionasse como estímulo à renegociação dessas cláusulas.

A cláusula de arrependimento a ser inserida em um contrato preliminar tem de representar um estímulo à renegociação para ambas as partes.

Por fim, importante observar que, no contrato preliminar, definem-se estratégias e metas de um programa contratual. A teoria dos jogos é perfeitamente aplicável à definição das estratégias e estímulos a serem adotados na negociação e eventual renegociação do contrato preliminar, para que se atinjam as metas pretendidas, ou seja, para que efetivamente se cumpra o programa contratual previsto.

Espaço Discente

TEORIA DOS JOGOS: POR UMA PROPEDÊUTICA À ELABORAÇÃO RACIONAL DA DECISÃO[1]

LUCIANO DE CAMARGO PENTEADO

"Cum eo eram cuncta componens et delectabar per singulos dies ludens coram eo omni tempore, ludens in orbe terrarum et deliciae meae esse cum filiis hominum" (Prov. 8, 30-31).[2]

Parte I — Conceitos. Parte II — Exercícios.

O brincar faz parte da condição humana. Os homens brincam, "fabrincam" jogos, constroem ludicamente. O próprio riso, em sua expressão, traduz a radical confirmação da existência de uma instabilidade nas estruturas que cremos sólidas e alicerçadas, tal como o intuiu claramente Henri Bergson no clássico ensaio sobre o riso e o significado do cômico. Mas os homens, se são seres risíveis, igualmente são racionais. A estrutura da racionalidade então, encontra-se permeada de uma dimensão lúdica, de modo que o melhor modo de pensar é o brincar, não no sentido em que permite a distensão do espírito, mas enquanto traduz o processo encadeado de ações simultâneas de diversos agentes. Quem sabe brincar, sabe pensar e tem uma vida melhor, mais propriamente humana. Já o advertia o Aquinate, ao afirmar que *ludus est necessarius ad conversationem humanae vitae*.[3]

Várias vertentes, na era contemporânea, têm se debruçado sobre a estrutura de jogos para compreender o raciocínio estratégico. Tem havido, através daquilo que se pode denominar *Teoria dos Jogos*, uma recuperação do estudo de mecanismos de tomada de decisão, abandonados há anos em filosofia e em ciências humanas. Muitas vezes, procuram estes teóricos, embora muitas vezes com outra formação no plano eidético-noético, recuperar valores e temas da filosofia moral clássica, daquela "filosofia positiva e concreta" de que nos falava o Professor Mário Ferreira dos Santos, que tem como expoentes desde Platão e Aristóteles a Agostinho de Hipona e Tomás de Aquino. Não poucas vezes, a formulação da teoria dos jogos é um conjunto

1. Artigo que consolida questões propostas pelo Professor Milton Barossi Filho e analisadas pelo autor no Curso de Pós-Graduação "Condições Gerais dos Negócios, Cláusulas Contratuais Gerais e Contratos por Adesão" em forma de avaliação, em 27.5.2003. Agradecimentos ao Professor Milton Barossi Filho e à Professora Rachel Sztajn pela oportunidade de publicação do mesmo e pelo incentivo em participar da disciplina.

2. "Estava acompanhando-O, compondo tudo, e deleitava-me em cada um dos dias, brincando em Sua presença em todo o tempo, jogando pelo orbe da terra e as minhas delícias consistem em estar (ser) com os filhos dos homens" (tradução nossa).

3. *Suma Theologiae*, II-II, 168, 3, *ad tertium*.

de mecanismos que revitalizam a idéia de prudência da ética clássica, enquanto hábito que retifica o intelecto.

Este ensaio não tem pretensão de sequer versar com a seriedade que seria necessária o tema da teoria dos jogos. Apenas consiste em um apanhado de formulações de seus conceitos fundamentais para que o iniciante possa se familiarizar com a terminologia (= linguagem empregada em sentido científico e técnico apurado e apropriado) da referida disciplina. Foi elaborado a partir de questões propostas, no Curso indicado em rodapé inicial, as quais se reproduzem entre aspas antes da resposta, para preservar os direitos autorais de seu Professor responsável. Divide-se em duas partes, uma pertinente a conceitos propriamente ditos e, outra, à solução de problemas envolvendo situações de jogos modelizadas.

Parte I — Conceitos

1. "Defina indução em retrocesso. Explique de forma resumida uma circunstância, discutida em teoria dos jogos, em que esse conceito é amplamente utilizado".

Indução em retrocesso (*backwards induction*) pode ser definida como uma maneira de comportamento estratégico, em teoria dos jogos, através da qual o jogador racional antecipa em sua mente a escolha ou escolhas que seus companheiros de jogo farão na seqüência ou desenrolar do jogo (pressupondo sua racionalidade e conhecimento de certas informações condicionantes de seu processo de escolha) e, com base nestes dados, toma uma decisão no presente. É uma maneira de prever o comportamento futuro dos jogadores e atuar desde já com base nesta previsão. É um comportamento que visa presentificar as jogadas sucessivas e, com base nisso, efetuar uma determinada decisão, sendo utilizado principalmente em jogos sucessivos ou iterados.

Uma circunstância em teoria dos jogos em que esse conceito é amplamente utilizado consiste naqueles jogos sucessivos, iterados e finitos em que há estratégia dominante, quer estrita, quer fraca. Prevendo a possibilidade de um resultado final insatisfatório, pressuposta a completude informacional e sua distribuição simétrica entre as esferas cognitivas dos jogadores, atua-se em cada escolha às vezes aparentemente contra a preferência individual, com vistas à maximização de um resultado final satisfatório das necessidades ou pretensões individuais em sentido de desejo de bem como objeto satisfativo de desejo.[4]

2. "Defina os seguintes termos: Racionalidade Individual, Memória Perfeita e Equilíbrio de Nash".

Racionalidade individual consiste na possibilidade de se atuar com a hipótese, ao versar o estudo ou aplicação de enunciados em teoria dos jogos, de que todos os jogadores vão agir de forma racional, isto é, vão procurar o resultado ótimo para eles (ou seja, que o agir tem por finalidade, ou *thelos*, um ente visto como verdade sob a perspectiva do bem). Isso também implica que a atuação de cada jogador tem por pressuposto lógico o conhecimento e a crença de que o outro jogador também atuará dentro da racionalidade. Essa busca pelo melhor resultado e emprego de todo o conhecimento disponível em vistas ao alcance dessa finalidade tem por pressuposto lógico e também fenomênico que o agir humano é essencialmente finalístico. Isto é, ao escolher comportamentos, o homem busca um objetivo que é apreendido pela inteligência e desejado pela sua estrutura intencional em razão de se lhe afigurar como um bem satisfativo de sua necessidade. Esta estrutura, embora profundamente renovada pelos teóricos dos jogos, é herança grega. Já na *Ética Nicomaquéia*, Aristóteles afir-

4. Cf. Ken Binmore, *Fun and Games: a Text on Game Theory*, Lexington/Massachusetts/Toronto, D. C. Health and Co., 1992, pp. 5-7.

mava, através da alegoria do arqueiro que visa o alvo,[5] a dimensão teleológica do agir humano, reforçada em seus outros escritos; todo o que age, fá-lo em vista de um fim.

Memória Perfeita também é uma hipótese, utilizada na teoria dos jogos, através da qual se trabalha com o pressuposto de que todos os jogadores retêm e se lembram de todas as informações relevantes e necessárias para o processo de tomada de decisão. Compreende também a capacidade de o jogador aprender, nos jogos iterados, com seu comportamento concreto, em situações em que este não se encontre vinculado a uma estrutura estritamente racional, na seqüência de lances por que se desenvolve o jogo, bem como assimilar os erros dos outros jogadores e atuar corretivamente em função dessas informações adicionais.

Equilíbrio de Nash[6] consiste em um postulado lógico segundo o qual em determinados jogos, que são os não cooperativos, em que cada jogador visa apenas aumentar seu resultado final individual, prescindindo do resultado a ser obtido pelo outro como fim (o utiliza como meio apenas para racionalizar a sua escolha em termos de comportamento estratégico), há uma situação, um resultado final, que, embora não seja máximo para cada parte, é um resultado a que chegarão ou tenderão a chegar se o jogo for repetido sucessivas vezes, pressuposta a finitude. É uma situação de estabilidade buscada como resultados parciais (*pay-offs*) não necessariamente maximizadores dos desejos individuais, mas em vista das estratégias adotadas, aquela que garantirá uma solução cômoda a ambos. O equilíbrio só se verifica em vista do fato de que a alteração da estratégia que implicará a solução de Nash por um jogador e apenas por ele não aumentará seu grau de satisfação de desejo, medida pelo seu *pay-off* parcial, em vista da possibilidade de alteração do comportamento do outro jogador. Esta situação de equilíbrio tem por pressupostos a racionalidade, a simultaneidade de decisões, a informação completa e a perfeição do jogo.

3. *"Explique, em linhas gerais, a diferença entre uma estratégia estritamente dominada e uma outra estratégia dominada de forma iterada".*

Uma estratégia estritamente dominada é aquela que está completamente subordinada à estratégia do outro jogador. Nos jogos em que há dominância estrita, não importa o que o outro jogador adotar como conduta decisional, a estratégia de um dos jogadores está estabelecida e sempre subordina a decisão do outro. Esse tipo de estratégia (estritamente dominada) prescinde da questão temporal, podendo se verificar em um jogo que ocorra apenas uma vez, supondo informação completa, memória perfeita e racionalidade individual. Difere da *estratégia dominada de forma iterada* porque nesta, a subordinação da estratégia não é uma questão essencial e identificável *a priori*, mas que vai se verificar no *iter*, no caminho, nas sucessivas etapas por que passar o jogo. Vendo o comportamento dos jogadores e a sucessividade das jogadas, se percebe que uma estratégia, aparentemente racional e independente na primeira jogada, vai se tornando dominada pela do outro jogador no seu desenrolar.

5. Na metáfora, há também a afirmação de que o modo de vida influi no processo decisório, isto é, que determinadas decisões sofrem interferências de escolhas ou de atitudes anteriores, que se verá no conceito de equilíbrio *trembling hands* em teoria dos jogos. Cf. Aristóteles, "Ética a Nicômaco", in *Os Pensadores*, Livro I, São Paulo, Nova Cultural, 1996, p. 118.

6. "O equilíbrio de Nash é conceito central da teoria dos jogos por estar baseado no princípio de que a combinação de estratégias que as pessoas tendem a escolher é aquela em que nenhuma delas ficaria melhor se optasse por outra alternativa em função das escolhas das demais pessoas", Rachel Sztajn, *Ensaio sobre a Natureza da Empresa — Organização Contemporânea da Atividade*, Tese, São Paulo, USP, 2001, p. 110.

4. "Uma vez que você conhece a definição de equilíbrio seqüencial, explique o que é racionalidade seqüencial, quando da escolha de estratégias, por parte de um jogador".

Racionalidade seqüencial não se sobrepõe ao conceito de racionalidade individual porque supõe um *plus*, um elemento necessário no seu núcleo semântico que é o fato de se estar diante de um jogo que será desempenhado em sucessivas etapas, lógica e cronologicamente encadeadas, tal qual série de atos sucessivos com tendência a um resultado final. Em vista dessa introdução do fator temporal, aparecem dimensões inusitadas que têm de ser levadas em conta na análise dos jogadores, como a sinalização de comportamentos futuros emitida pelos participantes, em vista disso, a decisão tem de levar em conta tanto as modificações que o jogo pode sofrer ao longo do seu desenrolar por mudanças do comportamento quanto a questão do número de jogadas e de sua seqüência, ante a possibilidade de se adotar a indução em retrocesso. Por vezes, o jogador se desviando em uma ocasião da solução de Nash, pode depois retornar, o que é um típico comportamento que supõe racionalidade seqüencial. Em vista de sua relação com a idéia de equilíbrio seqüencial, deve-se levar em conta que se o jogo for não cooperativo, tendencialmente os jogadores adotarão a solução de Nash. Levar esse fator em conta é essencial para a adoção de uma estratégia que suponha racionalidade seqüencial.

5. "Explique em termos do conhecimento que você possui em relação a jogos cooperativos e jogos não-cooperativos, o significado do Dilema dos Prisioneiros".

O *dilema dos prisioneiros* aponta uma circunstância em que, em primeiro lugar fica evidenciado a ambigüidade essencial do comportamento humano, mostrando os limites da modelização da racionalidade individual. Ela não é um absoluto. Se o jogo, na circunstância comentada, for jogado apenas uma vez, a estratégia cooperativa em si, prescindindo de dados a respeito do comportamento do outro jogador, é arriscada, porque há a imponderabilidade no que diz respeito à estratégia do outro jogador. Se ele não cooperar, o que coopera é prejudicado. Por isso, aparentemente, a estratégia melhor, não conhecendo o jogador e jogando o jogo apenas uma vez, que é o caso do modelo do dilema, é não cooperar. No entanto, se houver conhecimento simétrico de informação a respeito da confiabilidade do outro jogador, a solução cooperativa é a mais adequada porque apresentará *pay-off* de maior grau de satisfação a ambos. O dilema dos prisioneiros acena para a importância do risco e da idéia de confiança para a cooperação. Se, por um lado, a estratégia não cooperativa diminui o risco unilateralmente, se os dois adotarem a estratégia não cooperativa, o resultado é pior a ambos se considerarmos o aumento das provas para a condenação, mas a adoção da cooperação, se aumenta o risco em si, pressupõe uma confiança no outro jogador, ou seja, informação adicional que nem sempre se tem. É necessária uma expectativa de manutenção e adoção de comportamento cooperativo por parte do outro jogador, o que mostra a interface da teoria dos jogos, como modelização de tentativas de racionalização de processos de tomada de decisão envolvendo mais de uma pessoa, com a ética como ciência de adequação de conduta a padrões de valores (no caso, a confiança). A impossibilidade, pela formulação usual do dilema, de *cheap talk* faz da necessidade de conhecimento do comportamento do outro em face desse tipo de situações elemento essencial à adoção da estratégia cooperativa ou não cooperativa. Neste sentido, interessantes as considerações de L. Polo: "É melhor ceder à tentação de não cooperar quando não há autoridade e os indivíduos são egoístas? No caso de que o jogo se reduza a uma única jogada, a resposta é afirmativa. Se um indivíduo mantém com outro uma relação curta, consegue uma grande vantagem se não coopera; se cooperam os dois, cada um ganha menos; se não coopera ninguém, cada um ganha muito pouco. Portanto, o risco do que inicia o jogo cooperativamente ignorando a resposta do outro é muito grande: expõe-se a fazer o primeiro e a pagar o pato. A rigor, não ignora o que vai fazer o outro, pois sabe que é egoísta".[7]

6. "Explique em que circunstâncias podemos admitir um equilíbrio de Nash do tipo 'Trembling Hand'".

O equilíbrio de Nash do tipo *trembling hand* ocorre em situações em que um ou mais dos jogadores acabam, apesar dos pressupostos de racionalidade individual, memória perfeita e informação completa, adotando condutas não estritamente racionais. Em vista disso, nesses jogos, é necessário às vezes a adoção de estratégias diferenciadas das conducentes ordinariamente à situação de equilíbrio pré-determinada para que esta possa, ao fim e ao cabo ser atingida de modo satisfatório por um jogador.

Parte II — Exercícios

"Primeira questão: Dados os seguintes exemplos, verifique a possibilidade de solução aos jogos apresentados e explique qual(is) do(s) procedimento(s) você utilizou para chegar à solução apresentada":

SITUAÇÃO I

	T1	T2
S1	(10,5)	(5,2)
S2	(9,2)	(2,0)

7. Leonardo Pólo, *Quién es el Hombre. Un Espíritu en el Tiempo*, 3ª ed., Madri, Rialp, 1998, p. 148 (tradução nossa do trecho citado).

SITUAÇÃO II

	T1	T2
S1	(10,0)	(5,2)
S2	(10,11)	(2,0)

SITUAÇÃO I

Nesta situação, a solução ao jogo consiste na proposta pelo esquema S1, T1, isto é (10,5). Analisando o jogo a partir da estratégia decisória do jogador 1, temos que se ele adotar a escolha S1, o jogador 2 adotará a escolha T1. Mas se ele adotar S2, também o jogador 2 adota T1, de modo que para o jogador 1 fica claro que, independentemente de sua escolha, supondo que jogue em primeiro lugar, o jogador 2 adota a escolha T1. Olhando o jogo do ponto de vista do jogador 2, temos que se ele escolher T1, o jogador 1 escolhe S1, o mesmo ocorrendo se ele escolher T2. Deste modo, fica claro que a solução do jogo é S1, T1, em que os dois, jogando racionalmente, maximizam seus resultados parciais. O conceito de dominância estrita resolve igualmente a situação.

SITUAÇÃO II

A solução para este jogo é S1, T2, isto é, (5,2). Supondo que o jogador 1 comece o jogo, se ele escolhe S1, o jogador 2 escolherá certamente T2, supondo racionalidade individual e memória perfeita. Se ele escolhe S2, o jogador 2 escolhe T1. Parece que a melhor solução seria (10,11) que maximiza o resultado dos jogadores, mas se o jogo é não cooperativo, o jogador 2 jamais escolherá T1, tendo em vista a possibilidade de o jogador 1 jogar S1, que lhe dá o mesmo resultado que S2 e, assim, acabar implicando um *pay-off* prejudicial ao jogador 2. Olhando o jogo do ponto de vista do jogador 2, se ele escolher a estratégia T1, para o outro jogador é indiferente escolher S1 ou S2 e se ele visa colocar o jogador 2 fora do jogo, ele joga S1. Já se 2 optar por T2, o jogador 1 opta por S1, que é a solução. Dada a possibilidade de 1 lançar 2 fora do jogo, a situação de solução é a apresentada. Aqui, se adotada a idéia de dominância fraca, a solução também é a mesma.

"*Segunda questão: Dado que a situação logo abaixo não apresenta uma solução de Nash óbvia, os jogadores podem randomizar suas estratégias. Sendo assim, mostre que a situação abaixo representada possui duas soluções de Nash. Mostre o que ocorre com os valores esperados desse resultado, se ambos os jogadores decidirem jogar ambas as estratégias com probabilidade idêntica e igual a 50%. Compare os valores obtidos*".

Situação III

	T1	T2
S1	(1, -1)	(-1, 1)
S2	(-1, 1)	(1, -1)

Para o jogador 1, não há estratégia dominante, pois ambas apresentam *pay-offs* idênticos, quer no sentido de um ganho, quer no sentido de perda, o mesmo ocorrendo para o jogador 2. Se o primeiro jogador jogar S1, o jogador 2 joga T2, e o jogador 1 tem perda. Se jogar S2, o jogador 2 joga T1 e também perde. Se 2 joga T1, 1 joga S1, e se joga T2, 1 joga S2. Evidentemente, cada *pay-off* representa perda para um e ganho para outro, sempre a perda sendo de 1 e o ganho de 1. Veja que há quatro resultados completamente diferentes que podem ser atingidos, combinado as estratégias, sem que haja probabilidade de cruzarem-se os *pay-offs*. Na perspectiva de 1, temos a possibilidade de chegar a S1, T2 ou S2, T1 e na de 2, a possibilidade de chegar a S1, T1 ou a S2, T2. Em face disso, temos quatro resultados possíveis, para dois jogadores atingirem, os quatro com a mesma probabilidade de ocorrerem, utilizando-se a idéia trivial do cálculo probabilístico consistente no quociente entre número de possibilidades vantajosas ou desejadas sobre número total de possibilidades. Para cada jogador há dois, e somente duas combinações com *pay-offs* vantajosos, entre quatro no total. Dada a identidade entre esses resultados, é possível se dividir dois por quatro e chegar ao resultado de que a probabilidade de ter um resultado favorável é de meio (1/2). Logo, é necessário que cada jogador randomize sua estratégia, jogando ora a primeira, ora a segunda, supondo a não cooperação e a seqüencialidade, para se atingir o equilíbrio de Nash. Suponhamos que 1 randomize jogando metade das vezes S1 e metade S2, dada a igual probabilidade de resultado favorável ou desfavorável (dois em quatro). Temos que se chegará, pressupondo racionalidade de 2 a (-1/2, 1/2) sempre, metade das vezes em S1 e metade em S2. Se 2 randomiza da mesma maneira, temos que se chega a (1/2, -1/2) em iguais circunstâncias, de modo que ficam claros os equilíbrios (-1, 1) e (1, -1). Os valores obtidos na randomização devem ser somados para cada jogador e assim chega-se à idéia de que há duas soluções de Nash no caso, embora não seja ótima para nenhum deles. Só no desenrolar do jogo, com os eventuais fatores como *cheap talk*, confiança e demais dados, como confiabilidade, ou erro do jogador, se pode esperar resultados mais favoráveis do que a soma zero dada a probabilidade 1/2 de se obter um resultado desfavorável.

Espaço Discente

ALGUNS CONCEITOS ELEMENTARES DE TEORIA DOS JOGOS

Uma análise sucinta de aspectos potencialmente relevantes

ESTEVAN LO RÉ POUSADA

Introdução. I — A indução em retrocesso e seu âmbito de aplicação. II — Racionalidade Individual, Memória Perfeita e Equilíbrio de Nash. III — Estratégia estritamente dominada e estratégia dominada de forma iterada — Principais diferenças. IV — Equilíbrio seqüencial. V — Uma abordagem sucinta do Dilema dos Prisioneiros. VI — Equilíbrio de Nash do tipo "Trembling Hand". VII — Hipóteses de trabalho e demonstração de soluções a jogos determinados, sem a utilização de estratégias do tipo "minimax".

Introdução

A presente análise corresponde à reprodução, dotada da maior fidelidade possível, de uma prova de conclusão de matéria ministrada junto ao Curso de Pós-Graduação da Faculdade de Direito da Universidade de São Paulo, intitulada "Condições Gerais de Negócios e Contratos por Adesão".

De tal maneira, o trabalho empreendido deve ser compreendido com a cautela e a parcimônia recomendáveis à leitura de qualquer esboço, haja vista a carência de referências bibliográficas e a simplicidade com que os conceitos a seguir serão expostos.

Contudo, se algum comentário se pretende fazer a respeito da oportunidade do estudo da Teoria dos Jogos no âmbito jurídico, é necessário, preliminarmente, ter bem assentados conceitos absolutamente indispensáveis à real compreensão de um fenômeno que alcança todas as modalidades de relacionamentos humanos — a fim de que seja abordada como uma verdadeira hipótese de estudo, avaliação e previsão de comportamentos em comunidade.

Para que tal abordagem vingue em qualquer de seus aspectos, em primeiro lugar será necessária uma abordagem do que se deva entender por *jogos*, jogos soma-zero, jogos soma não-zero, dominância, dominância estrita, dominância relativa, dominância iterada, jogos repetidos (ou reiterados), jogos finitos, jogos infinitos, jogos de uma pessoa, jogos de duas pessoas e jogos de mais de duas pessoas.

Será necessário, ainda, analisar os conceitos de Equilíbrio de Nash, Esquema Arbitrado de Lucros de Nash e outros mais que oportunamente se mostrarem necessários.

Este o fito principal da análise a seguir — que, como se verá, corresponde a um verdadeiro emaranhado de conceitos, que senão precisamente apontados, simplesmente sugeridos, a fim de que o leitor, por seus próprios meios, possa desmascarar o autor das presentes linhas, desenvolvendo, enfim, os estudos de uma ciência tão promissora aos juristas — a tão aludida Teoria dos Jogos.

I — A indução em retrocesso e seu âmbito de aplicação

A indução em retrocesso somente pode ser definida, de modo satisfatório, em um contexto no qual já estejam perfeitamente estabelecidos, por sua vez, conceitos que a precedem sob a perspectiva lógica. Não se trata de ir aos céus ou aos infernos, mas de estipular, com clareza, seus âmbitos de aplicação.

Em primeiro lugar, do estudo preliminar empreendido sobre a teoria dos jogos, resultou que o termo *jogo* corresponde — em sentido amplo e técnico — a toda forma de interação e mútua influência ocorrente entre sujeitos dispostos sob um dado contexto.

Sob tal enfoque, depreende-se a existência de duas possibilidades de interações (jogos) entre quaisquer indivíduos: de um lado, aqueles em que, pela *natureza* do jogo e pelas *circunstâncias* nas quais é desenvolvido, inexiste qualquer *criação* de riqueza — mas apenas e tão-somente seu puro deslocamento de um Jogador a outro.

De outra sorte, percebe-se a viabilidade de jogos nos quais, não apenas em decorrência de sua natureza (estrutura), como também devido a circunstâncias como o *ambiente* do jogo, possibilita-se às partes a autêntica geração dos resultados por essas obtidos.

Poder-se-ia dizer, então, que os primeiros jogos, nos quais um Jogador ganha *exatamente* aquilo que o outro Jogador perde (e vice-versa) seriam chamados *jogos soma-zero* (nos quais a soma dos resultados obtidos pelos jogadores é equivalente a zero — o que evidencia, por si só, o simples deslocamento).

O segundo tipo de jogo, por sua vez, caracteriza-se pela obtenção de resultados evidenciadores de uma criação de *utilidade*, obtida mediante relações mantidas entre os jogadores e terceiros; tais são os chamados *jogos soma não-zero*.

O jogo soma-zero, ao contrário de seu correlato, não abre oportunidades às partes para qualquer forma de acordo. Ausente ou presente a comunicação entre os jogadores, a sua relevância é absolutamente *nenhuma*.

No que tange, todavia, aos *jogos soma não-zero*, a questão se põe de outra forma. Como os resultados serão obtidos, na prática, mediante relações a serem mantidas com terceiros — de modo que os resultados de cada Jogador não serão obtidos, assim, às expensas de seu adversário — abre-se uma dupla possibilidade (em verdade, quádrupla): os jogadores podem (ou não) jogar utilizando-se de estratégias que facultem a cooperação.

Ou seja, preliminarmente, devemos compreender o jogo como uma autêntica combinação de *estratégias*, efetiva (ou ao menos hipoteticamente) utilizada, dentre de todo o acervo de comportamentos disponível aos jogadores.

Não existe, outrossim, uma estrutura de jogo *cooperativa* e uma *não-cooperativa*; de fato, o que se verifica é que existem jogos soma-zero, os quais *não dão margem* (ante seus pressupostos fundamentais) a qualquer forma de cooperação entre os jogadores.

De outro lado, existem jogos que possibilitam ou oferecem aos jogadores um quadro de cooperação *viável*. A oportunidade ou não de uma cooperação dependerá, dos mais variados fatores, dentre os quais, a título exemplificativo, pode-se citar: a *função utilidade pessoal de cada Jogador*, a *extensão das vantagens a serem alcançadas*, o *modo de jogar do adversário*, a existência e a viabilidade de *comunicação* entre os mesmos, a *personalidade* de cada um dos jogadores e o *horizonte de tempo* durante o qual o jogo se desenvolverá.

No que diz respeito a apenas esta última variável (horizonte de tempo em que o jogo se desenvolve), poder-se-ia classificar os jogos em *instantâneos*, *iterados* (repetidos ou ainda reiterados) *sem termo definido* (infinitos) e *iterados com termo definido* (finitos).

Ante tais modalidades apresentadas poder-se-ia posicionar os jogos *instantâneos* e os jogos *iterados infinitos* nos extremos de uma linha que identificasse o nível de cooperação viável em seus respectivos desenvolvimentos. A modalidade dos jogos iterados finitos mostrar-se-ia como um meio-termo. Diante de tal disposição, caberia uma única ressalva: os jogos iterados finitos dividir-se-iam em duas categorias (a dos jogos iterados finitos com termo *conhecido* dos jogadores e os jogos iterados finitos com termo *desconhecido* dos mesmos).

Observe-se que os jogos instantâneos, ainda que ofereçam uma oportunidade de cooperação entre os jogadores, não facultarão aos mesmos a oportunidade de aprender com as jogadas e com os erros anteriores — uma *experiência* tão importante no âmbito da teoria dos jogos que recebe designação técnica específica, a assim chamada *memória perfeita*.

A corroborar tal assertiva, pense-se no exemplo do corretor de imóveis e do comprador que se encontram diante de uma oportunidade única de realização de negócio: muito embora seja oportuno ao comprador que ofereça ao corretor uma "gratificação" vultosa em detrimento de uma comissão vinculada ao valor da venda (cabendo ao corretor dissuadir o vendedor de um preço real), no mais das vezes, pelo fato de que o jogo é *jogado* apenas e tão-somente *uma única vez*, as partes relutarão em aceitar um tal acordo (*esquema*).

Os jogos iterados infinitos correspondem ao campo mais fértil ao emprego de estratégias favoráveis à concatenação de resultados cooperativos. Os jogos iterados podem ser cindidos em vários jogos instantâneos, e tanto a *existência* como o *conhecimento do momento* de uma *jogada final* é que determinarão a diferenciação das diversas classes que daqueles se dessumem.

Com efeito, quando o jogo é finito, os jogadores se dispõem de modo volúvel, sempre à espera da última jogada, na qual adotarão estratégias favoráveis à concatenação de resultados não-cooperativos. No entanto, aqui cabe uma observação: se as partes sabem que a seqüência terá um termo, mas não sabem quando tal se dará, a adoção de estratégias evasivas ao resultado mutuamente cooperativo talvez não se dê. Entretanto, uma vez pressuposto o interesse na obtenção de melhores resultados a si próprio (*racionalidade*), conhecido o momento em que se dará a última jogada, é certo que em tal oportunidade evadir-se-ão, ambos os jogadores, da combinação mutuamente cooperativa.

John Nash, por meio de seus quatro escritos fundamentais acerca da Teoria dos Jogos, destinou dois deles à compreensão dos jogos (resultados de combinação de estratégias adotadas pelos jogadores) não cooperativos, e dois ao estudo dos jogos em que a cooperação mostrar-se-ia *viável*.

O famigerado *Equilíbrio de Nash*, que segundo alguns apresentaria propriedade de "inviabilizar ao próprio Jogador, unilateralmente, o alcance de melhor resultado mediante a alteração de sua opção face ao seu quadro de possíveis estratégias", corresponde à *Solução de Nash* no âmbito da análise *não cooperativa* dos jogos soma não-zero.

No que tange ao trabalho de Nash desenvolvido sobre os jogos cooperativos, a solução, em verdade, não corresponde a um equilíbrio. Ontologicamente, o equilíbrio corresponde a um ponto no qual se verifica uma *contraposição* entre forças, e tal não se verifica nos jogos cooperativos.

E por tal razão, a *Solução de Nash* para jogos cooperativos pode ser designada como *Esquema Arbitrado de Lucros de Nash*, tendo por pressupostos quatro elementos: a) a irrelevância da função utilidade de cada um dos jogadores — caso contrário, a obtenção de tal solução seria inviável do ponto de vista prático; b) que a solução seja um *ótimo de Pareto*; c) que na busca pela solução os resultados combinações irrelevantes sejam desprezados; d) e, finalmente, que nos jogos *simétricos*, a *Solução de Nash* apresente resultados equivalentes a ambos os jogadores.

Feita esta introdução *verdadeiramente* necessária, consideremos, pois, o conceito de *indução retroativa* (ou indução em retrocesso). Dentre as várias modalidades em lógica admitidas, mostra-se sempre mais popular a definição exemplificativa. Iniciemos por um exemplo, pois, que nos é fornecido por Morton D. Davis, ao tratar dos jogos de *n*-pessoas:

> Em 1939, três condados norte-americanos tiveram de decidir como seria dividida entre eles certa ajuda financeira concedida pelo Estado. A ajuda devia ser empregada em construção de escolas. Ao todo, seriam construídas quatro escolas e distribuídas pelos três condados.
>
> Quatro diferentes planos foram propostos — a eles denominaremos A, B, C e D — cada um deles sugerindo uma diferente distribuição. O plano a ser adotado deveria conseguir aprovação através do voto majoritário de dois dos três condados.
>
> *Plano*
>
> | | A | B | C | D |
> |---|---|---|---|---|
> | I | 4 | 1 | 2 | 0 |
> | II | 0 | 0 | 1 | 2 |
> | III | 0 | 3 | 1 | 2 |
>
> *Condado*
>
> Os números da tabela indicam quantas escolas serão construídas em cada condado, segundo cada plano. Admitindo-se que os planos sejam apreciados aos pares, até que todos menos um venham a ser eliminados, que plano acabará por prevalecer? (...).
>
> Na questão da construção de escolas, a ordem em que os condados votam os planos é importantíssima. Suponhamos que tal ordem seja C, A, B e D. Significa isso que as propostas A e C serão votadas em primeiro lugar; que, em seguida, B é posta em confronto com a vencedora da primeira votação; e que, enfim, D é posta em confronto com a vencedora da segunda votação (Morton D. Davis, *Game Theory — A Nontechnical Introduction*, trad. Leônidas Hegenberg e Octanny Silveira da Mota, *Teoria dos Jogos — Uma Introdução Não Técnica*, São Paulo, Cultrix, 1973, pp. 148-155).

Observe-se. Na seqüência oferecida, e estabelecida uma ordem de preferências (escolhas *transitivas* pressupondo, por sua vez, uma *função utilidade*) atribuída ao condado I, pode-se dizer que I prefere A em primeiro lugar; depois C, e em terceiro B; mas jamais escolherá D — que lhe representa a atribuição de zero escolas.

No entanto, dada a ordem do jogo, a solução absurda é a mais natural: entre A e C, obviamente I preferirá A, mas é logo derrotado por II e III (voto majoritário), que preferem C; entre C e B, I prefere C, no que é acompanhado por II; finalmente, entre C e D, I é novamente derrotado por II e III, ficando sem qualquer escola em seu condado.

O que se observa em tal exemplo é que a *racionalidade* dos jogadores pode ser dividida em racionalidade de *curto* e racionalidade de *longo prazo*; nem sempre o que é racional a curto prazo o será a longo prazo. I agiu racionalmente durante todo o jogo, mas ao final, restou sem nenhuma escola. Estaria diante de um destino inevitável? Não necessariamente. Observe-se.

Tal qual exposto o problema, existem três jogos instantâneos (C *x* A), (A ou C *x* B), (A ou B ou C *x* D), sucessivamente ligados. A escolha de I na primeira rodada é irrelevante, já que II e III optarão por C. No entanto, na segunda jogada (C *x* B), a decisão de I assume importância para o jogo, uma vez que II prefere C e III prefere B. Se I escolhe C — o que a racionalidade de curto prazo recomenda — sabemos que ao final restará sem escola alguma. No entanto, se escolhe B (aparentemente de modo irracional), forma maioria com III, e o terceiro confronto será entre B e D. E sob tais circunstâncias, tanto I quanto III preferirão B. De maneira que I, aplicando uma racionalidade de longo prazo, ganhará uma escola. A racionalidade não é um conceito absoluto. Agir racionalmente é buscar um melhor resultado, utilizando-se de fundamentação lógica e matemática para tal.

A existência, assim, de uma razão suficiente para justificar a adoção "aparentemente" irracional de uma estratégia — uma vez tornada explícita, pois — retira-lhe tal caracterização e evidencia a troca de uma racionalidade de curto prazo ineficiente quando cotejada com o raciocínio de longo prazo.

Em suma, *Backward Induction*, indução em retrocesso ou indução retroativa são expressões que correspondem à utilização de resultados futuros, viáveis e conhecidos, obtidos em um sistema caracterizado por um quadro de informação *completa* e *perfeita* — a partir da pressuposição da racionalidade de ação dos outros jogadores — em *jogos iterados finitos com termo conhecido*, coordenando-se a utilização atual de estratégias, tendo-se em vista, outrossim, um resultado a ser atingido ulteriormente (e não necessariamente de modo imediato), sem a possibilidade de acordos forçados, viabilizando pagamentos colaterais.

Em tais situações, existe um nódulo final, por meio do qual a um Jogador é dado o privilégio da última jogada, representando a indução em retrocesso alternativa eficaz à solução aparentemente inarredável.

Assim, os jogos finitos, com informação completa e perfeita são solucionáveis de forma dominante pelo princípio da *backward induction*. A aversão ao risco e a dominância fraca apontam para tal solução.

II — Racionalidade Individual, Memória Perfeita e Equilíbrio de Nash

Conforme acima já antecipado, *racionalidade*, em suma, corresponde à busca, pelo indivíduo, de uma otimização de seus resultados, quando instado à tomada de uma dada decisão. No entanto, racionalidade não significa, necessariamente, a busca pelos melhores resultados, mas sim a busca da *maior utilidade*. Ao analisarmos o trato temporal no qual será desenvolvido um jogo, bem como a função utilidade de um Jogador, agirá este racionalmente se buscar, ao final, uma maior utilidade.

Pense-se, a propósito, no jogo de xadrez entre pai e filho. Muito embora perder o jogo não consista no resultado objetivamente mais lucrativo, a função utilidade do pai está disposta de tal modo que ele, racionalmente, prefere perder o jogo para o seu filho. Transitividade de preferências (o que denota a existência de uma função utilidade) e a busca de resultados mais satisfatórios correspondem aos pilares básicos da racionalidade.

Memória Perfeita corresponde à capacidade dos jogadores de, nos jogos iterados, aprender com seus próprios erros, racionalizando, por sua vez, os erros do adversário quando isso seja possível (*Trembling Hand*) e prever — outrossim, num jogo de informação completa mas não perfeita — em que posição se encontram nos ramos de um jogo representado sob a forma extensiva (*beliefs* — crenças).

O *Equilíbrio de Nash*, acima mencionado, corresponde a uma das soluções desenvolvidas por John Nash, especificamente para os jogos soma não-zero jogados não cooperativamente. Em se tratando de jogos jogados de modo cooperativo por seus participantes, o *Esquema arbitrado de lucros de Nash* corresponde ao resultado que preenche quatro pressupostos fundamentais: a) irrelevância da função utilidade; b) a solução é um *ótimo de Pareto*; c) irrelevância dos resultados menores; d) a solução em jogos *simétricos* atribuirá resultados iguais a ambos os jogadores.

Para os jogos jogados não cooperativamente, o *Equilíbrio de Nash* corresponde "a uma combinação de estratégias, uma para cada Jogador, na qual nenhum Jogador pode aumentar seu *payoff* alterando sua estratégia" (Roberto Camps Moraes, "Noções de teoria dos jogos", in Nali Jesus de Souza, *Introdução à Economia*, São Paulo, Atlas, 1996, p. 463). Ou seja, um resultado será um *Equilíbrio de Nash* para jogos não cooperativos se cada Jogador, alterando unilateralmente suas próprias estratégias, não conseguir qualquer resultado individual melhor do que o original. O resultado fornecido é o máximo quando relacionado a cada Jogador ou a cada estratégia dos jogadores, dentre todas as que se lhes mostram, respectivamente, disponíveis.

III — Estratégia estritamente dominada e estratégia dominada de forma iterada — Principais diferenças

Trata-se aqui de promover a diferenciação entre três conceitos: *estratégias fortemente* (ou estritamente) *dominadas*, *estratégias fracamente* (ou relativamente) *dominadas* e *estratégias dominadas de forma iterada*.

Quando se fala em *dominância*, percebe-se que o jogo na forma apresentada indica, claramente, como deve ser jogado ou como devemos proceder para encontrar a solução.

Os conceitos de *estratégia fortemente dominada* e de *estratégia fracamente dominada* mostram-se adequados a uma consideração estática do jogo, não estando intrinsecamente vinculadas à consideração dos jogos em sua forma iterada. O trato de tempo em que o jogo se desenvolve não apresenta relevância.

De qualquer sorte, pode-se designar *estratégia fortemente dominada* aquela que, sob qualquer circunstância de decisão por parte do adversário, viabiliza o atingimento de um resultado *menor* do que o obtenível por meio do emprego de uma outra estratégia pelo Jogador a proceder a escolha.

Quando se analisa o conceito de *estratégia fracamente dominada*, percebe-se que se está diante de uma estratégia que, se por um lado não pode oferecer melhores resultados ao Jogador do que a estratégia dominante, em determinadas circunstâncias, pode oferecer resultados tão bons quanto os ostentados pela estratégia fracamente dominante.

Ou seja, do ponto de vista estático, a estratégia é fortemente dominante se e somente se apresentar, em relação *a uma outra estratégia determinada*, sempre um resultado *melhor* ao Jogador que a tem sob sua esfera de ação.

Já a *dominância iterada*, se por um lado se aproxima da dominância fraca, ante a ausência da famigerada dominância forte, por outro lado diferencia-se daquela ante a inexistência de uma sobreposição dos resultados de *uma* dada estratégia em relação aos evidenciados pela estratégia dominada de forma iterada. O que existe, de fato, é uma consideração do jogo em relação ao trato de tempo no qual há de se desenvolver, verificando-se que pelo conjunto de estratégias outras (que não a dominada) disponíveis ao Jogador, este último em nenhuma hipótese fará uma opção pela mesma.

De maneira que a *estratégia fracamente dominante*, ao reverso, disponibiliza sempre um resultado *tão bom quanto* o fornecido pelas demais; na *estratégia fortemente dominante*, sempre será apresentado por esta um resultado *melhor* ao Jogador; na *dominância iterada*, por sua vez, o Jogador sempre se comporta da mesma forma e todos estão *certos* de que seus adversários são racionais.

IV — Equilíbrio seqüencial

A análise do conceito de equilíbrio seqüencial resta prejudicada diante de sua formulação antecipada ao ensejo da introdução ao conceito de indução retroativa. Todavia, fazendo uso a todo tempo do exemplo ali formulado, é de se ressaltar, no que tange à racionalidade seqüencial, que esta consiste em um modo de abordagem diferenciado ante um jogo apresentado diante do teórico dos jogos.

Ou seja, quando apresentado a um teórico dos jogos um jogo determinado, na forma normal ou estratégica, indagando-se de imediato qual a solução daquele, o teórico dos jogos deverá perquirir: "trata-se de um jogo instantâneo ou de um jogo disputado de modo iterado?". Isto porque, de acordo com a resposta então apresentada — e o exemplo da construção de escolas neste ponto é extremamente profícuo — as soluções a serem adotadas serão completamente diversas.

A consideração do trato temporal ao longo do qual será desenvolvido um determinado jogo — ao lado da informação sobre a existência e da viabilidade de uma comunicação entre os jogadores — mostra-se como um dos fatores de maior relevância na determinação da estratégia a ser adotada. Mais do que isso, é de se lembrar que o teórico dos jogos não está vinculado à determinação da melhor solução do jogo; *quem determina o resultado a ser atingido é o Jogador*. O que o teórico dos jogos faz é viabilizar a melhor estratégia para atingir aquele dado resultado.

V — Uma abordagem sucinta do Dilema dos Prisioneiros

De todos conhecido é o paradigma do aclamado *Dilema dos Prisioneiros*. Dois indivíduos, apanhados conjuntamente, são acusados do cometimento de um roubo. A caracterização do delito é co-extensiva a ambos os jogadores, de maneira que a conclusão de que um deles praticou o delito implica, necessariamente, a imputação criminal do outro.

Em tal quadro, se ambos confessam a prática do crime, são os dois condenados a cinco anos de prisão; se um dos jogadores confessa o cometimento do crime, e o outro não, o que confessou tem sua sinceridade recompensada, ao passo que a penalidade de seu comparsa é aumentada (quem confessa é libertado e quem não confessa é condenado a oito anos de prisão); por fim, se os dois negam a prática do crime, são os dois condenados a um único ano de prisão por porte ilegal de arma.

Uma das principais questões evidenciadas pelo *Dilema dos Prisioneiros* diz respeito à *demonstração plena* da inexistência de *jogos essencialmente cooperativos* e de *jogos essencialmente não-cooperativos*. Isto em razão de que o *Dilema dos Prisioneiros* consubstancia, em um só esquema, um diagnóstico de situação. Quem decide se vai adotar estratégia cooperativa ou não é o Jogador. O que o teórico dos jogos faz é *divisar*, em um jogo que oferece a oportunidade de adoção de estratégias mutuamente cooperativas, tal possibilidade, informando-a ao Jogador, para que a partir de tal informação, faça a escolha que mais lhe aprouver.

Em termos largos, isso quer dizer que a adoção de estratégias cooperativas ou não-cooperativas vai depender da confiança que um *Jogador* deposita no outro, e não em informações que o teórico dos jogos possa oferecer. O que este último faz é vislumbrar, em uma situação como a tipicamente evidenciada pelo *Dilema dos Prisioneiros*, a existência de duas soluções, a *mutuamente cooperativa* (NÃO CONFESSA/NÃO CONFESSA — 1 ANO de prisão/1 ANO de prisão) e a *mutuamente não-cooperativa* (CONFESSA/CONFESSA — 5 ANOS de prisão/5 ANOS de prisão).

Algo que precisa ser evidenciado também, a partir da análise do *Dilema dos Prisioneiros* é o fato de que, ao adotar um Jogador uma estratégia cooperativa, ele se expõe mais do que adotando uma estratégia não-cooperativa; ou seja, a adoção de uma estratégia cooperativa, em termos metalingüísticos, corresponde a uma estratégia de ataque (não ao adversário, mas ao *terceiro* contra o qual ambos jogam), ao passo que a adoção de estratégia não-cooperativa corresponderia a uma estratégia de defesa (em relação ao próprio adversário).

Em verdade, o simples fato de que um Jogador vislumbre a existência de uma estratégia cooperativa faz com que este último apresente, assim, um ganho de perspectiva muito grande em relação ao jogo: *o Jogador passa a ver que não joga contra o adversário, mas em verdade ambos jogam contra um terceiro.*

Quando *Spartacus* promove uma rebelião entre os gladiadores, em verdade, está evidenciando, talvez em uma das primeiras vezes da história, que o jogo não é desenvolvido entre os adversários, mas entre os jogadores e aquele que controla o sistema de pagamentos do jogo — o responsável pela remuneração dos resultados dos jogadores.

O *Dilema dos Prisioneiros* corresponde ao modelo paradigmático por excelência no âmbito da teoria dos jogos, ao evidenciar que, para o atingimento do melhor resultado — individualmente considerado — deverá o Jogador fazer uso de uma estratégia cooperativa, e correndo o correlato risco ante sua exposição à *cupidez* do adversário. No entanto, sua máxima importância, diga-se de passagem, não está na caracterização da existência de uma duplicidade de soluções — a cooperativa e a não-cooperativa — mas ao contrário, está na possibilidade que franqueia, ao observador do jogo, de diagnosticar o verdadeiro jogo que lhe subjaz: o jogo entre os *participantes* (de um lado) e a *fonte de pagamentos dos resultados* (de outro).

VI — Equilíbrio de Nash do tipo "Trembling Hand"

A admissão de um *Equilíbrio de Nash* do tipo *Trembling Hand* implica, obviamente, em uma reconsideração do conceito de racionalidade adotado pelo adversário do Jogador sob análise. Com efeito, a consideração de uma "mão que treme" como hipótese corriqueira no desenvolvimento de um jogo de *n*-jogadores, implica na admissão de que determinados erros são absolutamente normais, não devendo ser considerados, assim, como falhas que inviabilizariam o atingimento do Equilíbrio.

Em verdade, e de maneira acertada, o *Equilíbrio de Nash do tipo "Trembling Hand"* corresponde a um modo de manter a teoria — desenvolvida pelo mencionado autor — intacta, ante as deficiências de compreensão demonstradas pelos jogadores.

Uma das questões mais relevantes, evidenciadas pelo *Equilíbrio de Nash do tipo "Trembling Hand"*, corresponde à admissão — não apenas prática, mas também, e principalmente, teórica — de que um complexo de informações posto à disposição de um dado Jogador pode por este *não ser devidamente decodificado* e utilizado da maneira mais satisfatória. Admitir-se — e tal parece ser a principal conseqüência da definição do *Equilíbrio de Nash do tipo "Trembling Hand"* — a *deficiência de processamento* de uma informação largamente difundida parece ser um dos postulados mais *reais* da teoria, viabilizando, outrossim, sua efetiva utilização prática.

A confirmar tal assertiva, basta que se considere como são estruturadas as questões de qualquer espécie de concurso público ou vestibular: questões fáceis, visando eliminar os menos qualificados; questões difíceis, visando privilegiar (recompensar) os mais preparados; e, sobretudo, questões médias, visando não apenas a verificação de conhecimento, mas além disso, buscando avaliar a capacidade de compreensão do que é pedido e a capacidade de *processamento de informações* — as chamadas "pegadinhas" nas quais os estudantes, muitas vezes extremamente preparados, reiteram em cometer.

Tal estrutura de questões do tipo "pegadinha", corresponde a, nada mais nada menos, do que a uma racionalização de um erro do adversário, como hipótese possível e provável de acontecer, sendo inclusive determinado — muitas das vezes — o ponto em que o candidato incidirá em equívoco ou falha de processamento de informação — que no entanto é completa e perfeita.

VII — Hipóteses de trabalho e demonstração de soluções a jogos determinados, sem a utilização de estratégias do tipo "minimax"

Observe-se o exemplo de jogo fornecido pelo quadro abaixo exposto:

SITUAÇÃO I

	T1	T2
S1	(10, 5)	(5, 2)
S2	(9, 2)	(2, 0)

Os resultados 10 e 5 — atingíveis pelo Jogador S — são ambos superiores aos seus respectivos correlatos 9 e 2, de maneira que podemos afirmar, sem qualquer sombra de dúvida, que S2 é estritamente dominada por S1 — ou seja, S2 é fortemente dominada por S1.

Do mesmo modo, 5 e 2 são resultados (ambos) melhores que seus correlatos respectivos 2 e 0, de maneira que podemos dizer, de modo peremptório, que para o Jogador T, T1 é estritamente (fortemente) dominante em relação a T2.

De tal maneira, a Solução para o presente jogo corresponde ao alvéolo S1 *x* T1, com resultados (10, 5), por meio do emprego, por duas vezes, do método da constatação de dominância forte ou estrita.

Observe-se, de outro lado, o jogo a seguir apresentado:

SITUAÇÃO II

	T1	T2
S1	(10, 0)	(5, 2)
S2	(10, 11)	(2, 0)

Os resultados 10 e 5 são respectivamente igual e superior aos seus correlatos respectivos 10 e 2, de maneira que podemos afirmar que para o Jogador S, S2 é fracamente dominada por S1 — ou seja, S2 é fracamente dominada por S1.

No que tange aos resultados ostentados pelo Jogador T, inexiste dominância forte ou mesmo fraca entre as estratégias T1 e T2. Razão pela qual, para que se possa evidenciar qual das duas estratégias será utilizada por T, mister considerar que o Jogador S utilizará S1, fracamente dominante em relação a S2. De maneira que, entre os resultados 0 e 2, diante dos quais se posiciona o Jogador T — face à opção racionalmente previsível do Jogador S por S1 — o jogo apresenta como solução o para ordenado S1 *x* T2, com resultados respectivamente de 5 e 2 para os jogadores S e T, solução obtida através do emprego — apenas no que tange ao Jogador S — do método das estratégias fracamente dominadas.

Solução de Jogos aparentemente sem solução por meio do emprego de estratégias estabilizadoras "minimax" — Suas vantagens e suas deficiências ante o nível de "racionalidade" do adversário

Observe-se, finalmente, a hipótese abaixo disposta:

SITUAÇÃO III

	T1	T2
S1	(1,-1)	(-1, 1)
S2	(-1, 1)	(1,-1)

Qual a *Solução de Nash* para o presente exemplo?

Para a obtenção de uma pretensa solução ao exemplo acima exposto, adotemos a utilização de estratégias mistas (utilização de mecanismos de randomização por meio da atribuição de probabilidades ao emprego de estratégias). Observe-se.

Analisemos apenas os resultados sob a perspectiva do Jogador S. Obteremos a matriz a seguir exposta:

	T1	T2
S1	(1)	(-1)
S2	(-1)	(1)

Apliquemos, pois, a estratégia S1 com uma probabilidade *p*; aplicaremos, outrossim, S2 com uma probabilidade *1-p*.

De tal sorte, as equações que simbolizam a utilização das referidas estratégias são as seguintes:

para o emprego, por T, da estratégia T1:

(E1) $A1 = (1).\ p + (-1).\ (1-p)$;

no qual A1 corresponde ao resultado final em um jogo iterado; por sua vez, para o emprego, por T, da estratégia T2:

(E2) $A2 = (-1).\ p + (1).\ (1-p)$.

O valor da probabilidade *p*, para a randomização das estratégias, deve ser obtido mediante o encontro das referidas equações (E1 e E2). De tal modo, temos:

$E1 = E2$;

$(1).p + (-1).(1-p) = (-1).p + (1).(1-p)$;

$p - 1 + p = -p + 1 - p$;

$2p - 1 = 1 - 2p$;

$4p = 2$;

$p = 1/2$.

Como $p + (1-p) = 1$, temos que $1-p = 1/2$.

O cálculo da probabilidade de utilização das estratégias T1 e T2 obedece à mesma metodologia. De modo que as probabilidades de utilização randomizada das estratégias T1 e T2 *r* e *1-r* são, respectivamente, 1/2 e 1/2.

Estabilizam-se, por meio do emprego de estratégias *minimax*, os resultados obtidos pelos jogadores. Quaisquer que sejam as jogadas promovidas pelo adversário, utilizadas as estratégias disponíveis com uma freqüência *p*, o resultado final do Jogador estará estabilizado e imune às intempéries da racionalidade do adversário.

De tal sorte que os resultados finais obedecerão à seguinte ordem:

Probabilidade	**Jogador S**	**Jogador T**
S1 *x* T1 = 1/4	1	-1
S1 *x* T2 = 1/4	-1	1
S2 *x* T1 = 1/4	-1	1
S2 *x* T2 = 1/4	1	-1
Total	0	0

De maneira que por meio da simples randomização das estratégias, através da aplicação do *teorema minimax*, existe, pois, uma estabilização dos resultados, de maneira que, uma vez atingida a probabilidade produto da aplicação do *teorema minimax*, qualquer que seja a probabilidade de emprego das estratégias pelo adversário, o resultado está, ao final do jogo, determinado, e ao mesmo tempo, como acima ressaltado, imune às intempéries que atinjam o adversário (*Trembling Hand*).

Todavia, é de se ressaltar que o grande prejuízo da utilização de estratégias randomizadas *minimax* consiste, exatamente, em constituir um sistema de aplicação de estratégias eminentemente *defensivo*. Por ser um método defensivo, na mesma medida em que viabiliza o atingimento seguro de um resultado mínimo, impossibilita o Jogador de se aproveitar, como sói acontecer na maioria dos jogos de salão, da ingenuidade ou da falta de experiência de seu adversário, racionalizando os erros alheios, como o que acontece quando se busca o *Equilíbrio de Nash do tipo "Trembling Hand"*.

Ou seja, qualquer resultado diferente do zero, para qualquer um dos jogadores, somente será obtenível na hipótese de *ambos* abandonarem o seu sistema de aplicação de estratégias *minimax*.

Uma vez que uma das partes abandone o sistema *minimax*, caberá à outra explorar tal fato da melhor maneira possível. Observe-se a conduta do Jogador S, no caso de T abandonar a sua *minimax* 1/2 *x* 1/2, adotando, por exemplo, probabilidades de aplicação de T1 e T2 à razão de 2/5 e 3/5:

S1 *x* T1	= *p*. 2/5
S1 *x* T2	= *p*. 3/5
S2 *x* T1	= (*1-p*). 2/5
S2 *x* T2	= (*1-p*). 3/5

Probabilidade final	**Jogador S**	**Jogador T**
S1 *x* **T1** = *p*. 2/5	1	-1
S1 *x* **T2** = *p*. 3/5	-1	1
S2 *x* **T1** = (*1-p*). 2/5	-1	1
S2 *x* **T2** = (*1-p*). 3/5	1	-1
Total	?	?

Se o Jogador I utilizar suas estratégias à razão *p* = 1/999 e *1-p* = 998/999, teremos os seguintes resultados:

Probabilidade final	**Jogador I**	**Jogador II**
S1 *x* **T1** = 1/999. 2/5	2/4995	-2/4995
S1 *x* **T2** = 1/999. 3/5	-3/4995	3/4995
S2 *x* **T1** = 998/999. 2/5	-1996/4995	1996/4995
S2 *x* **T2** = 998/999. 3/5	2994/4995	-2994/4995
Total	997/4995	-997/4995

De tal sorte que, concentrando um dos jogadores quase que todas as suas jogadas em uma só estratégia, quando o outro Jogador evade de sua *minimax*, obterá seu lucro máximo, aproveitando-se, assim, do modo *equivocado* como o outro Jogador atua, o que seria absolutamente impossível caso o Jogador I se utilizasse sua estratégia *minimax*, o que estabilizaria os resultados de ambos os jogadores em 0 (ZERO).

Razão pela qual o presente excurso teve por finalidade principal demonstrar, a partir de conceitos elementares de Teoria dos Jogos, que: (I) a análise de comportamentos humanos pode ser promovida a partir de critérios quantitativos que evidenciem a viabilidade, em certas circunstâncias, de uma utilização de mecanismos cooperativos pelas partes atuantes em um dado nicho; (II) a utilização de uma racionalidade de longo prazo corresponde a uma prerrogativa do Jogador que tem a visão completa da estrutura do Jogo, a qual nem sempre se mostra como uma aplicação reiterada de uma racionalidade de curto prazo; (III) apesar dos jogos de uma só pessoa (jogos contra a natureza), os jogos de duas pessoas podem ser analisados a partir do nível de racionalidade — e de irracionalidade — do adversário; (IV) uma simples caderneta de poupança, por exemplo, com aniversários distribuídos, pode ser um mecanismo de defesa que, ao mesmo tempo — por meio de uma distribuição de probabilidades — pode tolher todo o ganho de um dado Jogador.

Tais são apenas algumas das inúmeras utilidades que a Teoria dos Jogos pode oferecer ao operador do Direito.

Jurisprudência Comentada

SERVIÇOS PÚBLICOS ESSENCIAIS (ÁGUA) FORNECIDOS POR EMPRESA CONCESSIONÁRIA — DIREITO AO CORTE POR FALTA DE PAGAMENTO

Comentários de
HAROLDO MALHEIROS DUCLERC VERÇOSA
ao acórdão do STJ no recurso especial 337.965-MG

REsp 337.956-MG — 2ª Turma do STJ
Rela.: Ministra Eliana Calmon
j. 2.9.2003
DJU 20.10.2003

Serviço público. Fornecimento de água. Corte por falta de pagamento. Admissibilidade. Prestação do serviço por concessionária. Natureza de direito privado. Pagamento feito sob a modalidade de tarifa que não se classifica como taxa. Circunstância em que o valor pago é considerado contraprestação, podendo haver a interrupção em caso de inadimplemento.

Ementa da redação: A relação jurídica, na hipótese de serviço público prestado por concessionária, tem natureza de direito privado, pois o pagamento é feito sob a modalidade de tarifa, que não se classifica como taxa. Nas condições indicadas, o pagamento é contraprestação, e o serviço pode ser interrompido em caso de inadimplemento.

ACÓRDÃO

Vistos, relatados e discutidos os autos, acordam os Ministros da 2ª T. do STJ, por maioria, vencido o Sr. Min. Paulo Medina, negar provimento ao recurso especial, nos termos do voto da Sra. Ministra-Relatora. Os Srs. Ministros Franciulli Neto e Francisco Peçanha Martins votaram com a Sra. Ministra Eliana Calmon.

Não participaram do julgamento os Srs. Ministros João Otávio de Noronha e Castro Meira.

Brasília-DF, 2 de setembro de 2003.

Eliana Calmon, Relatora.

RELATÓRIO

A Exma. Sra. Ministra Eliana Calmon (Relatora): Trata-se de recurso especial interposto contra acórdão do TJMG que entendeu haver permissão legal para a suspensão dos serviços de água por falta de pagamento, vez que a concessionária advertiu a usuária da suspensão do fornecimento caso não quitasse a dívida.

Alega a recorrente, com fulcro nas alíneas *a* e *c* do permissivo constitucional, violação aos arts. 22 e 42 da Lei 8.078/1990, bem como a ocorrência de dissídio jurisprudencial.

Sustenta que os mencionados dispositivos legais asseguram aos cidadãos serviços adequados, eficientes, seguros e, quanto aos essenciais, contínuos, bem como, na cobrança de débitos, a não-exposição do consumidor a ridículo e a qualquer tipo de constrangimento ou ameaça.

Com as contra-razões, subiram os autos.

É o relatório.

VOTO

A Exma. Sra. Ministra Eliana Calmon (Relatora): No suporte fático da ação mandamental que deu origem a esse processo, temos consumidora de água que, embora sem queixas quanto à qualidade do serviço, está sem pagar as contas de consumo, desde maio/1999, em razão de dificuldades financeiras, visto ser viúva e estar desempregada. A empresa concessionária cobrou-a por diversas vezes, até que, em junho/1999, interrompeu o fornecimento.

A consumidora impetrou mandado de segurança alegando agressão a direito líquido e certo, garantido pelos arts. 22 e 42 do CDC, os quais asseguram a continuidade do serviço.

Com base em precedentes do STJ, a segurança foi concedida em primeiro grau por entender o magistrado ilegal o corte no fornecimento de água, porque, em se tratando de relação de consumo de serviços essenciais, está obrigado o Poder Público a manter o fornecimento de água compulsoriamente, até mesmo a título gratuito, a quem não pode pagar.

Houve recurso e o TJMG reformou o julgamento, ao entendimento de que inexiste regra no Código de Defesa do Consumidor que Autorize o fornecimento gratuito do serviço de água, invocando o art. 6º, § 3º, II, da mesma Lei 8.987/1995, o qual permite a suspensão do fornecimento de serviços em caso de inadimplência.

A jurisprudência desta Corte, pela 1ª T., vem entendendo ser indevida a cessação dos serviços essenciais, tais como fornecimento de água, luz e telefone, devendo as empresas concessionárias procurar cobrar as contas em atraso pelos meios adequados, sem solução de continuidade do serviço essencial. Nesse entendimento foi decidido o REsp 353.796-MA, cuja ementa bem retrata a posição da 1ª T.:

Direito do consumidor. Energia elétrica. Interrupção do fornecimento. Arts. 22 e 42 da Lei 8.078/1990 (Código de Proteção e Defesa do Consumidor).

1. Recurso especial interposto contra acórdão que entendeu ser ilegal o corte de fornecimento de energia elétrica, em face do não pagamento de fatura vencida.

2. O art. 22 do CDC, assevera que "os órgãos públicos, por si ou suas empresas, concessionárias, permissionárias ou sob qualquer outra forma de empreendimento, são obrigados a fornecer serviços adequados, eficientes, seguros e, quanto aos essenciais contínuos". O seu parágrafo único expõe que "nos casos de descumprimento, total ou parcial, das obrigações referidas neste artigo, serão as pessoas jurídicas compelidas a cumpri-las e a reparar os danos causados na forma prevista neste Código".

3. Já o art. 42 do mesmo diploma legal, não permite, na cobrança de débitos, que o devedor seja exposto ao ridículo, nem que seja submetido a qualquer tipo de constrangimento ou ameaça.

4. Caracterização do *periculum in mora* e do *fumus boni iuris* para sustentar deferimento de ação com fim de impedir suspensão de fornecimento de energia a uma empresa.

5. Juízo emitido no âmbito das circunstâncias supra-reveladas que se prestigia.

6. Recurso especial improvido (1ª T., REsp 353.796-MA, Rel. Min. José Delgado, unânime, *DJ* 4.3.2002).

No mesmo sentido são os julgados que vão transcritos nas ementas:

Corte do fornecimento de água. Inadimplência do consumidor. Ilegalidade.

1. É ilegal a interrupção no fornecimento de energia elétrica, mesmo que

inadimplente o consumidor, à vista das disposições do Código de Defesa do Consumidor que impedem seja o usuário exposto ao ridículo.

2. Deve a concessionária de serviço público utilizar-se dos meios próprios para receber os pagamentos em atrasos.

3. Recurso não conhecido (1ª T., REsp 122.812-ES, Rel. Min. Milton Luiz Pereira, unânime, *DJ* 26.3.2001).

Serviço público. Energia elétrica. Corte no fornecimento. Ilicitude.

I — É viável, no processo de ação indenizatória, afirmar-se, incidentemente, a ineficácia de confissão de dívida, à míngua de justa causa.

II — É defeso à concessionária de energia elétrica interromper o suprimento de força, no escopo de compelir o consumidor ao pagamento de tarifa em atraso. O exercício arbitrário das próprias razões não pode substituir a ação de cobrança (1ª T., REsp 223.778-RJ, Rel. Min. Humberto Gomes de Barros, unânime, *DJ* 13.3.2000).

Administrativo. Agravo regimental. Recurso especial. Energia elétrica. Serviço público essencial. Corte de fornecimento. Consumidor inadimplente. Impossibilidade.

— Esta Corte vem reconhecendo ao consumidor o direito da utilização dos serviços públicos essenciais ao seu cotidiano, como o fornecimento de energia elétrica, em razão do princípio da continuidade (CDC, art. 22).

— O corte de energia, utilizado pela companhia para obrigar o usuário ao pagamento de tarifa em atraso, extrapola os limites da legalidade, existindo outros meios para buscar o adimplemento do débito.

— Precedentes.

— Agravo regimental improvido (1ª T., AgREsp 298.017-MG, Rel. Min. Francisco Falcão, unânime, *DJ* 27.8.2001).

Agravo regimental contra liminar que determinou à empresa concessionária a continuação da prestação de serviços de fornecimento de energia elétrica. Consumidor, "in casu", o Município, que repassa a energia recebida aos usuários de serviços essenciais.

Consoante jurisprudência iterativa do E. STJ, a energia é um bem essencial à população, constituindo-se serviço público indispensável, subordinado ao princípio da continuidade de sua prestação, pelo que se torna impossível a sua interrupção.

O corte de energia, como forma de compelir o usuário ao pagamento de tarifa ou multa, extrapola os limites da legalidade, uma vez que o direito de o cidadão se utilizar dos serviços públicos essenciais para a sua vida em sociedade deve ser interpretado com vistas a beneficiar a quem deles se utiliza.

O corte de energia autorizado pelo Código de Defesa do Consumidor e legislação pertinente é previsto *uti singuli*, vale dizer: da concessionária *versus* o consumidor isolado e inadimplente; previsão inextensível à Administração Pública por força do princípio da continuidade, derivado do cânone maior da supremacia do interesse público.

A mesma razão inspira a interpretação das normas administrativas em prol da Administração, mercê de impedir, no contrato administrativo a alegação da *exceptio inadimpleti contractus* para paralisar serviços essenciais, aliás inalcançáveis até mesmo pelo consagrado direito constitucional de greve.

A sustação do fornecimento previsto nas regras invocadas pressupõe inadimplemento absoluto, fato que não se verifica quando as partes reconhecem relações de débito e crédito, recíprocas e controversas, submetidas à apreciação jurisdicional em ação ordinária travada entre agravante e agravado.

O corte de energia em face do Município e de suas repartições atinge serviços públicos essenciais, gerando expressiva situação de periclitação para o direito dos munícipes. Liminar obstativa da interrupção de serviços essenciais que por si só denota da sua justeza.

Decisão interlocutória gravosa cuja retenção do recurso pode gerar situações drásticas de *periculum in mora* para a coletividade local.

Agravo desprovido (1ª T., AgRgMC 3.982-AC, Rel. Min. Luiz Fux, unânime, *DJ* 25.3.2002).

Embora sejam os precedentes relativos a energia elétrica, entendo que se prestam para retratar o entendimento jurisprudencial que se estende à questão do fornecimento de água, também considerado serviço essencial.

Como se vê, o embasamento legal das decisões está nos arts. 22 e 42 do CDC, Lei 8.078, de 11.9.1990.

Para melhor interpretação da matéria, no momento em que a 2ª Turma a examina pela primeira vez, vale a pena transcrever o art. 22:

> Art. 22. Os órgãos públicos, por si ou suas empresas, concessionárias, permissionárias ou sob qualquer outra forma de empreendimento, são obrigados a fornecer serviços adequados, eficientes, seguros e, quanto aos essenciais, contínuos.
>
> Parágrafo único. Nos casos de descumprimento, total ou parcial, das obrigações referidas neste artigo, serão as pessoas jurídicas compelidas a cumpri-las e a reparar os danos causados na forma prevista neste Código.

Os serviços essenciais, na atualidade, são prestados por empresas privadas que recompõem os altos investimentos com o valor recebido dos usuários, através dos preços públicos ou tarifas, sendo certo que há um contrato que se estabelece entre concessionária e usuária, não sendo possível a gratuidade de tais serviços.

Assim como não pode a concessionária deixar de fornecer o serviço, também não pode o usuário negar-se a pagar o que consumiu, sob pena de se admitir o enriquecimento sem causa, com quebra do princípio da igualdade de tratamento das partes.

A paralisação do serviço se impõe quando houver inadimplência, repudiando-se apenas a interrupção abrupta, sem o aviso, como meio de pressão para o pagamento das contas em atraso. Assim, é permitido o corte do serviço, mas com o precedente aviso de advertência.

À prestadora do serviço exige-se fornecimento de serviço continuado e de boa qualidade, respondendo ela pelos defeitos, acidentes ou paralisações, pois é objetiva a sua responsabilidade civil, como claro está no par. ún. do art. 22 do CDC. Como então aceitar-se a paralisação no cumprimento da obrigação por parte dos consumidores? Tal aceitação levaria à idéia de se ter como gratuito o serviço, o que não pode ser suportado por quem fez enormes investimentos e conta com uma receita compatível com o oferecimento dos serviços.

Esta é a interpretação que dou ao art. 22 e não consigo visualizar onde está a chancela legislativa para a tolerância da inadimplência, com a manutenção do serviço.

Por outro ângulo, diz o art. 42:

> Art. 42. Na cobrança de débitos, o consumidor inadimplente não será exposto a ridículo, nem será submetido a qualquer tipo de constrangimento ou ameaça.
>
> Parágrafo único. O consumidor cobrado em quantia indébita tem direito à repetição do indébito, por valor igual ao dobro do que pagou em excesso, acrescido de correção monetária e juros legais, saldo hipótese de engano justificável.

Procurei a interpretação autêntica desse dispositivo na palavra do Dr. Antônio Hermann de Vasconcellos e Benjamin, visto ter ele trabalhado na elaboração legislativa, buscando o real alcance da norma:

"O preceito não constava do texto original da Comissão de Juristas. Foi novidade trazida pelo substituto do Ministério Público — Secretaria de defesa do Consumidor. Na defesa de sua adoção, assim escrevi na justificativa juntada ao Substituto: 'A tutela do consumidor ocorre antes, durante e após a formação da relação de consumo. São do conhecimento de todos os abusos que são praticados na cobrança de dívidas de consumo. Os artifícios são os mais distintos e elaborados, não sendo raros, contudo, os casos de ameaças, telefonemas anônimos, cartas fantasiosas e até a utilização de nomes de outras pessoas. No Brasil, infelizmente, não há qualquer proteção contra tais condutas. O consumidor — especialmente o de baixa renda — é exposto ao ridículo, principalmente em seu ambiente de trabalho, tendo, ainda, seu descanso no lar perturbado por telefonemas, muitos deles em cadeia e até em altas horas da madrugada'" (*Código Brasileiro de Defesa do Consumidor, Comentado pelos Autores do Anteprojeto*, 7ª ed., p. 334).

Aí está, portanto, o entendimento da norma transcrita, o que, em nenhum passo, impede a cobrança corriqueira e legítima, só reprimindo os abusos.

Segundo os comentários dos autores do anteprojeto, o art. 42 tem de ser lido em conjunto com o art. 71, dispositivo assim redigido:

> Art. 71. Utilizar, na cobrança de dívidas, de ameaça, coação, constrangimento físico ou moral, afirmações falsas, incorretas ou enganosas, ou de qualquer outro procedimento que exponha o consumidor, injustificadamente, a ridículo ou interfira com seu trabalho, descanso ou lazer.
>
> Pena — Detenção de 3 (três) meses a 1 (um) ano e multa.

Observe-se, portanto, que nenhum dos dois artigos autoriza a continuidade do serviço de forma gratuita.

O acórdão, para aceitar a cessação do fornecimento do serviço por inadimplemento do usuário, apoiou-se na Lei 8.987, de 13.2.1995, que, dispondo sobre o regime de concessão e permissão da prestação de serviços públicos prevê:

> Art. 6º. (...).
>
> § 3º. Não se caracteriza como descontinuidade do serviço a sua interrupção em situação de emergência ou *após prévio aviso, quando*:
>
> I — motivado por razões de ordem técnica ou de segurança das instalações;
>
> II — por inadimplemento do usuário, considerado o interesse da coletividade (grifo nosso).

Entendo correto o acórdão impugnado. Efetivamente, não havendo serviço gratuito, é obrigação do usuário dos serviços, mesmo os essenciais, remunerá-los. Com pertinência, o Tribunal de Justiça, ao reformar o julgado, repito, apoiou-se em dispositivo da Lei de Concessão, a qual autoriza a interrupção do serviço, quando houver inadimplência, após prévio aviso (art. 6º, § 3º, II, da Lei 8.987/1995).

Não ignoro, entretanto, a jurisprudência da 1ª Turma. Em recente julgado — REsp 430.812-MG — o Ministro José Delgado inaugurou mais um entendimento sobre o tema, ao impor à empresa concessionária indenização pelos constrangimentos sofridos pelo consumidor inadimplente com a suspensão do fornecimento de energia elétrica. O acórdão ficou assim ementado:

> *Administrativo. Direito do consumidor. Ação de indenização. Ausência de pagamento de tarifa de energia elétrica. Interrupção do fornecimento. Corte. Impossibilidade. Arts. 22 e 42 da Lei 8.078/1990 (Código de Proteção e Defesa do Consumidor).*
>
> 1. Recurso especial interposto contra acórdão que entendeu não ser cabível indenização em perdas e danos por corte de energia elétrica quando a concessionária se utiliza de seu direito de interromper o fornecimento a consumidor em débito. O corte de energia, como forma de compelir o usuário ao pagamento de tarifa ou multa, extrapola os limites da legalidade.
>
> 2. Não resulta em se reconhecer como legítimo o ato administrativo praticado pela empresa concessionária fornecedora de energia e consistente na interrupção do fornecimento da mesma, em face de ausência de pagamento de fatura vencida.
>
> 3. A energia é, na atualidade, um bem essencial à população, constituindo-se serviço público indispensável, subordinado ao princípio da continuidade de sua

prestação, pelo que se torna impossível a sua interrupção.

4. O art. 22 do CDC, assevera que "os órgãos públicos por si ou suas empresas, concessionárias, permissionárias ou sob qualquer outra forma de empreendimento, são obrigadas a fornecer serviços adequados, eficientes, seguros e, quanto aos essenciais, contínuos". O seu parágrafo único expõe que "nos casos de descumprimento, total ou parcial, das obrigações referidas neste artigo, serão as pessoas jurídicas compelidas a cumpri-las e a reparar os danos causados na forma prevista neste Código". Já o art. 42, do mesmo diploma legal, não permite, na cobrança de débitos, que o devedor seja exposto ao ridículo, nem que seja submetido a qualquer tipo de constrangimento ou ameaça. Os referidos dispositivos legais aplicam-se às empresas concessionárias de serviço público.

5. Não há de se prestigiar atuação da justiça privada no Brasil, especialmente, quando exercida por credor econômica e financeiramente mais forte, em largas proporções, do que o devedor. Afronta, se assim fosse admitido, os princípios constitucionais da inocência presumida e da ampla defesa.

6. O direito do cidadão de se utilizar dos serviços públicos essenciais para a sua vida em sociedade deve ser interpretado com vistas a beneficiar a quem deles se utiliza.

7. É devida indenização pelos constrangimentos sofridos com a suspensão no fornecimento de energia elétrica.

8. Recurso especial provido para determinar o retorno dos autos ao juízo de origem a fim de que, e nada mais, o MM. Juiz aprecie a questão do *quantum* a ser indenizado (1ª T., REsp 430.812-MG, Rel. Min. José Delgado, unânime, *DJ* 23.9.2002).

Peço vênia para discordar do posicionamento da 1ª T. e ponderar sobre alguns aspectos:

1) o Brasil é um país com um contingente de pobres e excluídos em número assustador, o que leva a população merecedora de direito líquido e certo a não pagar porque é pobre e está desempregada, como alegou a impetrante, assumida inadimplente;

2) a continuidade da atividade empresarial só será viável dentro de uma economia de livre mercado, se houver retorno nos investimentos econômicos;

3) se parte dos consumidores tem razão social para não pagar o consumo, este deverá ser suportado pelo contingente populacional que paga as suas contas, por via do aumento das tarifas, o que é profundamente injusto;

4) o inadimplemento por parte dos pobres e excluídos não pode ser solucionado pelos normais meios de cobrança, porque de nada vale executar quem não possui bens para garantir a execução; e

5) quando a inadimplência vem de empresa, pode-se ver a absurda hipótese dela incluir o valor das tarifas públicas como insumo, no preço do produto ou do serviço, recebendo-o dos adquirentes, sem repassar tais custos à concessionária.

Enfim, a conclusão a que se chega é a de que sob o aspecto legal, inexiste nos arts. 22 e 42 do CDC impedimento à paralisação do serviço, se há inadimplência e está o consumidor avisado de que será interrompido o fornecimento.

Sob o aspecto da norma específica, estão as concessionárias autorizadas a suspender os serviços, quando não pagas as tarifas (art. 6º, § 3º, Lei 8.987/1995); sob o aspecto ontológico, não se conhece contrato de prestação de serviço público, firmado com empresa pública, cujo não-pagamento seja irrelevante para o contratado; sob p ângulo da lógica capitalista, é impossível a manutenção de serviço gratuito por parte de grandes empresas que fazem altos investimentos.

Com estas considerações, nego provimento ao recurso, mantendo o acórdão.

É o voto.

VOTO-VISTA

O Exmo. Sr. Min. Paulo Medina: Trata-se de recurso especial interposto contra acórdão do TJMG, que julgou possível a suspensão dos serviços de abastecimento de água a usuária inadimplente, entendendo não haver regra no Código de Defesa do Consumidor autorizativa do fornecimento gratuito do serviço. A suspensão estaria autorizada, ademais, pelo art. 6º, § 3º, II, da Lei 8.987/1995, tendo a concessionária procedido ao aviso de suspensão do fornecimento, como exigido pela Lei de Concessões.

Aduz a recorrente, com fulcro nas alíneas *a* e *c* do permissivo constitucional, estar o acórdão vergastado a violar os arts. 22 e 42 do CDC, Lei 8.078/1990, bem como ocorrer divergência deste em relação a julgados de outros tribunais.

Sustenta que os mencionados dispositivos legais assegurariam aos cidadãos serviços adequados, eficientes, seguros e, quanto aos essenciais, contínuos, bem como a não exposição do consumidor a ridículo e a qualquer tipo de constrangimento ou ameaça, na cobrança de débitos.

Contra-razões às f.

A Ministra-Relatora Eliana Calmon entendeu por negar provimento ao recurso, fundando o seu posicionamento nas seguintes razões:

— serem os serviços essenciais prestados por empresas privadas que estabelecem relação contratual com o usuário, não sendo possível a gratuidade dos serviços, mormente porque os investimentos realizados pelas primeiras são recompostos pelas tarifas recebidas dos últimos, contando as empresas com receita compatibilizada com o consumo dos serviços;

— não poder o usuário negar-se a pagar o que consumiu sob pena de admissão de enriquecimento ilícito e quebra do princípio da igualdade de tratamento das partes;

— ser possível o corte do serviço, com o precedente aviso de advertência;

— não haver chancela legislativa para o inadimplemento, não se extraindo dos arts. 22 e 42 do CDC tal intelecção;

— ser correto entendimento do Tribunal de origem, aplicando adequadamente o art. 6º, § 3º, II, da Lei 8.987/1995.

Conclui a eminente Ministra:

> Peço vênia para discordar do posicionamento da 1ª T. e ponderar sobre alguns aspectos:
>
> 1) o Brasil é um país com um contingente de pobres e excluídos em número assustador, o que torna a população merecedora de direito líquido e certo a não pagar porque é pobre e está desempregada, como alegou a impetrante, assumida inadimplente;
>
> 2) a continuidade da atividade empresarial só será viável dentro de uma economia de mercado aberto, se houver retorno nos investimentos econômicos;
>
> 3) se parte dos consumidores tem razão social para não pagar o consumo, este deverá ser suportado pelo contingente populacional que paga as suas contas, por via do aumento das tarifas, o que é profundamente injusto;
>
> 4) o inadimplemento por parte dos pobres e excluídos não pode ser solucionado pelos normais meios de cobrança, porque de nada vale executar quem não possui bens para garantir a execução;
>
> 5) quando a inadimplência vem de empresa, pode-se ter a absurda hipótese da mesma incluir o valor das tarifas públicas como insumo, no preço do produto ou do serviço, recebendo-o dos adquirentes, sem repassar tais custos à concessionária.
>
> Enfim, a conclusão a que se chega é a de que sob o aspecto legal, inexiste nos arts. 22 e 42 do CDC, impedimento à paralisação do serviço, se há inadimplência e está o consumidor avisado de que será interrompido o fornecimento.
>
> Sob o aspecto da norma específica, estão as concessionárias autorizadas a sus-

pender os serviços, quando não pagas as tarifas (art. 6º, § 3º, Lei 8.987/1995); sob o aspecto antológico, não se conhece contrato de prestação de serviço, firmado com empresa pública, cujo não pagamento seja irrelevante para o contratado; sob o ângulo da lógica capitalista, é impossível a manutenção de serviço gratuito por parte de grandes empresas que fazem altos investimentos.

Pedi vista dos autos para exame mais aprofundado da matéria.

A controvérsia cinge-se à definição da possibilidade ou não de a empresa concessionária de serviço público de abastecimento de água e esgotamento sanitário interromper os serviços prestados ao usuário, por inadimplência deste.

A adequada solução da questão imprescinde de análise detida dos serviços públicos, das formas de prestação destes, bem como da fixação dos caracteres e especificidades da *concessão de serviços públicos* e do regime jurídico a que o instituto está submetido.

Muito já se produziu, na doutrina administrativista, sobre a noção ou conceito de serviço público. Desde Duguit e sua concepção, então revolucionária, até os dias de hoje, o serviço público nunca deixou de ser "centro de atenção, contestação e revelação de tendências do Direito Público e, mais ainda, do *próprio modelo de Estado eleito em diferentes momentos e lugares*" (Cármen Lúcia Antunes Rocha, *Estudo sobre Concessão e Permissão de Serviço Público no Direito Brasileiro*, São Paulo, Saraiva, 1996, p. 9).

Tem-se, dessa forma, que a noção de serviço público é cambiante. A fixação do conceito depende de variantes diversas como "o tempo e o meio, o direito positivo e a política vigente", como já asseverava Ruy de Souza, em 1952 ("Serviço do Estado e seu regime jurídico", *RDA* 28/10-37).

Assim, "definir serviço público", na sempre precisa lição de Marçal Justen Filho, "pressupõe definir e dimensionar o Estado e os *valores jurídicos fundamentais*" (*Concessões de Serviços Públicos*, São Paulo, Dialética, 1997, p. 58).

Nesse diapasão, o conceito de serviço público deriva do modelo constitucional assumido. A Constituição, sendo a expressão primária e fundamental da vontade coletiva, organiza o Estado e *estabelece os fins a serem realizados*. Para consecução desses fins, organiza-se o poder político e se atribuem poderes jurídicos. A partir daí, *configuram-se os serviços públicos, meio de realização dos fins últimos do Estado*.

A Constituição brasileira de 1988 erige logo no art. 1º, *caput*, a República Federativa do Brasil em Estado Democrático de Direito, arrolando, nos incisos I a V, seus *princípios fundantes*, entre os quais se destacam o *da dignidade da pessoa humana* e do *valor social do trabalho*. O art. 170, por seu turno, que trata dos princípios regentes da "ordem econômica", após afirmar a valorização do trabalho humano como um de seus fundamentos, estatui, como um dos *fins* dessa ordem, a garantia de todos à *existência digna e a realização da justiça social*.

Desde logo, verifica-se a importância fundamental, a exemplo das Cartas Constitucionais mais avançadas (como a alemã, por exemplo) do respeito ao princípio da *dignidade da pessoa humana*, tomado como *fundamento* da República — art. 1º, III —, e como *fim* da ordem econômica — art. 170, *caput*.

Acentua Konrad Hesse que o art. 1º da Lei Fundamental da Alemanha "normaliza o princípio superior, incondicional e, na maneira de sua realização, indisponível, da ordem constitucional: *a inviolabilidade da dignidade do homem e a obrigação de todo o poder estatal de respeitá-la e protegê-la*" (Hesse, *Elementos de Direito Constitucional da República Federal da Alemanha*, trad. da 20ª ed. alemã Dr. Luís Afonso Heck, Porto Alegre, Fabris, 1998, p. 109).

O princípio serve de referência constitucional unificadora de todos os direitos fundamentais, sendo de observância impositiva, tanto no âmbito de atuação do setor público, quanto do setor privado. Como bem acentua Eros Roberto Grau: "Nesta sua segunda consagração constitucional, a *dignidade da pessoa humana assume a mais pronunciada relevância, visto comprometer todo o exercício da atividade econômica, em sentido amplo — e em especial, o exercício da atividade econômica em sentido estrito — com o programa de promoção da existência digna, de que, repito, todos devem gozar*. Daí por que se encontram constitucionalmente empenhados na realização desse programa — dessa política pública maior — tanto o setor público quanto o setor privado. Logo, *o exercício de qualquer parcela da atividade econômica de modo não adequado àquela promoção expressará violação do princípio duplamente contemplado na Constituição*" (*A Ordem Econômica na Constituição de 1988*, 4ª ed., São Paulo, Malheiros Editores, 1998, p. 218).

A apreensão do conteúdo dos dispositivos legais pertinentes à controvérsia deve ser pautada, na esteira do aduzido, por uma ótica protecionista, assentada no primado dos princípios da dignidade da pessoa humana e da defesa do usuário dos serviços públicos (identificado o conceito deste, em linhas gerais, como o de "consumidor — que é todo pessoa física ou jurídica que adquire ou utiliza produto ou serviço como destinatário final, seja ele particular ou ente público" — AgRg no REsp 298.017, Rel. Ministro Francisco Falcão).

Lapidar, neste aspecto, a lição de Juarez Freitas, que transcrevo:

"A concretização dos valores jurídicos fundamentais, bem observada, opera como processo único. Entretanto, de modo inegavelmente matizado, as normas de ordem pública destinam-se a proteger determinados bens indisponíveis, cumprindo interpretá-las de sorte a conferir a máxima *efetividade* à tutela dos mais elevados elementos constitutivos do sistema. Neste quadro, apresentam-se como de ordem pública os princípios e as regras que disciplinam, especificamente, as relações de consumo, observados incontornáveis parâmetros de matriz constitucional, donde segue que reclamam hermenêutica nuançada e rigorosamente peculiar. Avulta, sobremaneira, *o princípio constitucional da defesa ou proteção do consumidor de serviços públicos, que implica, antes de mais, o reconhecimento da vulnerabilidade dos usuários*. (...) Assim, *impõem-se que sejam fornecidos e fiscalizados sob a ótica da preservação deste vetor basilar, dado que o mesmo se inclui entre as inarredáveis finalidades cimeiras do nosso Estado Democrático, o qual, no cerne, somente experimenta sentido se voltado para a cidadania ativa, que, de sua vez, apenas se legitima quando imantada pelo interesse geral. Qualquer inversão de semelhante ordem representa a negação da idéia de democracia e dos núcleos fortes do Estado Fundamental*.

"Em outras palavras, a compreensão dos diplomas atuais e, sobretudo, daquele exigido pela EC 19/1998, deve radicar na *defesa positivadora da proteção do consumidor dos serviços públicos como diretriz suprema de ordem pública, superposta, em face disso, às regras e aos ajustes contratuais* (...). Destarte, no estudo das relações de consumo de serviços atinentes ao Poder Públicos (ainda aquelas entretecidas por delegação, nos casos de execução indireta), além de sobrepassar o fragmentarismo normativo vigente, urge fazer com que a *dignidade da pessoa do consumidor seja o prisma hierarquizado como vitorioso*, por se tratar, de modo insofismável, de imperativa derivação do princípio da intervenção essencial do Estado, seja em virtude do assento constitucional expresso e abrangente (CF, arts. 5º, XXXII, 170 e 175), seja por força da larga, embora dispersa e precária, regência infraconstitucional (*v.g.*, Lei 8.987/1995, art. 7º; Lei 8.078/1990, art. 6º, X; Lei 9.472, art. 3º, e Lei 9.478, art. 1º, III), seja à *mercê da intrínseca nota de essencialidade de tais serviços*, os quais, por definição, mesmo os supostamente contingentes, assumem os tons dimanantes do caráter irrenunciável de sua titularidade (sempre pertencente ao Poder Público, nada obstante transferível a execução)" (Juarez Freitas, "Proteção do consumidor de serviços públicos e o novo regime em face da EC 19/1998", *Ciência Jurídica* 84/40 *et seq.*).

Em relação aos aspectos aqui encarecidos, o conceito de serviço público fixado pelo autor é especialmente adequado ao modelo constitucional brasileiro de 1988. Para ele, "serviço público é todo aquele *essencial para a realização dos objetivos fundamentais do Estado Democrático*, devendo, por isso mesmo, ser prestado sob regime peculiar juspublicista" (*Estudos de Direito Administrativo*, 2ª ed., São Paulo, Malheiros Editores, 1997, p. 33).

Extrai-se, como primeira conclusão, que a solução de qualquer controvérsia que gire em torno da prestação de serviços públicos, deve observar os princípios fundantes do ordenamento jurídico constitucional brasileiro, *dotados de caráter impositivo e conformador*, especificamente o da dignidade da pessoa humana e da proteção do usuário.

Assentada a definição de serviço público, com as notas essenciais que lhe fornece a Constituição Federal, cumpre perquirir acerca das formas de prestação desses serviços, bem como sobre o regime jurídico a que estão submetidos.

A intervenção direta do Estado no domínio econômico faz-se sob duas modalidades. Ou o Estado desempenha atividade econômica ou presta serviços públicos.

A distinção apresenta enorme relevância porque retrata a *existência de dois regimes jurídicos distintos*. A atividade de natureza econômica sujeita-se a regime próprio do direito privado, ainda que os princípios gerais do direito público continuem aplicáveis e encontra tratamento, em sede constitucional, no art. 173. Já o desempenho de serviço público submete-se a regras inerentes ao direito público, especialmente, a disciplina do art. 175 da CF.

Assim é que o artigo constitucional mencionado possibilita ao Estado a prestação dos serviços públicos, *direta ou indiretamente*, neste último caso sob o regime de concessão ou permissão.

A titularidade do serviço público pertence, irrenunciavelmente, ao Poder Público. A execução é que tanto pode ser realizada pela Administração direta quanto conferida por lei específica às autarquias, fundações, empresas públicas e sociedades de economia mista, assim como delegadas a entes privados por contrato (concessão ou permissão).

Em todos os casos, *o regime jurídico a que se submete a prestação do serviço é o de direito público*, ainda quando privados os métodos de gestão. Por razões óbvias. Não obstante se valha o Estado de *técnica de gestão de delegação do serviço*, este não deixa de ser público, *não se afastando a obrigação estatal de prestá-lo e nem a responsabilidade pela adequada prestação do mesmo*.

No sentido apontado, a lição de Odete Medauar:

"Mediante a concessão de serviço público, a Administração atribui a um particular encargos que lhe são próprios. Assim, *o concessionário realiza incumbência que o ordenamento destina ao órgão público*; a concessão envolve, portanto, atividades ou interesses que não podem ficar no âmbito da autonomia privada porque são reservados aos Poderes Públicos. Daí a fórmula contida no *caput* do art. 175 da Constituição Federal de 1988: 'Incumbe ao Poder Público (...) a prestação dos serviços públicos'.

"No entanto, a Administração não pode se desvincular do serviço público, quando concedido. *O serviço é concedido, mas permanece serviço público*; a concessão não configura abandono, desligamento total. O estado continua o 'fiador' da execução perante a coletividade" ("A figura da concessão", in Odete Medauar (coord.),

Concessão de Serviço Público, São Paulo, Ed. RT, p. 13).

A submissão da prestação de serviços públicos a regime jurídico de direito público importa na configuração de alguns traços específicos na disciplina destes, como enumera, em caráter não exaustivo, Celso Antônio Bandeira de Mello:

"1) dever inescusável do Estado de promover-lhe a prestação, seja diretamente, nos casos em que é prevista a prestação direta, seja indiretamente, mediante autorização, concessão ou permissão (...);

"2) princípio da supremacia do interesse público, em razão de que, tanto no concernente à sua organização quanto no relativo a seu funcionamento, o norte obrigatório de quaisquer decisões atinentes ao serviço serão as conveniências da coletividade; *jamais os interesses secundários do Estado ou dos que hajam sido investidos no direito de prestá-los* (...);

"3. princípio da adaptabilidade (...); 4) princípio da universalidade (...); 5) princípio da impessoalidade (...); 6) princípio da continuidade, significando isto a impossibilidade de sua interrupção e o pleno direito dos administrados a que não seja suspenso ou interrompido (...)" (*Curso de Direito Administrativo*, 14ª ed., São Paulo, Malheiros Editores, 2002, p. 604).

Sobre a peculiaridade do regime jurídico a que se submetem os serviços públicos, consigna, a seu turno, o mestre argentino Luis R. Pérez Sanchez:

"Las necesidades colectivas que se satisfacen por el procedimiento — técnica — del servicio público conducen a la instauración de un régimen jurídico peculiar, que no es otra cosa que un aspecto del llamado 'régimen exorbitante' propio del derecho administrativo y que se constituye con una serie de prerrogativas, obligaciones y garantías. (...) Hay acuerdo generalizado en considerar como caracteres del servicio público: a *la continuidad, regularidad, uniformidad, generalidad y obligatoriedad* y estos nos han sufrido merma alguna raíz del proceso de reforma del Estado y de la Constitución Nacional, por el contrario, a partir de que esta última ha instituido expresamente al usuario como titular del interés público o colectivo que justifica el sometimiento de una determinada actividad al régimen del servicio público, han alcanzado una dimensión que durante muchos años fue desconocida en la realidad."

"As necessidades coletivas que satisfazem pelo procedimento — técnica — do serviço público conduzem à instauração de um regime jurídico peculiar, que não é outra coisa que um aspecto do chamado 'regime exorbitante' próprio do direito administrativo e que se constitui em uma série de prerrogativas, obrigações e garantias. (...) Há um consenso em considerar como características do serviço público: a *continuidade, regularidade, uniformidade ou universalidade, generalidade e obrigatoriedade* e elas não sofreram diminuição alguma com o processo de reforma do Estado e da Constituição Nacional, pelo contrário, a partir desta última instituiu expressamente o usuário como titular do interesse público coletivo que justifica a submissão de uma determinada atividade ao regime do serviço público, eles alcançaram uma dimensão que durante muitos anos foi desconhecida na realidade."

Sobre a continuidade do serviço público deixa assentado o referido autor.

"La continuidad: ésta indica que el servicio debe prestarse toda vez que la necesidad que satisface se haga presente, ahora bien, que el servicio público deba prestarse sin interrupciones no implica obviamente, en todos los cacos continuidad física —*no obstante para los casos del gas, electricidad, telefonía e agua esa continuidad reviste carácter absoluto* — cuestión que se explica por la *necesidad vital* que revisten en la vida moderna y que pone de manifiesto una vez más la vigencia del 'Estado de la procura existencial' como señalamos en otra parte del trabajo y, que ahí también el gran acierto de dotar al usuario — beneficiario o víctima de la prestación o de la falta de ella — de verdadera capacidad jurídica para demandar — en sentido amplio — la prestación" ("Servicio público. Técnica de protección al usuario", *Cuadernos de la Universidad Austral*, Buenos Aires, Abeledo-Perrot, pp. 84-85).

"A continuidade: esta indica que o serviço deve prestar-se toda vez que a necessidade que satisfaz se faça presente, sendo certo que e serviço público deva prestar-se sem interrupções, não implica obviamente, em todos os cacos continuidade física — *não obstante para os casos do gás, eletricidade, telefonia e água esta continuidade revestir caráter absoluto* — questão que se explica pela *necessidade vital* que revestem na vida moderna e que expõe a público mais uma vez a vigência do 'Estado de procura existencial', como assinalamos em outra parte do trabalho e, de também, com grande acerto, de dotar o usuário — beneficiário ou vítima da prestação ou da falta dela — de verdadeira capacidade jurídica de demandar — em sentido amplo — a prestação."

O excerto permite a conclusão de que aqui, como alhures, os serviços públicos essenciais, erigidos em necessidade vital não podem ser suprimidos, em virtude do regime jurídico específico a que estão submetidos, mormente em decorrência de questões e relações atinentes exclusivamente ao âmbito do direito privado e contratual, em evidente detrimento do interesse público.

Conclui, com acerto, o mestre argentino:

"Si la actividad del particular 'concesionario o licenciatario' queda sometida a un régimen de derecho público, con plena vigencia de los caracteres del servicio público, es decir con importantes limitaciones al principio de la libertad de comercio, bajo un severo control de la administración concedente, la lógica consecuencia es que la relación entre concesionario y usuario se rija también por el derecho público" (ob. cit., p. 97).

"Se a atividade do particular 'concessionário ou licenciatário' resta submetida a um regime de direito público, com plena vigência das características do serviço público, é dizer com importantes limitações ao princípio da liberdade de comércio, baixo um severo controle da administração concedente, a conseqüência lógica é que a relação entre concessionário e usuário seja regida também pelo direito público."

A submissão dos serviços públicos a regime específico, caracterizado pela continuidade vai importar, dessa forma, na inoponibilidade da cláusula de *exceptio nos adimpleti contractus*, prevista no art. 1.092 do CC, seja na relação concedente *x* concessionário, seja na relação concessionário *x* usuário, em se tratando de serviços essenciais.

A propósito da inoponibilidade da "exceção de contrato não cumprido", extensível às relações entre concessionária e usuário, como ressaltado, deixou assentado o Min. Luiz Fux, com apoio de Márcio Fernando Elias Rosa e Hely Lopes Meirelles, no julgamento do AgRg na MC 3.982-AC, *DJ* 25.3.2002:

> "(...) Também por força desse princípio, ao menos em tese, não pode o contrato administrativo não ser cumprido pelo contratado, ainda que a Administração — contratante — tenha deixado de satisfazer suas obrigações contratuais. Não é aplicável aos contratos administrativos, via de regra, a chamada exceção de contrato não cumprido (art. 1.092 do CC), ou *exceptio non adimpleti contractus*, assim como, por força desse princípio, admite-se a encampação da concessão de serviço público" (Márcio Fernando Elias Rosa, *Direito Administrativo — Sinopses Jurídicas*, São Paulo, Saraiva, pp. 18-19).
>
> No mesmo diapasão o insuperável Hely Lopes Meirelles ao abordar a interpretação das normas de direito administrativo e a denominada *exceptio non adimpleti contractus*:
>
> "(...).

"O direito administrativo não é refratário, em linhas gerais, à aplicação analógicas das regras de direito privado, mesmo porque já não se pode mais considerá-lo um direito excepcional. Mas, sendo um ramo do direito público, nem todos os princípios de hermenêutica do direito privado lhe são adequados. *A diversidade de seu objeto, a natureza específica de suas normas, os fins sociais a que elas se dirigem, o interesse público que elas visam sempre a tutelar, exigem regras próprias de interpretação e aplicação das leis, atos e contratos administrativos.*

"(...) Ao aplicador da lei compete interpretá-la de modo a estabelecer o equilíbrio entre os privilégios estatais e os direitos individuais, sem perder de vista aquela supremacia. (...).

"Com efeito, enquanto nos contratos entre particulares é lícito a qualquer das partes cessar a execução do avençado quando a outra não cumpre a sua obrigação (CC, art. 1.092), nos ajustes de direito público o particular não pode usar dessa faculdade contra a Administração. *Impede-o o princípio maior da continuidade do serviço público, que veda a paralisação da execução do contrato mesmo diante da omissão ou atraso da Administração no cumprimento das prestações a seu cargo.* Nos contratos administrativos a execução é substituída pela subseqüente indenização dos prejuízos suportados pelo particular ou, ainda, pela rescisão por culpa da Administração. O que não se admite é a paralisação sumária da execução, pena de inadimplência do particular, contratado, ensejadora da rescisão unilateral" (*Direito Administrativo Brasileiro*, 24ª ed., São Paulo, Malheiros Editores, pp. 43 e 198-199).

O entendimento foi positivado na Lei 8.987/1995, que previu no par. ún. do art. 39, o seguinte:

Art. 39. (...).

Parágrafo único. Na hipótese prevista no *caput* deste artigo, *os serviços prestados pela concessionária não poderão ser interrompidos ou paralisados*, até a decisão judicial transitada em julgado.

Comentando o dispositivo, consigna Marçal Justen Filho: "O parágrafo único consagra a impossibilidade de o concessionário invocar a exceção de contrato não cumprido. Portanto, o inadimplemento do poder concedente não autoriza a recusa do concessionário em cumprir seus deveres. Estará obrigado a dar seqüência à prestação dos serviços públicos, não obstante as falhas do Estado. Respeita-se, desse modo, o postulado da continuidade dos serviços públicos e assegura-se o interesse da coletividade" (ob. cit., p. 364).

Acertadamente, o par. ún. do art. 39 da Lei de Concessões, permite a interrupção da prestação do serviço, *única e exclusivamente*, após o *trânsito em julgado de decisão judicial*, a demonstrar o necessário e imprescindível respeito aos primados da legalidade e da jurisdição uma, tal como configurados no Estado de Direito brasileiro. Em outras palavras, o artigo exclui a utilização arbitrária das próprias razões ou o uso da força sem o respaldo do Poder Judiciário, para obtenção, por quem quer que seja, de suposto crédito ou direito.

Fixadas as diretrizes para o adequado tratamento da matéria, tem-se que o entendimento pacificado desta E. Corte, atende, com inegável razão, aos imperativos constitucionais legais.

O posicionamento firmado por este STJ, remansoso, é o da impossibilidade de interrupção de serviço público essencial. Nesse sentido, colaciono os seguintes julgados:

a) AgRg no REsp 298.017, Rel. Min. Francisco Falcão, *DJ* 27.8.2001:

Administrativo. Agravo regimental. Recurso especial. Energia elétrica. Serviço público essencial. Corte de fornecimento. Consumidor inadimplente. Impossibilidade.

— Esta Corte vem reconhecendo ao consumidor o direito da utilização dos serviços públicos essenciais ao seu cotidiano, como o fornecimento de energia elétrica, em razão do princípio da continuidade (CDC, art. 22).

— O corte de energia, utilizado pela companhia para obrigar o usuário ao pagamento de tarifa em atraso, extrapola os limites da legalidade, existindo outros meios para buscar o adimplemento do débito.

— Precedentes.

— Agravo regimental improvido.

b) RMS 8915-MA, Rel. Min. José Delgado, DJ 17.8.1998:

(...) 3. A energia é, na atualidade, um bem essencial à população, constituindo-se serviço público indispensável subordinado ao princípio da continuidade de sua prestação, pelo que se torna impossível a sua interrupção.

4. Os arts. 22 e 42 do CDC, aplicam-se às empresas concessionárias de serviço público.

5. O corte de energia, como forma de compelir o usuário ao pagamento da tarifa ou multa, extrapola os limites da legalidade.

6. Não há de se prestigiar atuação da Justiça privada no Brasil, especialmente, quando exercida por credor econômica e financeiramente mais forte, em largas proporções, do que o devedor. Afronta, se assim fosse admitido, aos princípios constitucionais da inocência presumida e da ampla defesa.

7. O direito do cidadão de se utilizar dos serviços públicos essenciais para a sua vida em sociedade deve ser interpretado com vistas a beneficiar a quem deles se utiliza.

c) AgRg na MC 3.982-AC, Rel. Min. Luiz Fux, *DJ* 25.3.2002:

Agravo regimental contra liminar que determinou à empresa concessionária a continuação da prestação de serviços de fornecimento de energia elétrica. Consumidor, "in casu", o Município, que repassa a energia recebida aos usuários de serviços essenciais.

Consoante jurisprudência iterativa do E. STJ, a energia é um bem essencial à população, constituindo-se serviço público indispensável, subordinado ao princípio da continuidade de sua prestação, pelo que se torna impossível a sua interrupção.

O corte de energia, como forma de compelir o usuário ao pagamento de tarifa ou multa, extrapola os limites da legalidade, uma vez que o direito de o cidadão se utilizar dos serviços públicos essenciais para a sua vida em sociedade deve ser interpretado com vistas a beneficiar a quem deles se utiliza.

d) REsp 223.778-RJ, Rel. Min. Gomes de Barros, *DJ* 13.3.2000:

Serviço público. Energia elétrica. Corte no fornecimento. Ilicitude.

I — É viável, no processo de ação indenizatória, afirmar-se, incidentemente, a ineficácia de confissão de dívida, à míngua de justa causa.

II — É defeso à concessionária de energia elétrica interromper o suprimento de força, no escopo de compelir o consumidor ao pagamento da tarifa em atraso. O exercício arbitrário das próprias razões não pode substituir a ação de cobrança.

Nesse diapasão, a intelecção do art. 6º, § 3º, II, da Lei 8.987, reputado violado pela recorrente, só pode ser a fixada por Marçal Justen Filho que, a respeito, afirmou:

"*A hipótese do inc II não autoriza, porém, a suspensão de serviços obrigatórios, cuja prestação se faz no interesse público ou é essencial à dignidade da pessoa humana.* Essa é a situação específica do fornecimento de água tratada e de coleta de esgotos. A instalação da rede de distribuição de água tratada e de coleta de esgotos não se faz como meio de satisfação do interesse individual dos usuários. Trata-se de instrumento de saúde pública. Através desses serviços eliminaram-se quase totalmente as epidemias, transmitidas anteriormente através da contaminação da água. A suspensão dos serviços de água e esgoto representaria risco à saúde pública, na medida em que alguns dos integrantes da comunidade poderiam adquirir doenças, evitável através do tratamento de água e esgoto.

"(...).

"Em suma, quando a Constituição Federal assegurou a dignidade da pessoa humana e reconheceu o direito de todos à seguridade, introduziu obstáculo invencível à suspensão de serviços públicos essenciais" (*Concessões de Serviços Públicos*, São Paulo, Dialética, 1997, p. 130).

As razões aduzidas estão a justificar também a prevalência do contido nos arts. 22 e 42 do CDC sobre as demais normas pertinentes, pelo menos até a edição da legislação específica, prevista pelas alterações introduzidas pela Emenda 19/19998.

Ressalte-se que a interpretação sistêmica do ordenamento jurídico não elide a incidência das normas do Código de Defesa do Consumidor ao caso, sob suposto fundamento de tratarem-se de normas gerais, a serem desprezadas quando em confronto com a legislação específica das concessões, precisamente, o art. 6º, § 3º, II.

Com efeito, dispões a última norma citada:

> Art. 6º. Toda concessão ou permissão pressupõe a prestação de serviço adequado ao pleno atendimento dos usuários, conforme estabelecido nesta Lei, nas normas pertinentes e no respectivo contrato.
>
> § 1º. Serviço adequado é o que satisfaz as condições de regularidade, continuidade, eficiência, segurança, atualidade, generalidade, cortesia na sua prestação e modicidade das tarifas.
>
> (...).
>
> § 3º. Não se caracteriza como descontinuidade do serviço a sua interrupção em situação de emergência ou após prévio aviso, quando:
>
> I — (...);
>
> II — por inadimplemento do usuário, considerado o interesse da coletividade.

Como ressaltado acima, o dispositivo não faz referência expressa aos serviços essenciais, sendo impositiva a exclusão destes da autorização de suspensão do serviço por inadimplemento do usuário.

O art. 22 do CDC, ao revés, faz expressa remissão aos serviços essenciais. Tenha-se do artigo:

> Art. 22. Os órgãos públicos, por si ou suas empresas, concessionárias, permissionárias ou sob qualquer outra forma de empreendimento, são obrigados a fornecer serviços adequados, eficientes, seguros e, *quanto aos essenciais, contínuos*.

Já o art. 7º da Lei de Concessões — Lei 8.987/1995, ressalva, com todas as letras, a aplicabilidade do Código de Defesa do Consumidor, no tocante aos direitos dos usuários. Consigna o dispositivo:

> Art. 7º. Sem prejuízo do disposto na Lei 8.078, de 11 de setembro de 1990, são direitos e obrigações dos usuários:
>
> I — receber serviço adequado.

Verifica-se que, no concernente aos serviços essenciais, a norma específica, asseguradora do direito à continuidade do serviço público ao usuário, é do art. 22 do CDC, não existindo razão a determinar suposta prevalência do inc. II do § 3º do art. 6º da Lei de Concessões.

Em síntese: a impossibilidade de supressão dos serviços públicos essenciais por inadimplemento do usuário, seja pessoa física ou jurídica, ressai evidente de uma análise aprofundada do ordenamento jurídico pátrio.

Admitir-se a utilização do corte do fornecimento de energia elétrica, como forma de coação ao pagamento pelo inadimplente, importa evidente agressão aos princípios fundantes do ordenamento constitucional. Fere-se, a toda evidência, o princípio da dignidade da pessoa humana e o da proteção do usuário. Por evidente que suposto interesse financeiro da concessionária não pode ser oposto aos princípios elencados.

A vedação da supressão do serviço público decorre também do regime de direito público — administrativo — a que o mesmo está submetido. O regime resguarda a continuidade do serviço público e a inoponibilidade da *exceptio non adimpleti contractus* pela concessionária ao usuário, características que estão a determinar, necessariamente, a conclusão aqui inferida.

O serviço essencial, mesmo quando delegado, continua público, não afastando a obrigação estatal de prestá-lo. De maneira correlata, não resta suprimido o direito público subjetivo do usuário de exigir a sua prestação.

A afirmação está a demonstrar que a questão do eventual inadimplemento do usuário, no caso dos serviços essenciais, não encontra solução na relação usuário *x* concessionária, como pretendido pela recorrente.

A inafastabilidade do dever estatal em relação ao serviço público essencial determina que a solução da questão efetue-se entre o poder concedente e o concessionário. Como bem ressaltado por Marçal Justen Filho:

"Nesses casos, o Estado dispõe de duas escolhas. A primeira é promover a cobrança compulsória do valor correspondente à tarifa, para haver do usuário o montante correspondente aos serviços que continuam a ser prestados. A segunda é, verificando a carência de recursos, custear a manutenção da prestação dos serviços (inclusive e se for o caso, através da elevação das tarifas) cobradas dos demais usuários. Nesta última alternativa, a comunidade arcará com o custo dos serviços. A carência de recursos não autoriza a supressão da existência e da dignidade da pessoa humana" (ob. cit., p. 130).

A eventual transferência do ônus financeiro ao Poder Público não é descabida e não ofende ao direito, ao revés, dá pleno atendimento aos ditames constitucionais, materializando, outrossim, o princípio da solidariedade social.

A lição de Marcello Caetano é precisa:

"O direito dado ao concessionário de cobrar taxas, segundo as tarifas que forem fixadas, *não é o único elemento financeiro nas relações entre concedente e concessionário. Pode, na verdade, a insuficiência dos preços ser suprida pela assistência do concedente.*

"Ao fazer-se a concessão pode verificar-se que mesmo fixando taxas muito altas será pouco provável que, ao menos nos primeiros anos de exploração, o rendimento do serviço cubra o seu custo. Assim, uma via férrea, por exemplo, pode ser projectada para promover o fomento de uma região ainda pouco produtiva e pobre, prevendo-se que antes de um período longo não se conseguirá nela o tráfego suficiente para tornar remuneradora a exploração. O serviço público destina-se justamente a realizar aquilo que a iniciativa privada não faria só por si à míngua do estímulo do lucro: conveniências políticas e sociais impõem que se beneficiem regiões e comunidades atrasadas, independentemente da rentabilidade da exploração do serviço.

"Nesses casos, como em geral naqueles em que o concedente pretenda praticar preços políticos, este deve tomar o encargo de pagar tal benefício social ou conveniência política.

"(...).

"Nasce assim a assistência financeira do concedente ao concessionário, traduzida por subvenções, subsídios, garantias de rendimento.

"Umas vezes trata-se de prestações certas e regulares a pagar ao concessionário durante certo número de anos (uma subvenção fixa anual, por exemplo). Outras vezes trata-se de prestações eventuais que o concedente só pagará se os rendimentos da exploração do ano não permitirem a remuneração do capital investido (garantia de dividendo) ou só do capital obtido por empréstimo (garantia de juros). Noutros casos, ainda, o subsídio é eventual e extraordinário destinando-se a compensar certos prejuízos que se hajam verificados por motivos imprevistos ou certas despesas anormais" (*Direito Administrativo*, v. II, 10ª ed., Coimbra, Almedina, pp. 1.126-1.127).

Interessante sugestão é trazida por Marcos Juruena Villela Souto, no sentido apontado: "Uma sugestão, para conciliar entendimentos, é no sentido de que o concedente ressarça o concessionário, após um período fixado no contrato, para que não haja quebra do equilíbrio contratual, sub-rogando-se nos direitos deste em face do usuário, dele cobrando em juízo; assim, atende-se o interesse público e a dignidade do consumidor, sem afastar os investidores" (*Desestatização — Privatização, Concessões, Terceirizações e Regulação*, 4ª ed., Rio de Janeiro, Lumen Júris, 2001, p. 425).

Acresça-se que a Lei 8.987/1995, no art. 13, prevê a possibilidade de diferenciação de tarifas, em função das características técnicas, dos custos específicos e dos *distintos segmentos de usuários*. Transcrevo o dispositivo:

> Art. 13. As tarifas poderão ser diferenciadas em função das características técnicas e dos custos específicos provenientes do atendimento aos distintos segmentos de usuários.

O artigo em comento permite, dessa forma, a fixação de tarifa social ou subvencionada, em virtude da ausência de recursos do usuário. A possibilidade vem a corroborar o entendimento defendido. A propósito, tenha-se de Marçal Justen Filho, comentando a norma:

"O primeiro tópico a discutir refere-se à admissibilidade da vinculação das tarifas a circunstâncias subjetivas patrimoniais dos usuários. Aplicar-se-ia uma modalidade do princípio da capacidade contributiva, de molde a que os desvalidos do destino recebessem tratamento mais favorecido. Não parece questionável a validade (aliás, obrigatoriedade) dessa solução, em face dos princípios constitucionais fundamentais. (...) A solidariedade consagrada constitucionalmente significa, como inúmeras vezes afirmado, que a *ausência de recursos não pode constituir obstáculo à fruição de serviços públicos*. Aliás, muito ao contrário, a pobreza exige intervenção protetora do Estado e pressupõe necessidade muito mais intensa de receber serviços aos quais o indivíduo não tem acesso por outra via" (ob. cit., p. 164).

Outrossim, o art. 11, também da Lei de Concessões, possibilita que o Poder Concedente preveja, em favor da concessionária, outras fontes de receitas, o que estaria a viabilizar a transferência dos encargos mencionados. Dispõe o art. 11:

> Art. 11. No atendimento às peculiaridades de cada serviço público, poderá o poder concedente prever, em favor da concessionária, no edital de licitação, a possibilidade de *outras fontes provenientes de receitas alternativas, complementares, acessórias ou de projetos associados, com ou sem exclusividade, com vistas a favorecer a modicidade das tarifas*, observado o disposto no art. 17 desta Lei.
>
> Parágrafo único. As fontes de receita previstas neste artigo serão obrigatoriamente consideradas para a aferição do inicial equilíbrio econômico-financeiro do contrato.

Os argumentos de ordem capitalista não impressionam. O Estado e as concessionárias, ou os fornecedores de serviços públicos, é que existem para o cidadão-usuário, não o reverso, sendo esta a tônica a nortear as relações estabelecidas, como suficientemente demonstrado.

Todo entendimento exposto adquire caráter de maior relevância quando se verifica que os serviços de água e esgotamento sanitário são de natureza compulsória, consistindo em instrumento de salubridade e de saúde públicas, não havendo, dessa forma, faculdade do usuário de aderir ou não ao serviço.

Quanto ao caráter impositivo do serviço de água, assentou este Tribunal, no julgamento do REsp 167.498-SP, Rel. Min. José Delgado, *DJ* 24.8.1998:

> *Tributário. Serviço de fornecimento de água. Taxa. Natureza tributária.*

1. O serviço de fornecimento de água e esgoto é cobrado do usuário pela entidade fornecedora como sendo taxa, quando tem compulsoriedade.

2. Trata-se, no caso em exame, de serviço público concedido, de natureza compulsória, visando atender necessidades coletivas ou públicas.

3. (...).

4. Prevalência no ordenamento jurídico das conclusões do X Simpósio Nacional de Direito Tributário, no sentido de que "a natureza jurídica da remuneração decorre da essência da atividade realizadora, não sendo afetada pela existência da concessão. O concessionário recebe remuneração da mesma natureza daquela que o Poder Concedente receberia, se prestasse diretamente o serviço" (*RF* 299/40, jul.-set. 1987).

5. O art. 11 da Lei 2.312, de 3.9.1994 (Código Nacional de Saúde) determina: "É obrigatória a ligação de toda construção considerada habitável à rede de canalização de esgoto, cujo afluente terá destino fixado pela autoridade competente".

6. (...).

7. Obrigatoriedade do serviço de água e esgoto. Atividade pública (serviço) essencial posta à disposição da coletividade para o seu bem-estar e proteção à saúde, no Município de Santo André.

8. "A remuneração dos serviços de água e esgoto normalmente é feita por taxa, em face da obrigatoriedade da ligação domiciliar à rede pública" (Hely Lopes Meirelles, *Direito Municipal Brasileiro*, 3ª ed., São Paulo, Ed. RT, 1977, p. 492).

9. "Se a ordem jurídica obriga a utilização de determinado serviço, não permitindo o atendimento da respectiva necessidade por outro meio, então é justo que a remuneração correspondente, cobrada pelo poder Público, sofra as limitações próprias do tributo" (Hugo de Brito Machado, "Regime tributário da venda de água", *Revista Jurídica da Procuradoria-Geral da Fazenda Estadual/Minas Gerais* 5/11).

10. (...).

11. Recurso especial provido.

Por fim, vale transcrever o entendimento de Luis Sanchez:

"(...) El mercado libre, y el libre juego de la oferta e demanda son un instrumento económico necesario o utilísimo, pero de sí no producen justicia, ni por consiguiente solidaridad. (...) En definitiva, nos guía una visión en la que por un lado, el hombre sigue siendo la medida, porque el Estado es para el hombre y non el hombre para el Estado, y por el otro lado tampoco compartimos la postura de los que entronizan la utilidad y la convierten en el rector de la gestión de gobierno, los que confunden bien común con superávit, los que priorizan la balanza comercial por sobre la balanza de la justicia distributiva. Vamos llegando así al nudo gordiano de nuestras reflexiones en torno al servicio público, instituto que, como ya hemos adelantado, se encuentra necesariamente imbricado con los fines del Estado, dado que, si el bien común es la meta del Estado, la autoridad su herramienta y la solidaridad su camino (...)" (Luis R. Pérez Sánchez, ob. cit., p. 54).

"(...) O mercado livre, o livre jogo da oferta e demanda são um instrumento econômico necessário ou utilíssimo, mas de si não produzem justiça, nem por conseguinte solidariedade. (...) Em definitivo, nos guia uma visão de que, por um lado, o homem segue sendo a medida, porque o Estado é para o homem e não o homem para o Estado, e por outro lado, tampouco compartilhamos da postura dos que entronizam a utilidade e a convertem no retor da gestão de governo, os que confundem bem comum com superávit, os que priorizam a balança comercial sobre a balança da justiça distributiva. Vamos chegando assim ao nó górdio de nossas reflexões em torno do serviço público, instituto, que como já temos adiantado, se encontra necessariamente imbricado com os fins do Estado, dado que, se o bem comum é a meta do Estado, a autoridade sua ferramenta e a solidariedade seu caminho (...)."

Assinalo que a missão institucional deste E. STJ é, por imposição constitucional, a de uniformização do direito federal. Cumpre-nos, dessa forma, firmar o entendimento acerca da questão federal suscitada, entregando ao jurisdicionado, em casos idênticos, resposta firme, certa e homogênea. Entendo, na esteira do aduzido, que o posicionamento deste Tribunal, na hipótese tratada, deve ser em relação à tese jurídica submetida à apreciação, concluindo pela possibilidade ou não do corte de fornecimento de serviço essencial, descabidas considerações casuísticas.

Posto isso, dou provimento ao recurso.

VOTO-VISTA

O Exmo. Sr. Min. Francisco Peçanha Martins: Na República, não há falar nos cofres ou jóias da Coroa. O Estado tem cofre vazio e o enche com a cobrança de impostos, taxas, contribuições, enfim, tributos. Os serviços públicos, essenciais ou necessários, são custeados diretamente pelo Estado mediante verbas públicas orçamentárias ou por terceiros, concessionários e permissionários, remunerados pelos usuários dos bens ou serviços prestados. Assim temos, por exemplo, o pagamento de pedágio para remunerar o custo de construção e manutenção de estradas, e tarifas para pagar o custo do fornecimento de bens e serviços, como, por exemplo, água, luz, telefone e até serviços bancários.

Temos, então, que todos os bens e serviços essenciais ou necessários são custeados diretamente pelos cidadãos, seja mediante e recolhimento do tributo, seja pelo pagamento de tarifas e preços públicos.

Assim é no regime democrático, capitalista ou socialista. Nada acontece de graça, e hoje, com a pilha, nem o relógio trabalha de graça.

As empresas concessionárias, sejam de que natureza for (de economia mista ou privada) têm custos e despesas e devem remunerar os seus investidores. Por isso, devem perseguir o lucro, ainda que limitado no âmbito razoável no ramo da prestação dos chamados serviços públicos.

Não há, pois, como escapar dessa realidade. Não há serviços gratuitos. Mesmo aqueles em que o beneficiário nada despende, alguém está pagando por ele, ou seja, a coletividade dos contribuintes tributários, financiadores do Estado Democrático.

Em se tratando de usuários de serviços públicos de água, luz e telefone, a Lei de Regência dos contratos travados entre eles e os prestadores concessionários é a de n. 8.078/1990.

Mas não encontrei entre os seus artigos as definições dos deveres dos usuários e consumidores, e sim dos deveres e obrigações para os prestadores, fornecedores de serviços e vendedores de bens.

Ocorre, porém, que os contratos de venda ou de prestação de serviços são de natureza comutativa, vale dizer, impõem deveres e obrigações às partes contratantes.

E sendo os contratos de trato sucessivo? Imporá a lei a continuação na prestação do serviço sem a contrapartida de pagamento do devido preço?

O eminente Min. Medina, calcado na lição de mestres administrativistas e não menos ilustres julgadores, defende a infle xibilidade do princípio da continuidade do serviço público com fulcro no art. 39 da Lei 8.987/1995, conhecida como Lei das Concessões, submetida só à sentença trânsita em julgado.

De notar-se que a Lei 8.987/1995 regula a relação entre o Poder concedente e as concessionárias, e expressamente autoriza no art. 6º, § 3º, II, a suspensão da prestação do serviço após o devido aviso ao usuário.

Os arts. 22 e 42 do CDC não autorizam o inadimplemento do contrato, caracterizador, sim, do ilícito contratual. Após a configuração da mora mediante *aviso* de corte do fornecimento, pode a concessionária suspender a prestação do serviço. A lei não consagra o ilícito, nem poderia o Judiciário agasalhá-lo.

É certo que, cogitando de serviço público e até dito essencial, deve merecer cuidados do legislador e do administrador da concessionária.

De qualquer modo, não pode ser considerado ilegal, ilegítimo ou abusivo o agir dentro nos limites traçados pela lei, nem se pode consagrar o ilícito contratual.

À vista do exposto, pedindo vênia ao Min. Medina, acompanho o voto da Relatora, negando provimento ao recurso.

Comentários de

Haroldo Malheiros Duclerc Verçosa

O acórdão sob comentário foi proferido pela 2ª Turma do STJ, havendo prevalecido por maioria o voto da Ministra-Relatora Eliana Calmon, com a adesão dos Ministros Franciulli Neto e Francisco Peçanha Martins. Voto contrário, vencido, foi dado pelo Ministro Paulo Medina.

Trata-se da tão discutida questão do direito que tem o concessionário de interromper o fornecimento de bem essencial em razão do inadimplemento do destinatário. A decisão da 2ª Turma foi dada em sentido contrário àquele que, no Superior Tribunal de Justiça, tem sido adotado pela 1ª Turma.

A matéria no âmbito do Judiciário, portanto, comportará desdobramentos posteriores até que se chegue a uma posição definitiva do Plenário. Isto se o tema não vier a ser necessariamente submetido ao crivo do Superior Tribunal de Justiça em vista de eventuais discussões sobre aspectos constitucionais da prestação de serviços essenciais e de direitos dos seus consumidores, que estariam resguardados pela Magna Carta.

Em casos como este o operador do direito fica na difícil situação de ter de chegar a uma solução baseado na razão, enquanto o coração pode tender para um resultado oposto.

1. O regime jurídico da prestação de bens essenciais (água, no caso)

A vida moderna, passada no ambiente da cidade, dentro da qual os particulares não poderiam produzir ou buscar certos tipos de bens considerados essenciais, faz com que por eles se responsabilize o Estado, efetuando a sua disponibilidade na modalidade de *serviço público*. Este é o caso da água, da eletricidade, do gás de rua (a ser utilizado em prédios de apartamentos, nos quais o uso de botijões é proibido) etc. Observe-se que o transporte, considerado serviço público, apresenta um caráter diferenciado na medida em que dele é obrigada a utilizar-se somente a parcela da população que não tem condições financeiras de arcar com um sistema privado (automóvel, motocicleta, bicicleta etc.).

O conceito de essencialidade é relativo. No campo, a água pode ser providenciada no córrego próximo ou em poços. A luz poderá vir do lampião a querosene ou de velas. O transporte pode ser feito a cavalo. Ou seja, são bens colocados no âmbito do interesse privado. Mas nas cidades, as condições são bem diversas e exigem uma solução por conta do Estado. Tais bens passam para o campo do interesse público.

O fornecimento de tais bens apresenta um custo financeiro elevado e, para prestá-los, o Estado vale-se de mecanismos de exploração direta financiada por meio de impostos, ou da concessão do serviço a terceiros, que os fornecerão mediante a cobrança dos custos pelos usuários. Neste último caso, embora a natureza do serviço remanesça como pública, o fornecimento dos bens correspondentes passa a ser feito pela iniciativa privada, a qual requererá remuneração suficiente para o pagamento dos seus custos e geração de lucros para os titulares da atividade. Chega-se, então, a um embate de interesses contrários, quais sejam, o direito a bens essenciais pelos destinatários e o direito a ser pago em função do exercício de uma atividade remunerada por parte dos fornecedores.

Em resumo, podem ser recolhidas as seguintes posições básicas em discussão na doutrina e na jurisprudência sobre o tema em pauta:

(i) Ao Estado cabe o fornecimento gratuito dos serviços essenciais, considerando-se que o acesso aos mesmos é um requisito para uma vida digna

Esta é uma situação extrema que somente teria lugar em economias plenamente socialistas, cuja fonte de recursos viria da população em geral, além das receitas auferidas pelo setor produtivo estatal. O sistema está desaparecido ou francamente em declínio.

(ii) Ao Estado cabe o fornecimento direto e remunerado dos serviços essenciais

Neste caso, o Estado deverá obrigatoriamente providenciar por si mesmo o fornecimento de tais bens, cobrando o seu custo, mas sem visar lucro. Este sistema é ainda encontrado em algumas economias nitidamente socialistas.

(iii) Ao Estado cabe o fornecimento remunerado dos serviços essenciais, o que pode ser feito por meio de concessões a empresas privadas

Ora, conforme dito acima, agentes privados, de natureza empresária segundo os termos do novo Código Civil, irão buscar a realização de lucro no exercício de sua atividade. Caberá ao Estado concedente da autorização para o exercício da atividade regular o montante da remuneração do concessionário dentro de parâmetros não abusivos. A fiscalização das empresas privadas em tais situações fica a cargo de Agências Reguladoras estatais. Como se sabe, este é o modelo da maioria dos Estados capitalistas.

Duas vertentes podem ser aferidas dentro deste último esquema: no primeiro caso, inadimplente o destinatário, o serviço não poderia ser interrompido, cabendo a cobrança dos custos correspondentes segundo as regras do direito comum, ou a transferência de tal responsabilidade ao Estado concedente, ressarcida a empresa concessionária. A segunda solução estaria na permissão da interrupção do serviço por falta de pagamento, tendo em conta que o fornecedor é uma empresa privada.

(iv) Os serviços essenciais são fornecidos pelos particulares dentro de um esquema de economia de mercado

Esta seria a situação de uma economia estritamente capitalista hipotética, dentro da qual os particulares poderiam assumir por sua conta e risco a prestação de serviços essenciais dentro das regras da livre concorrência.

Vejamos, à luz dos parâmetros acima, como a matéria tem sido colocada no Direito brasileiro, verificando-se que, na grande maioria dos casos, a forma de acesso aos serviços essenciais dá-se por meio do instituto da concessão.

2. *Argumentos contra o corte da prestação dos serviços essenciais*

São alinhavados abaixo os argumentos que surgem da leitura do acórdão cujo comentário ora se faz, contrários ao corte dos serviços essenciais:

a) Trata-se de relação de consumo em serviços essenciais e, por isto, o Estado deve mantê-lo compulsoriamente, até mesmo a título gratuito a quem não pode pagar;

b) Tendo em conta a essencialidade dos bens correspondentes a serviços públicos prestados, seu fornecimento não pode ser interrompido, cabendo ao fornecedor procurar receber a contraprestação pelos mecanismos do direito comum;

c) Nos termos do art. 22 do Código de Defesa do Consumidor, as entidades responsáveis pelo fornecimento de serviços públicos devem fazê-lo de forma adequada, eficiente, segura e, quando se trata de serviços essenciais, de forma contínua, devendo reparar os danos causados pelo descumprimento destes requisitos;

d) Na cobrança de débitos relacionados aos serviços essenciais, os consumidores não podem ser expostos ao ridículo, nem submetidos a qualquer tipo de constrangimento, nos termos do art. 42 do Código de Defesa do Consumidor;

e) O corte do fornecimento de bem essencial caracterizaria uso arbitrário das próprias razões, extravasando o limite da legalidade, sendo proibido por tal meio substituir a ação adequada de cobrança;

f) O corte de energia (no caso do bem eletricidade considerado essencial, por exemplo), mesmo autorizado pelo Código de Defesa do Consumidor é previsto *uti singuli*, ou seja, da concessionária *versus* o consumidor isolado e inadimplente. Esta previsão não seria extensível à Administração Pública por força do princípio da continuidade, derivado da supremacia do interesse público;

g) O direito não pode prestigiar a atuação da justiça privada (corte do fornecimento de bem essencial) especialmente quando exercida por credor econômica e financeiramente mais forte do que o devedor, em largas proporções. A admissão de tal direito afrontaria os princípios constitucionais da inocência presumida e da ampla defesa;

h) O direito do cidadão de utilizar-se dos serviços públicos essenciais para a sua vida em sociedade deve ser interpretado com vistas a beneficiar a quem deles se utiliza (e não do fornecedor, conseqüentemente);

i) O corte do fornecimento de bens essenciais afronta os princípios constitucionais da dignidade da pessoa humana, do valor social do trabalho e da realização da justiça social, superiores em eficácia a preceitos contratuais (voto-vista);

j) Serviço público concedido permanece sempre como serviço público e assim deve ser interpretado no tocante aos direitos e deveres originados de sua prestação, não podendo ser suprimido quando se caracteriza como essencial (voto-vista);

l) Não sendo possível ao fornecedor de serviços públicos essenciais cobrar seu custo do usuário em razão da carência econômica deste, cabe ao Estado custear a sua manutenção, se for o caso mediante a elevação das tarifas devidas pelos usuários não carentes. Nesta última hipótese, a comunidade arcará com tal custo, atendendo-se o princípio da solidariedade social, utilizando-se também de subvenções, subsídios ou garantias de rendimento. De acordo com o art. 13 da Lei 8.987/1995, as tarifas podem ser diferenciadas em função das características técnicas e dos custos específicos provenientes do atendimento aos distintos segmentos de usuários, do que resultaria a fixação de tarifa social ou subvencionada em virtude da ausência de recursos do usuário (cf. Marçal Justen Filho e Marcello Caetano, citados no voto-vista);

m) a pobreza exige intervenção protetora do Estado e pressupõe necessidade muito mais intensa de receber serviços aos quais o indivíduo não tem acesso se depender de poder pagá-los;

n) O concedente pode prever em favor do concessionário a possibilidade de acesso a fontes de receita alternativas, com vistas a favorecer a modicidade das tarifas (Lei 8.987/1995, art. 11); e

o) O Estado e as concessionárias fornecedores de serviços públicos é que existem para o cidadão usuário e não o contrário, considerando que o mercado livre, o jogo da oferta e demanda são um instrumento econômico necessário e utilíssimo, mas de si não produzem justiça, nem solidariedade (cf. Luis Sanchez, citado no voto-vista).

3. *Argumentos favoráveis ao corte da prestação dos serviços essenciais em vista da inadimplência*

a) Os serviços essenciais são prestados por empresas privadas, as quais repõem os elevados investimentos com o valor recebido dos usuários, dentro dos preços permitidos pelo poder concedente. Há um contrato evidentemente oneroso entre a concessionária e o usuário. No sistema vigente, não se trata de gratuidade. De um lado, a concessionária não pode deixar de prestar o serviço; do outro, o usuário não pode deixar de pagar, sob pena de enriquecer-se indevidamente às custas da primeira em relação à qual se apropria de uma vantagem patrimonial. O corte fundado no inadimplemento do usuário e considerado o interesse da coletividade é regulado pelo art. 6º, § 3º, II, da Lei 8.987, de 13.2.1995;

b) A lei apenas proíbe o corte abrupto, sem precedente aviso de advertência;

c) Desde que a cobrança se faça pelos meios legítimos, não se pode falar de procedimento vexatório para com o consumidor;

d) O Brasil é um país com um contingente de pobres e excluídos em número assustador, estando a inadimplência na pobreza generalizada e no desemprego (voto da Relatora);

e) Em uma economia de livre mercado, a continuidade da atividade empresarial na prestação dos serviços essenciais somente será viável se houver retorno dos investimentos econômicos (voto da Relatora);

f) O inadimplemento dos consumidores pobres não pode ser resolvido pelos meios normais de cobrança porque os devedores não têm bens para viabilizá-la, de forma a garantir a execução (voto da Relatora).

4. *Análise crítica dos argumentos apresentados contra e a favor do corte do fornecimento pelo concedente*

No fundo, afastados alguns erros de interpretação dos princípios constitucionais e da legislação ordinária aplicável aos serviços públicos, as duas posições se aproximam. Em primeiro lugar, é reconhecido que o Estado, no atendimento dos princípios da dignidade da pessoa humana e da justiça social deve proporcionar o acesso aos bens essenciais por parte da população que por eles não pode pagar. De outro lado, o regime adotado para a disponibilização de tais bens no Direito brasileiro é o capitalista, tratando-se de serviço pago segundo a medida do seu uso.

Aqueles que negam o direito de corte dos serviços em causa nas situações de inadimplência, apoiados nos argumentos acima, se esquecem que, muitas vezes, o legislador baixa normas programáticas cuja realização efetiva não foi concomitantemente instrumentalizada tratando-se de regras não auto-aplicáveis. Por mais valioso que seja o bem jurídico a atender de forma plena, este resultado somente dar-se-á em um momento futuro, quando o caminho possível para chegar a tal objetivo puder ser construído.

A visão mais coerente dos defensores do direito de corte dos serviços não pagos reconhece a injustiça social presente na perda do direito de uso de bens essenciais por motivo do não pagamento correspondente, mas alega que não pode deixar de lado o fato de que as empresas concessionárias têm custos e por eles devem ser remuneradas, sabedora também que não se pode de forma indiscriminada socializar tais custos, fazendo o resto da sociedade pagar por eles.

Ao dizer o art. 22 do Código de Defesa do Consumidor que os serviços devem ser contínuos, a regra aplica-se às concessionárias no sentido de que o acesso pelos usuários deve dar-se sem solução de continuidade, sob um aspecto genérico, ou seja, a cada momento que de tais serviços alguém necessitar, eles devem estar disponíveis. Assim sendo, é errada a interpretação segundo a qual o usuário inadimplente mesmo assim deve manter o direito de utilizá-los de forma contínua. Houve uma inversão do entendimento do texto.

Não é verdade que o corte no fornecimento dos bens essenciais represente uso arbitrário das próprias razões, somente cabendo ao credor valer-se da ação de cobrança. Como se explica, então, que o locatário inadimplente possa ser despejado do imóvel ao invés do locador tão-somente contentar-se com a ação judicial para recebimento dos aluguéis atrasados? Se a moda deste argumento pegar, vai ser uma verdadeira festa no setor da locação imobiliária.

O argumento correspondente à situação de hipersuficiente em relação ao concessionário dos serviços públicos e de hipossuficiente quanto ao usuário de baixa renda não pode prosperar na medida em que há uma imensa quantidade de hipossuficientes, resultando que a soma não paga dos seus débitos levaria o fornecedor à ruína, com conseqüências extremamente negativas para toda a comunidade.

Não se verifica ofensa ao princípio da inocência presumida e ao direito de plena defesa considerando que a conta não paga é prova suficiente do inadimplemento do devedor, fato que somente pode ser afastado pela prova de erro no lançamento.

O repasse pela concessionária ao Estado do valor a receber dos usuários pobres inadimplentes não tem previsão legal e, caso feito, geraria despesas extra orçamentárias vultosas e imprevisíveis. A elevação de tarifas para os demais usuários representaria injustiça para aqueles que mantém suas contas em dia relativamente ao pagamento dos serviços públicos fornecedores de bens essenciais com enorme sacrifício e renúncia ao consumo de outros bens. Não é este o caminho a trilhar.

É evidente que a existência de pobreza em um país exige uma forte intervenção do Estado para minorá-la (ou extingui-la, em um modelo econômico ideal), mas não se pode quebrar o equilíbrio econômico segundo o qual foi construído o sistema de prestação de serviços públicos essenciais sob pena de ruptura total.

O recursos a fontes de receita alternativas com o objetivo de tornar módicos os custos de tais serviços não pode levar à aceitação de uma inadimplência generalizada, que resultaria como estímulo ao reconhecimento da proibição de seu corte pelo concessionário.

O art. 13 da Lei 8.987/1995 refere-se a custos diferenciados de produção e de fornecimento segundo os destinatários. Existirão custos mais baratos e custos mais elevados em relação, por exemplo, à menor ou à maior proximidade das fontes produtoras. Nestes casos, é justo que pague menos quem tem custo menor e pague mais quem tem custo maior.

Conclusão

Os argumentos favoráveis ao corte dos serviços falam por si mesmos, dentro das realidades econômica e jurídica que afetam esta matéria.

Do ponto de vista estritamente jurídico não podia chegar o Superior Tribunal de Justiça à solução diversa da exposta no voto da Ministra Relatora e acompanhado pela maioria.

Este fato não afasta a necessidade de se repensar o modelo econômico, de maneira a que o processo de inclusão social possa levar as pessoas hoje carentes a se tornaram consumidores capazes de honrarem as suas contas. Muitas vezes o fornecimento gratuito do bem poderá ser a condição da superação da situação de marginalidade econômica como, por exemplo, o acesso à eletricidade para o funcionamento de uma microempresa. Mas tal uso deveria ser concedido por tempo limitado e dentro de um projeto econômico de viabilidade da atividade do usuário assim favorecido.

Medidas legislativas e judiciais demagógicas terminam por causar rombos às finanças do Estado, dando margem ao surgimento dos conhecidos "*esqueletos financeiros*", que, criados por governantes anteriores, levam os futuros a ter que "*enterrá-los*", à custa de toda a sociedade e, o que é pior, sem levar à solução do problema da pobreza que se perpetua e aumenta cada vez mais.

Do ponto de vista social, o Governo deve armar-se de instrumentos destinados à inclusão de comunidades afastadas no mercado de produção (são pessoas eternamente desempregadas), proporcionando que venham a entrar dignamente depois no mercado de consumo. A esmola é paliativo para a fome mas não tira o esmoler da rua.

E, caso o Governo venha a criar mecanismos artificiais para fazer doação de serviços públicos a pessoas carentes, a partir de receitas orçamentárias dirigidas, todo cuidado será pouco para que não surjam as costumeiras fraudes, com muitas raposas passando-se por galinhas.

Textos Clássicos

A ATIVIDADE DO EMPRESÁRIO*

TULLIO ASCARELLI

(Tradução de ERASMO VALLADÃO A. E N. FRANÇA)

1. A atividade do empresário. 2. Econômica. 3. Dirigida à produção e à troca. 4. Profissões liberais. 5. Atividades auxiliares. 6. Licitude. 7. Organização.

1. O art. 2.082[I] não se refere simplesmente — já notamos — à uma atividade e à uma atividade autônoma, mas à uma atividade *econômica, dirigida à produção ou à troca de bens ou serviços, organizada,* exercida *profissionalmente.*

Ao fazer recurso aos mencionados termos, o Código os considera na sua corrente valoração social (menos exatamente se costuma dizer: no seu significado econômico). O art. 2.082 (assim como, na legislação ab-rogada, os arts. 3º e 4º do Código de Comércio) constitui, na verdade, uma norma qualificativa ou delimitativa, que, em substância, determina o âmbito no qual se aplicarão determinadas normas. A definição jurídica de empresário importa, por isso, o apelo a conceitos não definidos no sistema e cujo alcance deve valorar-se em relação à concepção social corrente.

2. Com *econômica,* ali se faz referência à uma atividade criadora de riqueza e, por isso, de bens (art. 810 do Código Civil) ou ainda, como resulta do mesmo artigo, de serviços patrimonialmente avaliáveis (e v. tb. art. 1.174, CC). Também estes, embora não constituindo coisas, constituem "riquezas", porque vem comparativamente aumentando de importância, na economia, a produção de serviços, sempre mais numerosos.

É econômica, e criadora de riqueza, não só, portanto, a atividade do agricultor (às vezes economicamente qualificada como primária), mas também aquela (às vezes economicamente qualificada como secundária) do industrial produtor e, bem assim (e, às vezes, a este respeito se fala de modo geral de serviços ou de atividade terciária), aquela de quem se interpõe na troca de bens porque, com a sua melhor distribuição, aumenta-lhes a utilidade; aquela do condutor, voltada ao transporte, e aquela do segurador, voltada ao seguro (e,

* N. do T.: o texto, a seguir, consiste no Capítulo VII do *Corso di Diritto Commerciale* (3ª ed., Milão, Giuffrè, 1962, pp. 161-185). A tradução procurou ser o quanto possível literal e respeitar fielmente o estilo do autor. As notas em números arábicos são do autor; as notas em números romanos, do tradutor. O tradutor agradece às contribuições dos Profs. Paula A. Forgioni e Francisco Satiro de Souza Júnior para alguns trechos da tradução.

N. do E.: publicamos, na *RDM* 109, o Capítulo VI — "O Empresário" (Ascarelli, ob. e loc. cits., trad. Fábio Konder Comparato, pp. 145-160).

I. Art. 2.082 do CCI (Código Civil Italiano). "É empresário quem exerce profissionalmente uma atividade econômica organizada, dirigida à produção ou à troca de bens ou de serviços (arts. 230-*bis*, 320, 371, 397, 425, 1.330, 1.368, 1.400, 1.510, 1.722, n. 4, 1.824, 2.135, 2.195, 2.238 e 2.247)".

veremos, mesmo aquela do "especulador", que assume, também ele, uma função em relação à distribuição do risco); aquela voltada a oferecer serviços (como a dos empresários de espetáculos) que, na valoração social, são patrimonialmente avaliáveis e avaliados, embora satisfaçam necessidades recreativas atinentes ao nosso conforto.

Sendo preciso, pode-se ainda recorrer ao art. 2.195[II] (que, dentro em pouco, teremos ocasião de ilustrar), porque, como tem sido agudamente observado, o elenco dos empresários comerciais ali contido pressupõe a qualidade de empresário dos mesmos e, por isso, concorre para esclarecer a definição do art. 2.082.

Óbvia, por essa razão, a distinção entre a atividade empresarial e as atividades não econômicas (mesmo quando possam ser indiretamente relevantes para a criação da riqueza); entre estas, a atividade do cientista pesquisador da verdade, do artista criador do belo e do próprio inventor, voltada à solução de um problema técnico (enquanto será empresarial[1] a atividade voltada à exploração de uma invenção ou à reprodução de uma obra de arte, pois diz respeito à criação de produtos que, como tais, relacionam-se ao domínio da economia), para não falar das atividades políticas, religiosas, de distribuição de bens de forma benéfica, e assim por diante.

Não é econômica a atividade de mera fruição (ainda que implique uma atividade de administração, mesmo por meio de prepostos, porque, também neste segundo caso, não se verifica uma produção de riqueza). Não é, por essa razão, econômica a atividade do proprietário de muitos imóveis em administrá-los (mesmo através de adequada organização) e receber-lhes os aluqueres, justamente porque, em substância, direcionada à fruição, não importando produção de riqueza, assim como não é "econômica" a atividade de quem recebe os rendimentos dos próprios investimentos. Mas é econômica (se bem que, por outro lado, quando não for profissional, não será empresarial) a atividade de quem adquire imóveis para revendê-los, ou para locá-los (e, por isso, de uma sociedade constituída para revender ou locar imóveis).

É, por sua vez, econômica, no meu entender, a atividade de gestão, quando ela (como relativamente a um estabelecimento comercial administrado diretamente e não, ao invés, concedido em fruição a outros que o administrem) utiliza o bem qual instrumento para a produção de nova riqueza e, portanto,[2] a exploração do estabelecimento implica a qualificação de empresário àquele ou àqueles em cujo nome tem lugar a exploração [permanecendo, pois, questão distinta, a de verificar quando a exploração de um estabelecimento por parte de vários sujeitos, aos quais o estabelecimento seja comum, como na hipótese de estabelecimento em comunhão hereditária, implique a existência de uma sociedade entre os mesmos sujeitos;[3] da resposta a esta questão dependerá, ou não, a admissibilidade daquela que tem sido dita uma comunhão de empresa, em contraposição à sociedade].

Não é, por isso, contrariamente a que às vezes tem sido dito, de mera administração a atividade agrícola, obviamente produtora de nova riqueza e claramente coordenada com o emprego de capitais e trabalho, mesmo se lhe são óbvias as diferenças (pelo ciclo produtivo, pela prevalente importância do elemento imobiliário e, na nossa fase cultural, freqüentemente pela própria estrutura da propriedade ou da produção) em relação à atividade comercial e industrial.

II. V. mais adiante, na nota X, a tradução do art. 2.195 do CCI.

1. Cf. Ap. Genova, 6 de junho de 1955, *Foro Pad.*, 1956, I, 508.

2. Cass., 10 de outubro de 1955, n. 2.961, *Giust. Civile*, 1956, I, 476, referindo-se ao voluntário exercício de uma atividade comercial.

3. Cass., 11 de março de 1954, n. 594, *Monitore Trib.*, 1954, 236.

A diferença entre atividade econômica e de mera fruição resulta evidente comparando a atividade de quem administra o fundo com aquela de quem o dá em locação, de modo que o locatário [que será, então, o sujeito da atividade econômica e, portanto, o empresário[4]] administrará em nome e por conta própria o bem, como instrumento para a produção de riqueza, cumprindo em nome próprio os atos respectivos, aos quais o proprietário, que se limita à fruição do foro convencionado, permanece estranho, não podendo por isso ser qualificado de empresário.[5]

3. A atividade deve ser dirigida à produção ou à troca e me parece que se deva interpretar à produção pela troca ou para a troca (quer dizer, aos atos de troca precedidos de outros de troca dos mesmos bens ou serviços).

Não ocorre por isso, no meu entender, a figura do art. 2.082, no cultivador que cultive para o próprio consumo, ou em quem fabrique para o próprio consumo e, assim também (pois, seja como for, faltaria neste caso o requisito da profissionalidade, que mais além invocaremos), em quem — seja embora contratando prestadores de serviço de forma direta — construa uma casa para nela habitar, ou estabeleça, no próprio porão, uma oficina para fabricar os móveis da própria habitação, e assim por diante (e note-se como o problema possa se propor para a atividade agrícola e para aquela industrial; não para aquela de troca). O titular da atividade deve ser diverso do destinatário último do produto, isto é, a sua atividade deve ser destinada a satisfazer necessidades de outrem (e, por isso, creio que a referência do 2.083[III] ao cultivador direto como "pequeno empresário", ou seja, como empresário, deva interpretar-se em relação àquele cultivador direto que seja empresário no sentido do 2.082, e não também àquele que produza somente para o próprio consumo). Quando isto não ocorre nos encontramos em uma economia que eu diria individualisticamente autárquica; o ciclo econômico se exaure no âmbito de um só sujeito, enquanto o art. 2.082 é voltado exatamente para uma disciplina do ciclo econômico que interessa a vários sujeitos.

Não é, porém, normalmente destinada ao consumo do próprio sujeito a atividade do agricultor, também ela usualmente destinada ao mercado, ainda quando não se trate de agricultura "industrializada"; não o é, nem menos normalmente, aquela do cultivador direto (isto é, daquele — v. art. 1.647[IV] — que cultiva o fundo prevalentemente com o próprio trabalho e de pessoas de sua família), que da mesma forma normalmente destinará ao mercado uma parte (de resto, não irrelevante) da própria produção (e se pense no horticultor, no floricultor, e assim por diante), podendo então ser considerado como empresário e, mais precisamente (art. 2.083), como pequeno empresário.[6]

Na hipótese de coexistência entre produção para a troca e para o consumo pessoal, a aplicabilidade do art. 2.082 ocorre independentemente da respectiva importância das duas atividades, sempre que a segunda,[V] em si considerada, apresente as características do art. 2.082.

Na verdade, não é a prevalência da atividade do art. 2.082 sobre outras, even-

4. Cass., 6 de março de 1951, n. 552, *Foro it.*, 1951, I, 1.043.

5. Cass., 30 de junho de 1943, n. 1.646, *Foro it.*, Rep. 1.943 1.945, verbete "Impresa Agricola", n. 5; e lembra também, em sede tributária, a distinta consideração entre o rendimento dominical e aquele da empresa agrícola.

III. Art. 2.083 do CCI: "São pequenos empresários os cultivadores diretos do fundo (art. 1.647), os artesãos, os pequenos comerciantes e aqueles que exercem uma atividade profissional organizada prevalentemente com o próprio trabalho e dos componentes da família (arts. 2.202, 2.214 e 2.221)".

IV. *Sic*, no original, "art. 1.347".

6. Cass., 6 de março de 1951, *Foro it.*, 1951, I, 1.043.

V. *Sic*, Ascarelli está se referindo aqui, na verdade, à *primeira* atividade (de produção para a troca) e não à segunda (de produção para o consumo pessoal), como fica claro na frase seguinte do texto.

tualmente coexistentes, mas a sua simples ocorrência que importa a aplicação da disciplina respectiva (que, por outro lado, não exclui aquela própria de outras atividades exercidas de forma eventual), e tornaremos outras vezes a referir-nos a este critério.

A produção e a troca não devem, porém, necessariamente ser destinadas ao mercado em geral; pode ser suficiente que sejam dirigidas somente a um ambiente restrito (desde que não familiar), ou até somente a um sujeito determinado (como uma atividade que se resuma em produtos reservados de forma exclusiva para um só adquirente), ou a um mercado predeterminado, como ocorre com uma cooperativa de consumo (expressamente definida como empresa no Código) que se dedique exclusivamente à aquisição de gêneros para os cooperados.

A atividade do empresário é, além disso, sempre dirigida ao mercado, ainda quando — dada a pluralidade dos estabelecimentos que, veremos, podem pertencer a um mesmo empresário —, os produtos de um estabelecimento sejam exclusivamente destinados para outro estabelecimento do mesmo empresário que, em seguida, os coloque no mercado, ou os transforme (ou utilize) para colocar no mercado os produtos assim obtidos. Ainda nesta hipótese, a atividade do empresário é do mesmo modo de maneira definitiva dirigida ao mercado e não ao consumo pessoal. Por isso, esta hipótese não pode ser invocada para estender a noção de empresário também a quem produza para o próprio consumo pessoal.

Pode ocorrer (e encontraremos um problema análogo tratando do intento lucrativo do empresário) que, na visão geral que presidiu o Código, a atividade de produção para o consumo do mesmo produtor pudesse entrar na noção de empresa (e alguns problemas que se colocam para o cultivador direto são independentes da alienabilidade na destinação do produto); mas, como quer que seja, dita tese não se traduziu normativamente no art. 2.082, nem de resto o alargamento da noção geral de empresa também a uma atividade dirigida ao consumo do próprio sujeito poderia dizer-se oportuno.

Na verdade, quanto mais se estende a noção de empresa, tanto mais ela, na sua generalidade, arrisca tornar-se inútil [e, no fundo, é desta exigência que partem quantos, no meu entender sem razão, querem excluir, como vimos, da noção de empresa aquela agrícola ou, como veremos, as pequenas empresas, coordenando substancialmente, então, a noção de empresa com o realce do fenômeno do crédito, que é próprio da pura (grande e média) empresa comercial].

A noção geral de empresa, que vimos traçando, e que (como já resulta das referências históricas com as quais iniciamos a obra) encontra a sua justificação no terreno da concorrência e naquele da disciplina publicística da economia, é já vastíssima; um seu ulterior alargamento não faria senão torná-la tão genérica de maneira a prejudicar-lhe a utilidade normativa. A noção de empresa terminaria, então, por não mais ter relação com uma estrutura da sociedade fundada na divisão do trabalho, enquanto é exatamente esta estrutura, e a relevância assumida pela especialização nas diversas atividades e pela profissionalidade no seu exercício, que dá lugar aos problemas com os quais se liga a noção de empresa.

4. Objeto da atividade devem ser coisas (v. art. 810), ou serviços.

À generalidade, que é logicamente própria desta determinação, o art. 2.238[VI] coloca um limite em relação às prestações cumpridas no exercício das profissões intelectuais (porque também elas entram de maneira abstrata no conceito de uma ativi-

VI. Art. 2.238 do CCI: "Se o exercício da profissão constitui elemento de uma atividade organizada em forma de empresa, aplicam-se também as disposições do Título II (arts. 2.082 e ss.).

"Em qualquer caso, se o que exerce uma profissão intelectual emprega substitutos ou auxiliares, aplicam-se as disposições das Seções II, III e IV do Capítulo I do Título II (arts. 2.094 e ss.)."

dade econômica produtora de serviços para o mercado); o termo "profissão liberal", que, embora podendo, me parece, ser limitado às profissões nominais disciplinadas, ou às quais correspondam especiais "listas"[VII] (v. art. 2.229), é de interpretar-se com referência à valoração social da natureza intelectual do serviço prestado que, de resto, encontra a sua expressão no próprio e freqüente recurso ao adjetivo "liberal" para as profissões intelectuais. A esta diversa valoração social correspondem princípios jurídicos diferentes daqueles gerais das atividades empresariais e que se refletem na particular disciplina das várias profissões (particularmente elaborada para aquelas tradicionais), em cujo âmbito é com freqüência regulado (ao inverso do quanto ocorre para as atividades econômicas em geral) o acesso ao exercício, submetendo-o a condições rigorosas; em relação às quais vigem normas, inspiradas na premissa de decoro da profissão, que impedem sistemas de concorrência os quais, em oposição aos critérios das profissões intelectuais, se dizem justamente comerciais; em cujo âmbito resulta impossível não já uma organização, às vezes também relevante (porque a evolução da atividade profissional é exatamente no sentido de uma maior organização, como de uma maior especialização), mas aquela produção em massa que, pelo contrário, recordamos como conexa com os problemas suscitados pela atividade empresarial.

Artistas e inventores, por sua vez, na medida em que coloquem de forma autônoma os próprios serviços [pois é obviamente não econômica a atividade artística ou inventiva como tal e, ao contrário, em verdade empresarial aquela, seja embora do próprio inventor, voltada ao desfrute da invenção[7]], poderão ser considerados na mesma situação dos profissionais intelectuais.

Os que exercem profissões intelectuais não são (dada a valoração social ora recordada) incluídos no conceito de empresário.

De modo correspondente, não há exercício de atividade empresarial, no sentido do art. 2.082, na atividade de uma sociedade entre profissionais, ou seja (enquanto possível dadas as leis profissionais), de uma sociedade (e eu acrescentaria, de pessoas, porque uma sociedade de capitais, dada a indiferença das pessoas dos sócios para a caracterização da sociedade, não poderia qualificar-se "entre profissionais") que exerça uma atividade profissional; a hipótese, todavia, é rara entre nós, embora freqüente em outros países, com relação a quantos exercem as profissões tradicionais, mas não rara nas profissões mais recentes; freqüente (o que por vezes tem sido esquecido) no campo artístico (e pense-se nos conjuntos orquestrais ou teatrais, que obviamente devem ser encarados como distintos do empresário de espetáculos públicos que eventualmente os contrate), onde não é raro reconhecer sociedades simples para o exercício em comum da atividade artística [e enquanto a atividade permaneça artística e não se torne aquela de organização de espetáculos públicos, tratar-se-á de atividade não empresarial, ao passo que, quando a atividade estabelecida for a de espetáculos públicos, será uma atividade empresarial comercial, devendo a sociedade, então (art. 2.249), ser constituída segundo um dos tipos das sociedades comerciais].

Naturalmente, a solução é oposta para uma sociedade que, no exercício da sua atividade, utilize, além disso, do trabalho de profissionais dos quais ofereça coisas e serviços, como, por exemplo, através de casas de saúde ou casas de cura,[8] assim como ocorrerá a hipótese do empresário (art.

VII. Na Itália, como no Brasil, para o exercício de algumas profissões (advogados, médicos etc.) é necessário inscrever-se na respectiva corporação. Tal inscrição é feita numa "lista" ou "rol" ("albo" ou "elenco").

7. Cass., 21 de dezembro de 1956, n. 4.496, *Diritto fall.*, 1957, II, 70.

8. Cf. também o caso examinado na Ap. Milão, 13 de janeiro de 1953, *Foro it.*, I, 1.696.

2.238[VIII e 9]) quando a atividade profissional (mesmo que prevalente) constitua elemento (como, de novo, na hipótese das casas de cura) de uma atividade (empresarial[10]).

A classificação legal dos que exercem profissões intelectuais entre os trabalhadores autônomos induz, freqüentemente, a reconhecer (assim, como veremos, ocorre de maneira geral com os trabalhadores autônomos) na falta de organização a razão da sua exclusão do âmbito dos empresários. Isto, todavia, me parece em contraste com o art. 2.238,[IX] primeiro parágrafo, que faz referência à aplicação das normas em tema de empresa só quando o exercício da profissão constitua "elemento de uma atividade organizada em forma de empresa"; trata-se, portanto, de uma hipótese distinta daquela da contratação de pessoal (para tais fins, ao invés, mencionando não somente auxiliares, mas também substitutos) e, assim, da existência objetiva de uma organização, que pode até ser relevante (e que, como recordamos, tende a aumentar na atual evolução da profissão, aumentando ainda a importância e a freqüência de estudos nos quais cooperam numerosos profissionais, em uma organização única na qual as várias atividades pessoais encontram a sua coordenação) e importar, sempre, uma certa "despersonalização", perante a qual podem, na verdade, também propor-se problemas não distantes daqueles que se propõem com relação aos empresários, de modo especial naqueles setores nos quais não se encontra a sanção das normas de ética profissional. Não é, pois, uma pretensa constante falta de organização que leva a excluir os que exercem profissões intelectuais do âmbito dos empresários, mas uma valoração social que a seguir se liga com aquela diversa disciplina no acesso ao mercado e na produção e oferta de serviços que recordamos acima.

Porque, na realidade, a falta de organização impediria seja como for (dado o art. 2.082) a possibilidade de qualificar quem exerce a atividade como empresário, e é por isso que me parece dever-se fazer referência à natureza da atividade para os fins de qualificação da atividade profissional intelectual.

Pode existir, em algum caso, dúvida concreta (e pense-se no farmacêutico que vende "especialidade" e prepara "receitas", sendo por isso o exercício das farmácias sujeito a uma particular e complexa legislação especial) se se trate da prestação de serviços profissionais, ou de uma atividade de produção e troca; enquanto esta subsista (com os requisitos da organização e da profissionalidade) ocorre a aplicabilidade do art. 2.082 (e, naturalmente, mesmo se a atividade de serviço profissional for prevalente) e é esta a situação do farmacêutico.[11]

5. O art. 2.195[X] determina que são empresários comerciais outrossim os empresários (por isso correspondentes aos requisitos do art. 2.082) que desenvolvam atividades auxiliares daquelas mencionadas no artigo, atividades auxiliares que, portanto, também são de empresa. O critério retoma

VIII. *Sic*, no original, "art. 2.338".

9. Recentemente, Trib. Avellino, 13 de agosto de 1953, *Foro it.*, 1954, I, 689; Ap. Nápoles, 26 de junho de 1954, *Foro Pad.*, 1955, I, 198.

10. Cass., 18 de outubro de 1954, n. 3.838, *Foro Pad.*, 1955, I, 864.

IX. *Sic*, no original, "art. 2.338".

11. Cass., 16 de outubro de 1953, n. 3.403, *Giust. Civile*, 1953, 3.263; Trib. Torino, 16 de abril de 1953, *Foro Pad.*, 1953, 1.349; contra, Pret. Milão, 20 de novembro de 1951, *Riv. dir. comm.*, 1952, II, 220, com nota contrária de Romano Pavoni.

X. Art. 2.195 do CCI: "São sujeitos à obrigação da inscrição no registro das empresas (arts. 2.188 e ss.) os empresários que exercem: 1) uma atividade industrial dirigida à produção de bens ou de serviços (art. 2.135); 2) uma atividade intermediária na circulação dos bens; 3) uma atividade de transporte por terra, por água ou por ar (arts. 1.678 e ss.); 4) uma atividade bancária (arts. 1.834 e ss.) ou de seguros (arts. 1.882 e ss.); 5) outras atividades auxiliares das precedentes (arts. 1.754 e ss.). As disposições da lei que fazem referência às atividades e às empresas comerciais se aplicam, se não previsto diversamente, a todas as atividades indicadas neste artigo e às empresas que as exercem".

aquele da "conexão", tradicionalmente elaborado a respeito dos atos de comércio, pelo qual se definem como comerciais também os atos conexos com um ato de comércio (e com referência quer aos atos juridicamente acessórios, quer aos atos economicamente conexos).

O Código de Comércio ab-rogado, todavia, referia-se aos atos; o art. 2.195, ao invés, às empresas. Ora, a rigor, a auxiliariedade de uma empresa com respeito a outra empresa comercial pode verificar-se apenas nos colaboradores do empresário que sejam, por sua vez, empresários e, assim, o art. 2.195, n. 5, se entendido no seu rigor literal, terminaria por compreender só os agentes de comércio. Na verdade, os próprios corretores, enquanto desenvolvam uma atividade no interesse dos não empresários (como os corretores de imóvel) ou de empresários agrícolas (como os corretores na venda de produtos agrícolas) não poderiam dizer-se auxiliares de um empresário comercial.

Se, portanto, se quer dar um alcance efetivo ao art. 2.195, n. 5, é preciso referir a auxiliariedade da empresa, cujo exercício profissional faz adquirir a qualidade de empresário comercial, não já à sua concreta relação com respeito a outra atividade empresarial comercial, mas, como agudamente observado, às características da própria atividade exercida; esta é considerada como auxiliar e, assim, como empresa comercial, enquanto diga respeito a uma função auxiliar em relação a atos que, por sua vez, poderiam, dado o seu tipo, coordenar-se com uma atividade de empresa [e dizemos "empresa" e não "empresa comercial" porque, considerados no seu tipo jurídico, os vários atos podem muito bem ser coordenáveis ou, ao contrário, não coordenáveis (e basta pensar nos atos de direito familiar ou sucessório) com o exercício de uma empresa, mas não com aquele de uma empresa comercial ou não comercial]: tais, exatamente, os atos de troca de mercadorias, crédito, seguro, transporte, com relação aos quais pode-se dizer auxiliar uma atividade qualquer de intermediação.

Será, assim, empresário — e empresário comercial —, quem, profissionalmente e com organização, age como comissário, corretor, expedidor, ou representante comercial [cf. arts. 1.754, 1.731, 1.737 e 1.742 do Cód. Civ., e observada (art. 1.760) a disciplina do corretor profissional, independentemente da geral disciplina objetiva da (ainda que ocasional) corretagem], em negócios de troca, crédito e seguro (e não dependendo da inscrição nas listas determinada pela Lei de 21 de março de 1958 — de assaz duvidosa oportunidade — cuja falta dá lugar à sanção do art. 665 do Cód. Pen., mas não impede a aquisição da qualificação de corretor).

De outra parte, como veremos, a ampla dicção do art. 2.195, n. 1, permite incluir diretamente neste número algumas hipóteses que, no Código de Comércio ab-rogado (então, como é natural, sob o perfil do ato), não podiam ser submetidas ao direito comercial se não sob o perfil da conexão.

A troca em relação à qual intervém o intermediário não é, por isso, necessariamente aquela do art. 2.082, podendo tratar-se também de uma troca ocasional, ou de uma aquisição não destinada à revenda, ou de uma venda que não tenha sido precedida de uma aquisição destinada à revenda. E, na verdade, a profissionalidade e a destinação à troca do art. 2.082 são relevantes com referência à qualificação do sujeito que cumpre o ato de troca; não podem ser relevantes com referência a quem cumpre uma atividade auxiliar, que, de outro modo, acabaria por ser diversamente qualificada em função do conhecimento ou não das características que o ato de troca, no qual intervém, apresenta em relação ao exercício de uma atividade.

A auxiliariedade não deve, por essa razão, referir-se necessariamente a uma ulterior empresa, podendo desenvolver-se (de forma profissional e de modo organizado) com relação a outros atos de troca, ainda que estes não integrem, para o sujeito que os cumpre, os extremos de uma atividade empresarial. É por isso que podemos considerar empresários comerciais também os corretores de negócios imobiliários ou bursísticos, embora os atos de troca nos quais estes intervêm sejam freqüentemente concluídos por sujeitos que procedem de maneira ocasional e que não os fazem objeto de uma própria empresa.

É, por isso, empresário (e antes, empresário comercial) o corretor de câmbio [considerado, por alguns, como corretor que silencia o nome do contraente (cf. art. 1.762) e por outros, ao invés — no meu entender de modo mais exato — como comissário], e esta qualificação não contrasta com a sua qualificação de oficial público, porque esta segunda se acrescenta à primeira, dado o exercício de particulares funções que, todavia, não excluem, mas antes pressupõem, o profissional exercício da mediação em bolsa, ou seja, na troca (para uma coexistência da qualidade de oficial público com aquela de preposto, o que coloca, embora em outro campo, um problema análogo, pense-se no comandante de navio e aeronave).[12]

A tese diversa, recentemente exposta,[13] reportando-se à ausência, no caso, de cumprimento de operações em nome próprio (ausência que se encontraria em todos os auxiliares, a todos os quais, então, se deveria negar a qualificação de empresários) esquece, precisamente, o n. 5, do art. 2.195, e a explícita sanção, no mesmo dispositivo, da comercialidade (e assim, previamente, da qualificação de empresário) do auxiliar.[14] Porque a normal responsabilidade do corretor pelo adimplemento do contrato, em uma entidade dos movimentos bursísticos, torna, precisamente para o corretor de câmbio, assaz relevante aquele problema do crédito (de onde decorre a sujeição do corretor de câmbio à prestação de cauções especiais), com o qual se coordena a disciplina especial do empresário comercial.

O art. 2.195, n. 5, considera as empresas auxiliares como empresas comerciais; a inexistente consideração de empresas auxiliares civis encontra a sua justificação em ter se referido a auxiliariedade do art. 2.195, n. 5, a qualquer ato coordenável com uma atividade de empresa, ato em relação ao qual não é mais adotável a qualificação de civil ou comercial, o que importa a impossibilidade de distinguir empresas auxiliares civis ou comerciais; a qualificação das empresas auxiliares como comerciais está, pois, em harmonia com a geral qualificação como comerciais das empresas que não entram no art. 2.135.[XI] Eis porque consideramos como empresários comerciais auxiliares também os corretores de negócios agrícolas.

Mas o critério não poderia aplicar-se a uma cooperativa agrícola para a venda dos produtos dos agricultores associados, porque nas mútuas de venda devemos remontar, como veremos também sob outros aspectos, de modo direto à atividade dos cooperados para fins da própria qualificação da mútua.[15] É, assim, neste campo, que podemos encontrar empresários auxiliares civis, dada, de um lado, como veremos, a auxiliariedade da empresa cooperativa e, de outro, a sua qualificação como civil, devendo-se para a qualificação da atividade de

12. Cf. uma menção em Trib. Nápoles, 19 de julho de 1951, *Riv. dir. comm.*, 1952, II, 408, e ali, na nota de Asquini, e sob o Código ab-rogado, Trib. Roma, 11 de julho de 1931, *Foro it.*, 1931, I, 1.105, com nota minha. V., além disso, art. 4º L. Fal.

13. Cass., 19 de maio de 1954, n. 1.599, *Giust. Civile*, 1955, I, 84, com nota minha contrária e nota também contrária de Weiler, in *Banca, Borsa e Titoli di Credito*, 1955, II, 25.

14. V. também Trib. Nápoles, 16 de março de 1954, *Dir. fall.*, 1954, II, 463.

XI. Art. 2.135 do CCI: "É empresário agrícola quem exerce uma atividade dirigida ao cultivo da terra, à silvicultura, à criação de gado e a atividades conexas. Reputam-se conexas as atividades dirigidas à transformação ou à alienação dos produtos agrícolas, quando entram no exercício normal da agricultura (art. 2.557, 5º parágrafo)".

15. Cass., 11 de outubro de 1954, n. 3.586, *Foro it. Mass.*, 1954, 718.

empresa da cooperativa remontar à qualificação da atividade dos cooperados. Sob este aspecto, o art. 2.200 (mencionando cooperativas civis e comerciais) integra o 2.195, n. 5, e indiretamente conforta a premissa da qual partimos acerca do caráter geralmente comercial da empresa auxiliar (porque, na realidade, de outro modo seria ademais impossível individuar empresas cooperativas comerciais).

Será, no meu entender, empresário comercial (enquanto a doutrina dominante o considera empresário civil, embora não agrícola) também o intermediário na colocação de serviços pessoais de trabalho subordinado (onde, além disso, intervém, dado o relevo social na colocação do trabalho, o Código — art. 2.098 e v., ainda, art. 2.127 — e a legislação especial — L. de 29 de abril de 1949, n. 264 — de maneira que a hipótese poderá licitamente realizar-se só nos setores que escapam à especial disciplina da colocação da mão-de-obra; isto porque, como vimos, os requisitos do art. 2.082 devem ser referidos à atividade auxiliar e não ao ato de troca em relação ao qual esta se desenvolve (e dizemos "troca" sem acrescentar "ou de produção" porque parece impossível imaginar uma atividade de intermediação relativamente a um mero ato de produção). Em substância, pode-se dizer, são considerados como serviços, no sentido do art. 2.082, também aqueles prestados para agilizar o cumprimento de atos de troca, de maneira que a respectiva atividade, quando apresente as características do art. 2.082, será considerada empresarial e antes, dado o quanto observado, empresarial comercial.

O resultado assim alcançado, como já notado, vai além daquele resultante da exegese do art. 2.195, n. 5 (que, como recordamos no início deste parágrafo, se refere literalmente à auxiliariedade no exercício de uma atividade comercial). Dado que, pelas razões antes expostas, a atividade auxiliar é empresarial quando ocorram as características do art. 2.082, ainda que a auxiliariedade se refira ao cumprimento de outros atos (de troca) e não também ao desenvolvimento da atividade de outrem, daí decorre que a qualificação (como comercial) da atividade auxiliar não pode provir da qualificação da atividade auxiliada, mas do critério geral que (salvo o quanto teremos ocasião de observar para o objeto "industrial" do 2.195 n. 1) qualifica como comercial toda atividade empresarial não agrícola (e é por isso que o Código menciona a atividade auxiliar apenas em relação às empresas comerciais).

6. A atividade do art. 2.082 deve ter uma finalidade lícita, pois, de outro modo, tratar-se-á de uma atividade imputável, mas não mais de uma atividade empresarial. Entre as duas teses extremas[16] propostas (aquela que nega e aquela que afirma a possibilidade de qualificar como empresarial a atividade decorrente de atos ilícitos) pode-se talvez admitir uma tese intermediária, distinguindo a finalidade da atividade e a licitude do ato individual, ou ainda o exercício da atividade. Não é empresário o contrabandista, mas é empresário quem compre e revenda mercadoria ainda que contingenciada[16a] ou a preço diverso daquele estabelecido; as sanções ditadas quer para os atos, quer para a atividade, não excluem que esta seja empresarial, e que quem a cumpre seja submetido às respectivas conseqüências (p. ex., no caso do empresário comercial, à falência) e ainda que os atos através dos quais se desenvolveu a atividade (e que, além disso, poderão ora dar lugar a créditos de restituição, ora nem mesmo a isto) sejam nulos;[17] de fato, a prescindir de tais atos, a atividade pode haver gerado débitos, para cuja disciplina se torna relevante a qualificação de empresário (comercial) do sujeito.

16. Trib. Milão, 13 de janeiro de 1949 e Ap. Milão, 8 de março de 1949, *Foro it.*, 1950, I, 917, com nota de Formiggini.

16a. Contrariamente, Trib. Milão, cit. na nota precedente.

17. Cass., 31 de julho de 1954, n. 2.816, *Dir. fall.*, 1954, II, 598.

7. A atividade deve ser organizada e veremos por isso como, em linha geral, ao empresário corresponda um estabelecimento (art. 2.555[XII]) — ou melhor, veremos, ao menos um estabelecimento, quando se admita que a um só empresário possam corresponder diversos estabelecimentos — que é exatamente o complexo de bens organizado para o exercício da empresa.

Mas a organização pode existir ainda independentemente de um complexo de bens e, portanto, de um estabelecimento; pode ser, na verdade, de bens e do trabalho de outrem, mas também só daqueles ou deste; pode resultar da própria destinação de meios financeiros ao exercício da atividade.

É justamente ao requisito da organização que é preciso referir-se para o fim de distinguir a atividade econômica do empresário daquela do trabalhador autônomo.

Incontroversa, naturalmente, é a distinção entre empresário e trabalhador subordinado (mesmo se numa relação a brevíssimo termo), que, como tal, embora exercendo de modo óbvio uma atividade, não é de qualquer modo juridicamente produtor de bens e serviços destinados à troca.

Alguma dúvida pode surgir na hipótese de parceria agrícola, onde pode-se indagar se deva ser considerado empresário (agrícola) apenas o proprietário ou se, ao invés, deva ser considerado (pequeno) empresário (agrícola) — antes que prestador de serviço, e prescindindo naturalmente, além disso, do diverso valor da distinção na legislação especial, em cujas normas freqüentemente os pequenos empresários são aproximados a trabalhadores — também o arrendatário;[18] pode-se, na realidade, admitir a ocorrência de uma atividade empresarial quer em um quer no outro, enquanto, por outro lado, eles não poderão de forma unitária considerar-se como grupo (como, ao contrário, advém para as sociedades, que por sua vez se reportam a um contrato plurilateral, enquanto a parceria agrícola repousa sempre sobre um contrato necessariamente de duas e somente de duas partes) ao qual imputar (não imputando-a por isso aos indivíduos) a qualidade de empresário.

Dúvidas têm surgido com relação à distinção entre empresários e trabalhadores autônomos, superáveis todavia com o critério supramencionado da existência ou não de uma organização.

A dúvida nasceu do fato de o Código distinguir, como veremos, entre os empresários, os pequenos empresários, caracterizados pela prevalência do trabalho próprio e de pessoas da família sobre o trabalho de outrem e sobre os meios empregados, de maneira que se pode indagar se então a organização requerida pelo art. 2.082 não possa também ser aquela microscópica do trabalhador autônomo.

Todos os que distinguem o empresário do trabalhador autônomo fazem alusão exatamente ao requisito da organização, no art. 2.082, para daí deduzir que, portanto, a todo empresário corresponde uma organização, devendo, por essa razão (com uma valoração que deve dizer respeito às circunstâncias do caso concreto e deve ser mais funcional do que quantitativa), a cooperação dos colaboradores ou o recurso a bens concorrer com o trabalho pessoal (de modo que a organização poderá referir-se a pessoas ou a meios materiais), embora não adquirindo este recurso aquela prevalência que determina a presença de um médio ou grande empresário, ao invés de um pequeno empresário. Para tanto, se observa que o próprio art. 2.083 faz referência à "prevalência" do trabalho próprio e de pessoas da família, assim admitindo, porém, o concurso do trabalho de outrem e a relevância dos meios empregados.

Outros objetam que, colocada a figura do pequeno empresário, entra nesta também aquela do trabalhador autônomo.

XII. Art. 2.555 do CCI: "O estabelecimento é o complexo de bens organizado pelo empresário (art. 2.082) para o exercício da empresa (arts. 177, *d*, 178 e 365)".

18. Cass., 30 de março de 1951, n. 708, *Foro it. Mass.*, 1951, 170.

Para esta segunda tese milita uma exigência de simplicidade; para a primeira, que prefiro, além do relevo exegético do art. 2.080, e do próprio art. 2.083, a consideração de que, através de uma excessiva amplitude, a figura do empresário arriscaria perder ... os seus traços característicos.

Entre estes, há exatamente, me parece, o de uma, ainda que singela, consideração objetiva do serviço prestado (e por isso aproximável ao "bem produzido"), independentemente das qualificações pessoais do sujeito que o cumpre em caráter pessoal, dada precisamente a existência da organização, e é esta objetiva consideração que permitirá distinguir o empresário, mesmo pequeno, e ainda que produtor de serviços (porque a contraposição é, ao invés, imediata com relação ao pequeno empresário produtor de coisas), do trabalhador autônomo.

O problema tem, todavia, antes um alcance sistemático (embora não sendo desprovido de conseqüências normativas; pense-se, por exemplo, na disciplina dos sinais distintivos) do que prático. Na verdade, diante da disciplina dos pequenos empresários, em relação (como veremos) ao estatuto subjetivo do empresário comercial, a diferença entre pequeno empresário e trabalhador autônomo não é de grande relevo, enquanto que a recente adequação dos limites quantitativos do art. 1º L. Fal. diminuiu, de outra parte, como no seu lugar teremos ocasião de notar, o alcance prático das dúvidas que surgiam com respeito à possibilidade de sujeição dos pequenos empresários à falência [que, em seguida à desvalorização, podia terminar por abranger, dada a redação originária do art. 1º L. Fal., e segundo algumas dentre as teses propostas acerca da conciliação entre o art. 1º L. Fal. e o art. 2.083 do CC, também sujeitos que não teriam podido ser considerados como empresários (ainda que pequenos) a teor do Código Civil].

Se recordarmos os dados numéricos indicados *sub* n. 2, da V lição, não tardaremos a apreender o elevadíssimo número, entre nós, de pequenos empresários ... o que, se de um lado justifica a inclusão dos pequenos empresários na categoria dos empresários, de outro demonstra o realce que assume a inaplicabilidade, ao pequeno empresário comercial, do estatuto objetivo do empresário comercial ou, ao menos (e examinaremos em seu lugar a questão), das mais importantes normas deste.

Na menção à organização destacamos como esta possa resultar não somente da colaboração do trabalho de outrem, mas também do simples emprego de meios materiais.

Indubitavelmente, assim fazendo, alude-se, mais que à rigorosa existência de uma verdadeira e própria organização, apesar de modesta, à relevância de fatores estranhos ao trabalho pessoal do sujeito (relevância que, além disso, quando prevalente sobre o dito trabalho, excluirá a "pequenez" do empresário); isto se concilia com o art. 2.083 e com a diversa valoração social de "empresários" e "trabalhadores", e explica porque a dúvida sobre os limites inferiores da categoria do empresário tenha sido levantada com referência à atividade de prestação de serviços (e, por isso, em relação ao trabalhador autônomo) e não à atividade de interposição na troca [porque é com certeza (pequeno) empresário o vendedor ambulante, o qual, conquanto pequeno, operará sempre por meio das mercadorias, objeto de seu comércio, concorrendo assim, na sua atividade, a relevância de fatores, pelo menos financeiros que, embora modestos, são todavia estranhos à sua atividade pessoal e assumem relevo diverso do que apresentam (v. ainda art. 514, n. 4, CPC) os modestos instrumentos pessoais de trabalho do trabalhador autônomo].

Emprego de meios materiais há ainda, quando se assumem responsabilidades financeiras; é empresário também quem compra produtos, recolocando-os no mercado, podendo proceder ao pagamento dentro de um prazo que lhe permite a prévia cobrança do preço da venda.

É empresário também, no meu entender (se bem que a solução seja contestada, porque se trata obviamente de um caso limite), o especulador — sempre que profissional — de bolsa, sobre mercadorias (ou ainda sobre títulos) que, com o inevitável emprego de significativos capitais ou ao menos elevadas assunções de responsabilidade, compra e revende mercadorias (ou títulos, para tanto considerados exatamente como mercadorias, adquiridos com o intento de revendê-los, enquanto o poupador se limita a uma atividade de investimento e desinvestimento, sem porém desenvolver uma atividade profissional, através de aquisições que visam a uma sucessiva revenda), assumindo enfim, economicamente, como todo "especulador", uma função na distribuição do risco.[19] A organização, a relevância de fatores estranhos à atividade pessoal e familiar, será dada precisamente pelo emprego de meios financeiros, abertura de crédito, relações com financiadores e outros especuladores, e assim por diante.

19. Cf. Trib. Nápoles, 19 de julho de 1951, *Riv. dir. comm.*, 1952, II, 408, com nota de Asquini; em sentido contrário, Trib. Milão, 19 de setembro de 1955, *Giur. it.*, 1956, I, 2, 27, com nota favorável de Bigiavi e *Banca Borsa Titoli di Credito*, 1955, II, 536, com nota favorável de Satta. Ambos autores fazem referência à ausência, no especulador de bolsa, de uma atividade de intermediação, esquecendo que o especulador, por isso distinguível do poupador, compra precisamente para revender e vende para comprar, ou em seguida à uma compra efetuada para revender, assim desenvolvendo uma intermediação na troca com uma atividade que, por sua vez, não é totalmente "estéril" — como às vezes apressadamente se diz — mas também ela economicamente produtiva, concernindo, de forma definitiva, a uma distribuição do risco econômico. A circunstância de que o especulador de bolsa opera sobre coisas (títulos) que são outrossim normalmente objeto de investimento, pode naturalmente tornar no caso concreto mais difícil a distinção entre "poupador" e "especulador" — e um indício para a existência da especulação pode ser constituído pelo recurso ao crédito — e, pois, aquela entre especulador ocasional e especulador profissional, mas não por isso pode-se excluir a possibilidade, de resto não infreqüente, de uma atividade profissional de especulação sobre títulos, que se desenvolve exatamente através de atos de troca coordenados com ulteriores atos de troca em uma atividade profissional, integrando os extremos previstos no art. 2.195, n. 2.

Às vezes, com relação a quem compra ou vende a descoberto para depois vender ou comprar em um momento sucessivo, previsto como mais favorável, os títulos (ou as mercadorias) já precedentemente comprados ou revendidos, aproveitando-se do fato de que os contratos de bolsa são a termo, fala-se de especulador sobre "diferenças" (e é enfim esta a premissa da tese antes recordada, que nega a qualificação de empresário ao especulador de bolsa).

Na verdade, uma aquisição ou uma venda pode ser liquidada pela "diferença", isto é, substituindo à retirada e à entrega dos títulos o pagamento do saldo passivo (ou ativo) entre a sua cotação do momento da aquisição (ou da venda) e aquela do vencimento da operação. Esta possibilidade é, na realidade, própria de todo mercado no qual a faculdade de adquirir e vender a mercadoria torna economicamente fungíveis a execução do contrato e a liquidação das diferenças.

Por sua vez, esta possibilidade pode impelir os especuladores a vender bens em quantidade superior àquela de que dispõem (venda assim chamada "a descoberto") (e pode, então, até acontecer que a massa dos bens vendidos termine por superar realmente a massa daqueles existentes) ou a comprá-los independentemente da intenção de mantê-los na própria posse e além das próprias disponibilidades financeiras (compra assim chamada "a descoberto"); em tais hipóteses, a conclusão de operações em sentido inverso passa a constituir, economicamente, uma necessidade, e vem concebida pelo especulador desde o momento da venda ou da aquisição (e note-se ainda que, assim como para todas as vendas de bolsa, trata-se de vendas genéricas, onde não é exato falar de vendas a descoberto como de venda de coisa de outrem).

A presença de operações a descoberto é conatural a um mercado bursístico que, sem elas, resultaria menos eficiente para os próprios fins dos investimentos ou desinvestimentos dos poupadores (facilitados pela possibilidade de encontrar uma contrapartida, possibilidade incentivada justamente pela presença dos especuladores); oferece, naturalmente, aqueles perigos que (não obstante a função que esta assume na assunção do risco) são próprios da especulação, e aos quais se pretende prevenir por meio de peculiares medidas sobre contratos de bolsa que visam a limitar a margem "descoberta" e a disciplinar o crédito de bolsa, como recordaremos na lição XVI.

Por isso se imaginou a existência de contratos diferenciais, isto é, concluídos *ab initio* com o acordo bilateral de serem liquidados com o pagamento da diferença entre as cotações dos títulos (objeto do contrato) no momento da conclusão e no momento do vencimento do contrato, ao invés da entrega dos títulos e do pagamento do preço. A tese remonta à doutrina francesa do século XIX, no esforço de interpretar o Código Penal Francês, que havia atingido o jogo de bolsa, atenuando assim os provimentos que, no século XVIII, depois da crise de *Law*, tinham sido ditados (1724) contra todas as operações a termo, provimentos retomados em 1785 contra as vendas a termo e depois ainda contra todas as operações a termo durante a Revolução Francesa; ela encontra sua explicação na dificuldade, para uma doutrina ainda dominada por categorias pré-capitalísticas, de perceber uma compra para revender, não conexa, todavia, àquela função de redistribuição do produto que é própria do comércio tradicional, e, assim, a "descoberto", e ainda mais de uma venda a "descoberto", de onde a tendência a reconhecerem-se operações simuladas escondendo apostas, até quando a lei (para tanto mais sensível do que a doutrina) veio talhar cerce, com uma geral declaração de licitude das operações de bolsa (na França, em 1885; entre nós, em 1913), uma dúvida que, na realidade, provinha não já de um fenômeno ocorrente de modo efetivo, mas da dificuldade da doutrina de perceber o mecanismo das operações a descoberto. No meu entender, os ditos contratos (salvo, talvez, hipóteses excepcionais) não existem; o que existe é a liquidação por diferença no momento do vencimento de um contrato de compra e venda de títulos (concluído a termo) mas o consentimento das partes a respeito é manifestado (qualquer que tenha sido de início o propósito individual de cada parte) no momento do vencimento e não no momento da conclusão do contrato; porque, na realidade, se procede, no momento do vencimento, a um contrato inverso àquele inicialmente concluído, compensando, pois, os recíprocos débitos e créditos, e chegando por isso ao simples pagamento do saldo.

GRÁFICA PAYM
Tel. (011) 4392-3344
paym@terra.com.br

RDM 132

DOUTRINA: FUNÇÃO SOCIAL DO CONTRATO: PRIMEIRAS ANOTAÇÕES – CALIXTO SALOMÃO FILHO • THE SARBANES-OXLEY ACT AND THE RULES APPLICABLE TO FOREIGN COMPANIES: THE POSSIBLE IMPACTS ON THE CAPITAL MARKETS – ANDREA FERNANDES ANDREZO • ***ATUALIDADES***: OS TÍTULOS DE CRÉDITO E O CÓDIGO CIVIL VIGENTE – JOÃO LUIZ COELHO DA ROCHA • DO EXERCÍCIO DO DIREITO DE VOTO DAS AÇÕES PREFERENCIAIS COM DIVIDENDO DIFERENCIADO – JORGE LOBO • O PROTESTO DE TÍTULO DE CRÉDITO EM QUE CONCORDATÁRIO FIGURA COMO DEVEDOR DIRETO – VINÍCIUS JOSE MARQUES GONTIJO • O ACORDO GERAL SOBRE O COMÉRCIO DE SERVIÇOS (GATS) E O TURISMO SUSTENTÁVEL – HEE MOON JO • ALIENAÇÃO DA EMPRESA NA FALÊNCIA E SUCESSÃO TRIBUTÁRIA – HUMBERTO LUCENA PEREIRA DA FONSECA • OS FUNDOS DE INVESTIMENTO EM DIREITOS CREDITÓRIOS À LUZ DAS ALTERAÇÕES PROMOVIDAS PELA INSTRUÇÃO CVM 393 – JOÃO PAULO F. A. FAGUNDES • O CONTROLE DO ESTADO EM SETORES ESTRATÉGICOS – LUIS ANTONIO SEMEGHINI DE SOUZA e MARCELO COSAC • ***ESPAÇO DISCENTE – I – Textos Diversos***: CONTRATOS COLIGADOS – JOSÉ VIRGÍLIO LOPES ENEI • A SOCIEDADE EUROPÉIA: COMENTÁRIOS E REPRODUÇÃO DO REGULAMENTO 2.157/2001 – CARLOS EDUARDO VERGUEIRO – ***II – Textos de Direito e Economia***: O CONTRATO PRELIMINAR, O NOVO CÓDIGO CIVIL E A ANÁLISE ECONÔMICA DO DIREITO – THEREZA MARIA SARFERT FRANCO MONTORO • CONTRATO PRELIMINAR – BREVE ANÁLISE DOS ARTS. 462 A 466 DO CÓDIGO CIVIL – MARIA BEATRIZ LOUREIRO DE ANDRADE MARQUES • TEORIA DOS JOGOS: POR UMA PROPEDÊUTICA À ELABORAÇÃO RACIONAL DA DECISÃO – LUCIANO DE CAMARGO PENTEADO • ALGUNS CONCEITOS ELEMENTARES DE TEORIA DOS JOGOS. Uma análise sucinta de aspectos potencialmente relevantes – ESTEVAN LO RÉ POUSADA • ***JURISPRUDÊNCIA COMENTADA***: SERVIÇOS PÚBLICOS ESSENCIAIS (ÁGUA) FORNECIDOS POR EMPRESA CONCESSIONÁRIA – DIREITO AO CORTE POR FALTA DE PAGAMENTO – HAROLDO MALHEIROS DUCLERC VERÇOSA • ***TEXTOS CLÁSSICOS***: A ATIVIDADE DO EMPRESÁRIO – TULLIO ASCARELLI (Trad. ERASMO VALLADÃO A. e N. FRANÇA)

MALHEIROS EDITORES